EM DEFESA DAS
Liberdades Laicas

E53   Em defesa das liberdades laicas / org. Roberto Arriada Lorea; Ari Pedro Oro ... [et al.] – Porto Alegre: Livraria do Advogado Editora, 2008.
201 p.; 23 cm.

ISBN 978-85-7348-546-2

1. Liberdade de culto. I. Arriada Lorea, Roberto, org. II. Oro, Ari Pedro.

CDU – 342.731

Índice para o catálogo sistemático:
Liberdade de culto   342.731

(Bibliotecária responsável: Marta Roberto, CRB-10/652)

Roberto Arriada Lorea
(organizador)

EM DEFESA DAS
Liberdades Laicas

Ari Pedro Oro
Daniel Sarmento
Juan Cruz Esquivel
Luiz Antônio Cunha
Marco Huaco
Maria Berenice Dias
Maria das Dores Campos Machado
Maria Emília Corrêa da Costa
Micheline Milot
Roberto Arriada Lorea
Roberto Blancarte

livraria
DO ADVOGADO
editora

Porto Alegre, 2008

© Ari Pedro Oro, Daniel Sarmento, Juan Cruz Esquivel,
Luiz Antônio Cunha, Marco Huaco, Maria Berenice Dias,
Maria das Dores Campos Machado, Maria Emília Corrêa da Costa,
Micheline Milot, Roberto Arriada Lorea, Roberto Blancarte,
2008

Capa, projeto gráfico e diagramação
Livraria do Advogado Editora

Revisão
Rosane Marques Borba

Direitos desta edição reservados por
Livraria do Advogado Editora Ltda.
Rua Riachuelo, 1338
90010-273 Porto Alegre RS
Fone/fax: 0800-51-7522
editora@livrariadoadvogado.com.br
www.doadvogado.com.br

Impresso no Brasil / Printed in Brazil

Agradecimentos

Para além das instituições envolvidas, a iniciativa de fortalecer as liberdades laicas através de um debate nacional sobre laicidade recebeu o apoio de muitas pessoas, cada qual prestando a sua contribuição para a organização das atividades realizadas.

Agradeço a todas de modo geral e muito especialmente a Maria das Dores Machado, Miriam Ventura, Dulce Xavier, Gleyde da Hora, Leila Linhares, Fátima Oliveira, Roseli Fischmann e Maria Luiza Heilborn. Agradeço especialmente à Profa. Daniela Knauth, pelo irrestrito apoio a esse projeto. Agradeço também à pessoa de Maria-Teresa Santos, cujo esforço viabilizou o apoio da Agência Canadense para o Desenvolvimento Internacional, *CIDA,* à presente iniciativa.

Entre os colegas do Poder Judiciário, tanto a direção da Escola Superior da Magistratura quanto a Presidência da AJURIS não mediram esforços para que a iniciativa atingisse o êxito almejado. Citando Eugênio Couto Terra, Paulo Sanseverino e Denise Oliveira Cezar, agradeço a todos os colegas que acreditaram na capacidade da AJURIS de conduzir esse debate em âmbito nacional.

A Red Iberoamericana por las Libertades Laicas, sob a liderança de Roberto Blancarte, vem demonstrando que se pode alcançar uma convivência social que respeite a diversidade de pensamento, fortalecendo-se as liberdades. As populações da América Latina já começam a colher os primeiros frutos desse ativismo acadêmico. Registro meu agradecimento ao professor e amigo Blancarte, cuja convivência gratifica intelectual e afetivamente.

Porto Alegre, janeiro de 2008.

Roberto Arriada Lorea
(organizador)

Declaração universal da laicidade no século XXI[1]

Preâmbulo

Declaração universal da laicidade no século XXI

Considerando a crescente diversidade religiosa e moral no seio das sociedades atuais e os desafios encontrados pelos Estados modernos para favorecer a convivência harmoniosa; considerando também a necessidade de respeitar a pluralidade das convicções religiosas, atéias, agnósticas, filosóficas e a obrigação de favorecer, por diversos meios, a decisão democrática pacífica; e, finalmente, considerando a crescente sensibilidade dos indivíduos e dos povos com relação às liberdades e aos direitos fundamentais, incentivando os Estados a buscarem o equilíbrio entre os princípios essenciais que favorecem o respeito pela diversidade e a integração de todos os cidadãos com a esfera pública, nós, universitários, acadêmicos e cidadãos de diferentes países, propomos a reflexão de cada um e o debate público, sobre a seguinte declaração:

Princípios fundamentais

Artigo 1º. Todos os seres humanos têm direito ao respeito à sua liberdade de consciência e à sua prática individual e coletiva. Este respeito implica a liberdade de se aderir ou não a uma religião ou a convicções filosóficas (incluindo o teísmo e o agnosticismo), o reconhecimento da autonomia da consciência individual, da liberdade pessoal dos seres humanos e da sua livre escolha em matéria de religião e de convicção. Isso também implica o respeito pelo Estado, dentro dos limites de uma ordem pública democrática e do respeito aos direitos fundamentais, à autonomia das religiões e das convicções filosóficas.

Artigo 2º. Para que os Estados tenham condições de garantir um tratamento igualitário aos seres humanos e às diferentes religiões e crenças (dentro dos limites indicados), a ordem política deve ter a liberdade para elaborar normas coletivas sem que alguma religião ou crença domine o poder e as instituições públicas. Conseqüentemente, a autonomia do Estado implica a dissociação entre a lei civil e as normas religiosas ou filosóficas particulares. As religiões e os grupos de convicção devem participar livremente dos debates da sociedade civil. Os

---

[1] Declaração apresentada no Senado francês, em 09 de dezembro de 2005, por ocasião das comemorações do centenário da separação Estado-Igrejas na França; cuja redação esteve a cargo de Jean Baubérot (França), Micheline Milot (Canadá) e Roberto Blancarte (México).

Estados não podem, de forma alguma, dominar esta sociedade e impor doutrinas ou comportamentos a priori.

Artigo 3. A igualdade não é somente formal; deve-se traduzir na prática política por meio de uma constante vigilância para que não haja qualquer discriminação contra seres humanos no exercício dos seus direitos, particularmente dos seus direitos de cidadão, independente deste pertencer ou não a uma religião ou a uma filosofia. Para que a liberdade de pertencer (ou de não pertencer) a uma religião exista, poderão ser necessárias "acomodações razoáveis" entre as tradições nacionais surgidas de grupos majoritários e as de grupos minoritários.

A laicidade como princípio fundamental do Estado de Direito

Artigo 4. Definimos a laicidade como a harmonização, em diversas conjunturas sócio-históricas e geopolíticas, dos três princípios já indicados: respeito à liberdade de consciência e à sua prática individual e coletiva; autonomia da política e da sociedade civil com relação às normas religiosas e filosóficas particulares; nenhuma discriminação direta ou indireta contra os seres humanos.

Artigo 5. Um processo laicizador emerge quando o Estado não está mais legitimado por uma religião ou por uma corrente de pensamento específica, e quando o conjunto de cidadãos puder deliberar pacificamente, com igualdade de direitos e dignidade, para exercer sua soberania no exercício do poder político. Respeitando os princípios indicados, este processo se dá através de uma relação íntima com a formação de todo o Estado moderno, que pretende garantir os direitos fundamentais de cada cidadão. Então, os elementos da laicidade aparecem necessariamente em toda a sociedade que deseja harmonizar relações sociais marcadas por interesses e concepções morais ou religiosas plurais.

Artigo 6. A laicidade, assim concebida, constitui um elemento chave da vida democrática.

Impregna, inevitavelmente, o político e o jurídico, acompanhando assim os avanços da democracia, o reconhecimento dos direitos fundamentais e a aceitação social e política do pluralismo.

Artigo 7. A laicidade não é patrimônio exclusivo de uma cultura, de uma nação ou de um continente. Poderá existir em conjunturas onde este termo não tem sido utilizado tradicionalmente. Os processos de laicização ocorreram ou podem ocorrem em diversas culturas e civilizações sem serem obrigatoriamente denominados como tal.

Debates sobre a laicidade

Artigo 8. A organização pública do calendário, as cerimônias fúnebres oficiais, a existência de "santuários cívicos" ligados a formas de religião civil e, de maneira geral, o equilíbrio entre o que surgiu da herança histórica e aquilo que se atribui ao pluralismo atual em matéria de religião e de convicção de uma determinada sociedade, não podem ser considerados solucionados de maneira definitiva, e lançar-se no terreno do inimaginável. Ao contrário, isto constitui o centro de um debate laico pacífico e democrático.

Artigo 9. O respeito concreto à liberdade de consciência e a não-discriminação, assim como a autonomia da política e da sociedade frente a normas particulares, devem ser aplicados aos debates necessários relativos às questões associadas ao corpo e à sexualidade, com a enfermidade e a morte, com a emancipação das mulheres, a educação dos filhos, os matrimônios mistos, a condição dos adeptos de minorias religiosas ou não religiosas, dos "não-crentes" e daqueles que criticam a religião.

Artigo 10. O equilíbrio entre os três princípios constitutivos da laicidade também é um fio condutor para os debates democráticos sobre o livre exercício de culto, sobre a liberdade de expressão, a manifestação de convicções religiosas e filosóficas, o proselitismo e os limites decorrentes do respeito pelo outro, bem como as interferências e as distinções necessárias entre os diversos campos da vida social, as obrigações e os acordos razoáveis na vida escolar ou profissional.

Artigo 11. Os debates sobre estas diferentes questões colocam em jogo a representação da identidade nacional, as regras de saúde pública, os possíveis conflitos entre a lei civil, as representações morais particulares e a liberdade de decisão individual, como um marco do princípio da compatibilidade das liberdades. Em nenhum país e em nenhuma sociedade existe uma laicidade absoluta; tampouco as diversas soluções disponíveis em matéria de laicidade são equivalentes.

A laicidade e os desafios do século XXI

Artigo 12. A representação dos direitos fundamentais evoluiu muito desde as primeiras proclamações de direitos (final do século XVIII). A significação concreta da dignidade dos seres humanos e da igualdade de direitos está em jogo nas soluções propostas. O limite estatal da laicidade enfrenta hoje problemas provenientes de estatutos específicos e de direito comum, de divergências entre a lei civil e determinadas normas religiosas e de crença, de compatibilidade entre os direitos dos pais e aquilo que as convenções internacionais consideram como direitos da criança, bem como do direito à "blasfêmia" ou à liberdade de expressão.

Artigo 13. Nos diversos países democráticos, para numerosos cidadãos, o processo histórico de laicização parece ter chegado a uma especificidade nacional, cujo questionamento suscita receios. E, quanto mais longo e conflituoso tiver sido o processo de laicização, em maiores proporções se manifestará o medo de mudanças. Não obstante, na sociedade ocorrem profundas mutações, e a laicidade não poderia ser rígida e imóvel. Portanto, é necessário evitar tensões e fobias, para poder encontrar novas respostas aos novos desafios.

Artigo 14. Nos locais onde ocorrerem, os processos de laicização corresponderam historicamente a uma época em que as grandes tradições religiosas dominavam os sistemas sociais. O sucesso de tais processos criou certa individualização do religioso e daquilo que se refere às crenças, o que se transforma em uma dimensão da liberdade de decisão pessoal. Contrariamente, o que se teme em determinadas sociedades, a laicidade não significa abolir a religião, mas a liberdade de decisão em matéria de religião. Isso também implica, nos dias de hoje, onde necessário, desligar o religioso daquilo que se encontra assentado na sociedade e de todas as imposições políticas. Sem embargo, quem fala de liberdade de decisão também se refere à livre possibilidade de uma autenticidade religiosa ou de convicção.

Artigo 15. Portanto, as religiões e convicções filosóficas se constituem socialmente em locais de recursos culturais. A laicidade do século XXI deve permitir articular diversidade cultural e unidade do vínculo político e social, da mesma maneira que as laicidades históricas tiveram que aprender a conciliar as diversidades religiosas e a unidade deste vínculo. É a partir deste contexto global que se faz necessário analisar o surgimento de novas formas de religiosidade, tanto de combinações entre tradições religiosas, de misturas entre o religioso e aquilo que não é religioso, de novas expressões espirituais, mas também de formas diversas de radicalismos religiosos. Igualmente, é no contexto da individualização que se deve compreender porque é difícil reduzir o religioso ao exclusivo exercício do culto, e porque a laicidade como marco geral da convivência harmoniosa é, mais do que nunca, desejável.

Artigo 16. A crença de que o progresso científico e técnico pode engendrar progresso moral e social encontra-se atualmente em declínio; isso contribui para tornar o futuro mais incerto, dificultar a sua projeção e tornar os debates políticos e sociais menos legíveis. Depois das ilusões do progresso, corre-se o risco de privilegiar unilateralmente os particularismos culturais. Esta situação nos estimula a ser mais criativos com relação à laicidade, para inventar novas formas para o vínculo político e social, capazes de assumir esta conjuntura inédita e encontrar novas relações com a história que construímos em conjunto.

Artigo 17. Os diferentes processos de laicização corresponderam aos diferentes desenvolvimentos dos Estados. As laicidades, por outro lado, tomaram diversas formas, dependendo do fato do Estado ser centralista ou federal. A construção de grandes conjuntos supra-estatais e o relativo, mas real, desprendimento do jurídico com relação ao estatal geram uma nova situação. O Estado, sem embargo, encontra-se mais em uma fase de mutação do que em verdadeiro declínio. Tende a atuar menos na esfera do mercado, e perde, pelo menos de maneira parcial, o papel de Estado Benfeitor que ocupou em muitos países em maior ou menor proporção. Por outro lado, intervém em esferas até agora consideradas como privadas, isto é, íntimas, e talvez responda mais do que no passado a demandas sobre segurança, algumas das quais podem ameaçar as liberdades. Portanto, necessitamos inventar novos vínculos entre a laicidade e a justiça social, assim como entre a garantia e a ampliação das liberdades individuais e coletivas.

Artigo 18. Ao mesmo tempo em que existe uma vigilância para que a laicidade não adote, neste contexto, aspectos da religião civil ou se sacralize de alguma forma, a aprendizagem dos seus princípios inerentes poderá contribuir para uma cultura de paz civil. Isso exige que a laicidade não seja concebida como uma ideologia anticlerical ou como um pensamento intangível. Além disso, em contextos onde a pluralidade de concepções do mundo se apresenta como uma ameaça, esta deverá aparecer como uma verdadeira riqueza. A resposta democrática aos principais desafios do século XXI chegará através de uma concepção laica, dinâmica e inventiva. Isso permitirá que a laicidade se mostre realmente como um princípio fundamental de convivência.

Sumário

Apresentação 15

1. O porquê de um Estado laico
   Roberto Blancarte 19

2. A laicidade como princípio constitucional do Estado de Direito
   Marco Huaco 33

3. A laicidade na América Latina: uma apreciação antropológica
   Ari Pedro Oro 81

4. Apontamenos sobre a liberdade religiosa e a formação do Estado laico
   Maria Emília Corrêa da Costa 97

5. A marca católica na legislação argentina. O caso da assistência religiosa nas Forças Armadas
   Juan Cruz Esquivel 117

6. A garantia das liberdades laicas na Suprema Corte do Canadá
   Micheline Milot 129

7. A Justiça e a Laicidade
   Maria Berenice Dias 139

8. A atuação dos evangélicos na política institucional e a ameaça às liberdades laicas no Brasil
   Maria das Dores Campos Machado 145

9. O assédio religioso
   Roberto Arriada Lorea 159

10. O ensino religioso na rede estadual do Rio de Janeiro – política e legislação
    Luiz Antônio Cunha 173

11. O crucifixo nos Tribunais e a laicidade do Estado
    Daniel Sarmento 189

Apresentação

O estado brasileiro é, conforme definido em nossa Constituição, um Estado laico. O Brasil é o maior país católico do mundo, afirma a imprensa a todo o momento. Conforme nossa legislação eleitoral, a propaganda partidária está proibida no interior de templos religiosos. Deus é brasileiro, segundo um ditado muito popular. Os nossos tribunais de justiça julgam segundo leis feitas pelas instituições civis, republicanas e laicas. Mas é muito freqüente que tenhamos um crucifixo no interior desses tribunais. De modo geral, a população cada vez mais acorre aos tribunais em busca da garantia de seus direitos. Mas também é muito freqüente que se escute a frase "ora, vá se queixar para o bispo!".

Poderíamos seguir multiplicando a lista de situações, em nosso país, onde religião, espaço público, crença pessoal, regime democrático, ações estatais, organizações religiosas, políticas públicas e partidos políticos mantêm fronteiras móveis e de muita tensão. Estas fronteiras em tensão dão origem a diferentes interpretações do que seja justo e adequado nesta relação entre o pertencimento religioso individual (e também coletivo) e a manutenção de um espaço público e democrático, que admita e garanta a liberdade de consciência e a diversidade de pensamento. Por um lado, que não se discrimine ninguém por sua crença religiosa; por outro lado, que se mantenha o caráter de estado laico definido por nossa Constituição. Difícil conciliar este equilíbrio, sem aprofundar o estudo do tema.

Há um outro fator, que pesa muito na discussão das liberdades laicas. O Brasil, como tantos outros países, torna-se cada vez mais uma sociedade multicultural. Estamos muito distantes do tempo em que havia apenas uma religião professada por todos (e até mesmo obrigatória por lei); um jeito correto de ser homem; um modo único e adequado de ser mulher; um único partido político; uma única raça tida como a melhor; um único conjunto de valores morais; uma única modalidade de educação; uma hegemonia em termos de televisão e rádio e jornal.

Nos tempos em que vivemos a diversidade é a regra, o que se confirma pelo simples olhar sobre a vida social: temos uma enorme variedade de formas de pertencimento religioso, e mesmo no interior de uma determinada crença religiosa as formas de relacionar-se com o sagrado variam amplamente; temos muitas formas de relação com os quesitos raça e etnia, e uma mistura de raças e de tradições étnicas cada vez maiores; o pluralismo nas formas de ser homem e de ser mulher é bastante evidente, derivando em condutas particulares masculinas e femininas muito diferentes e por vezes até antagônicas; a diversidade de orientações sexuais é fato notório, a merecer amplo destaque na mídia, com a garantia de livre exercício das identidades sexuais já asseguradas em lei; as tradições culturais regionais, locais e familiares ganham cada vez mais destaque nos meios de comunicação, e sofrem influências recíprocas; temos hoje uma grande quantidade de meios de comunicação e a possibilidade de livre acesso a quase todos eles. Muitos outros fatores nos mostram que os contextos de vida são cada vez mais multiculturais, e trazem consigo um largo processo de negociações para o convívio das diferenças, evitando a criação de desigualdades, ou eliminando as desigualdades já existentes. O Estado laico protege melhor as minorias. O Estado laico se liga ao pluralismo e ao multiculturalismo.

Foi pensando nestas questões todas, e em muitas outras a elas relacionadas, que este livro foi produzido. Inicialmente, organizaram-se, em maio de 2007, seminários tratando do tema das liberdades laicas na Escola Superior da Magistratura, em Porto Alegre, na sede da Ordem dos Advogados do Brasil, no Rio de Janeiro, e na Faculdade de Educação da USP, em São Paulo. O mote para isto foi a visita do Papa Bento XVI ao Brasil, ótimo momento para aprofundar o debate sobre as relações Estado e religiões, mais particularmente Estado e igreja católica. Os três seminários tiveram muito êxito, com forte presença de público, cobertura na mídia, geração de redes de interessados no tema por internet; convidados vindos da Argentina, do México, do Peru e do Canadá.

Face à inviabilidade de publicar na íntegra todos os trabalhos apresentados durante os Seminários, optou-se por apresentar uma síntese dos debates, privilegiando-se uma amostragem que contemplasse palestrantes de diferentes países e distintas trajetórias acadêmicas. Com o objetivo de difundir o conhecimento das bases da laicidade, incluiu-se também a versão traduzida da Declaração Universal da Laicidade no Século XXI. Reunimos, assim, um conjunto de temas nos quais as relações entre o Estado e as religiões e a constituição do espaço público em sintonia com os pertencimentos religiosos são abordadas. Diferentes são os campos e os temas onde podemos problematizar estas relações: na elaboração de políticas públicas de saúde; na organização da proposta curricular do ensino público brasileiro; na existência e funcionamento das capelanias militares; na relação institucional entre o Estado brasileiro e as organizações religiosas; na tradição político partidária de relação com as igrejas e as comunidades de fiéis no momento da "busca do voto"; na discussão da elaboração das leis; nas decisões das cortes e tribunais a um sem-número de demandas em que questões de ordem moral e religiosa estão envolvidas; na relação do Brasil com outros países, onde a relação do Estado com as religiões é diferente da nossa, etc.

Nosso propósito é o de reafirmar, por um lado, o Estado democrático, coerente com o princípio de que as instituições políticas se legitimam pela soberania popular, e não por normativas religiosas. Por outro lado, assegurar a mais ampla liberdade de consciência e de pertencimento religioso, algo que só pode estar garantido quando temos um estado laico, que não adota nenhum princípio religioso como preferencial, mas trata todos os agrupamentos religiosos de forma equânime. Pensamos que assim se pode colaborar para o crescimento dos direitos humanos em nosso país.

Denise Oliveira Cezar
Associação dos Juízes do Rio Grande do Sul – AJURIS

Fernando Seffner
Observatório Interdisciplinar de Direitos Humanos – ILEA/UFRGS

Roberto Arriada Lorea
Red Iberoamericana por las Libertades Laicas – LL/Brasil

— 1 —

O porquê de um Estado laico

ROBERTO BLANCARTE[1]

Sumário: 1. Laicidade; uma definição; 2. A construção do Estado laico no México; 3. O marco jurídico atual da laicidade mexicana; 4. O Estado laico e os direitos sexuais e reprodutivos; 5. Por que o Estado laico está em crise e as liberdades estão em risco?; 6. Algumas conclusões

1. Laicidade; uma definição

Para que queremos um Estado Laico? Às vezes sua necessidade se faz tão óbvia, que nos faz esquecer a razão de sua existência. E sem dúvida, poucas criações do mundo moderno tornaram-se tão indispensáveis para que as várias e diversas sociedades se desenvolvam em um marco de liberdades e convivência pacífica. Apesar disso, existe uma enorme ambigüidade e incerteza ao seu redor, pois, por um lado, a laicidade parece estar de acordo a respeito dos direitos humanos, mas, por outro lado, se identifica como um modelo específico do mundo ocidental ou incluso como uma exceção do mesmo.

No México, como em muitas outras partes do mundo, o Estado laico construiu-se em garantia de muitas liberdades que antes não existiam. Mas apesar deste feito, na atualidade, vários questionam sua importância como modelo político e, como conseqüência, em ocasiões se põe em questão sua validade social. Por isso, antes de emitir juízos de valor, se faz imprescindível saber o significa, qual é o seu conteúdo e, sobretudo, para quê serve.

Comecemos por uma definição e uma explicação da mesma. Em outro texto, defini a laicidade como "um regime social de convivência, cujas instituições políticas estão legitimadas principalmente pela soberania popular e já não mais por elementos religiosos". É dizer, há um momento na história do Ocidente que o poder político deixa de ser legitimado pelo sagrado, e a soberania já não reside em uma pessoa (o monarca). Neste processo, as monarquias deixam de ser absolutas e passam a ser constitucionais. Em outros casos, estabelecem-se as repúblicas, como nos Estados Unidos, na França e no México. De qualquer maneira, os reis passam a ser figuras praticamente decorativas ou desaparecem e, em seu lugar, a

---

[1] Doutor pela Escola de Altos Estudos em Ciências Sociais (Paris). Diretor e Professor-pesquisador do Centro de Estudos Sociológicos do El Colégio de México. www.libertadeslaicas.org.mx

soberania passa ao povo. Essa é a razão pela qual a democracia representativa e a laicidade estão intrinsecamente ligadas.

A definição anterior de laicidade, centralizada na idéia da transição entre uma legitimidade outorgada pelo sagrado e uma forma de autoridade proveniente do povo, permite-nos entender que a laicidade - como a democracia – é mais um processo do que uma forma fixa ou acabada em forma definitiva. Da mesma maneira que não se pode afirmar a existência de uma sociedade absolutamente democrática, tampouco existe na realidade um sistema político que seja total e definitivamente laico. Esta definição também nos permite entender que, em muitos casos, subsistem formas de sacralização do poder, mesmo sob esquemas não estritamente religiosos. Por exemplo, muitas das cerimônias cívicas, no fundo, são nada mais que rituais substitutivos para integrar a sociedade através de valores comuns novos ou adicionais. Por isso alguns defendem uma laicização da laicidade, para evitar, na medida do possível, que qualquer forma de sacralização do poder substitua a verdadeira fonte de legitimidade do Estado laico, que é a soberania do povo.

Definir a laicidade como um processo de transição entre formas de legitimidade sagradas e formas democráticas ou baseadas na vontade popular, permite-nos também compreender que esta (a laicidade) não é necessariamente o mesmo que a separação Estado-Igrejas. De fato, existem muitos Estados que não são formalmente laicos, mas estabelecem políticas públicas alheias à normativa doutrinária das Igrejas e sustentam mais sua legitimidade na soberania popular do que em qualquer forma de consagração eclesiástica. Países como Dinamarca e Noruega, que têm Igrejas nacionais como a luterana (e cujos ministros de culto são considerados funcionários do Estado), são, sem dúvida, laicos na medida que suas formas de legitimação política são essencialmente democráticas e adotam políticas públicas alheias à moral da própria Igreja oficial. Existe autonomia do político frente ao religioso.

O critério de separação entre os assuntos do Estado e os das Igrejas é confundido com o da laicidade, porque, na prática, os Estados laicos adotaram medidas de separação. Mas existem Estados que não conhecem a separação formal e no entanto suas formas de governo são essencialmente democráticas, por isso não requerem uma legitimação eclesiástica ou sagrada. Na verdade, a melhor prova de que pode existir alguma forma de laicidade sem que exista a separação é o caso francês, pois a escola laica se desenvolveu no último terço do século XIX, e a separação entre o Estado e as Igrejas somente teve lugar na França a partir de 1905. Assim que podem existir países laicos sem formalmente serem laicos ou sem sequer ter uma separação entre o Estado e as Igrejas.

Significa também dizer que podem existir países formalmente laicos, mas que no entanto ainda estejam condicionados pelo apoio político proveniente de uma ou mais Igrejas majoritárias do país. E, de forma contrária, existem países que não são formalmente laicos, mas que, na prática, por razões relacionadas a um histórico controle estatal sobre as Igrejas, não dependem da legitimidade proveniente das instituições religiosas.Outro erro comum, oriundo da tradição francesa, é equiparar o Estado laico e a República. Na realidade, esse foi o caso da experiência francesa, onde a Revolução e logo a República se contrapuseram ao Antigo Regime representado pela monarquia. A luta pela laicidade, depois da queda de Napoleão III em 1870, como produto da guerra franco-prussiana, se deu ao mesmo tempo que a batalha pela consolidação da chamada Terceira República. Portanto, para os franceses, é quase impossível separar a laicidade da República e isso lhes dificultou entender a possibilidade da existência da laicidade sob formas não-republicanas, mesmo que democráticas, como é o caso de muitas monarquias constitucionais.

Esta ampla definição da laicidade nos permite observar como, independentemente do regime legal que alguns países adotam, seu Estados, ou seja, o conjunto de instituições pelas quais se governam, dependem, de uma certa forma, mais ou menos da legitimidade proveniente das instituições religiosas. Dessa maneira, por suas próprias trajetórias históricas, os países de implantação protestante são bastante laicos, apesar de terem Igrejas nacionais ou oficiais. Já onde as Igrejas ortodoxas estão arraigadas, como Grécia e Rússia, o Estado é menos laico, pois ainda depende, consideravelmente, da legitimidade proveniente da instituição religiosa. O caso dos países majoritariamente católicos apresenta uma terceira variante, na qual geralmente se dão diversos graus de separação e uma relação tensa entre o Estado, que busca uma autonomia de gestão, e a Igreja majoritária, que pretende moldar a política pública. O Estado é, então, mais ou menos laico, segundo o grau de independência e o requerimento da legitimidade proveniente da instituição eclesiástica.

2. A construção do Estado laico no México

No caso do México, a laicidade do Estado foi-se construindo de maneira paulatina, desde meados do século XIX. Mas, ainda hoje, alguns partidos e funcionários públicos se voltam às autoridades religiosas em busca de legitimidade política, pela qual a laicidade segue sendo um horizonte ao qual é necessário dirigir-se.

No período NOVOHISPANO, a Igreja formava parte do Estado. O Patronato Real, por meio do qual a Santa Sé entregava à Coroa a administração da Igreja nas terras colonizadas, em troca da proteção e compromisso do apoio para a evangelização dos habitantes das mesmas, marcaria a época colonial e o primeiro período independente, pois Igreja e Estado se complementavam e se legitimavam mutuamente, sem que por isso desaparecessem alguns conflitos esporádicos entre as instituições. O poder do soberano não se baseava na vontade do povo, senão na autoridade que se acreditava ter sido eleita por Deus para ocupar o trono.

A união entre a religião e a pátria foi dada por estabelecida pelos primeiros independentistas. Não somente porque alguns pais da pátria foram sacerdotes, senão porque se considerava que a religião era parte essencial da consolidação social e da identidade da nova Nação. Desde essa perspectiva, a ninguém ou a poucos lhes ocorria que o Estado poderia estar separado da Igreja católica e que o catolicismo não deveria ter um lugar privilegiado no México independente. Em seguida, a legitimação religiosa do novo poder político parecia tão evidente como necessária. A *Ata de Independência de Chilpancingo e Sentimentos da Nação*, escritos por José María Morelos y Pavón em 1813, *O Decreto Constitucional de Apatzingán* de 1814 e a *Ata Constitutiva* de 1823 apoiavam uma intolerância oficial às outras religiões e uma proteção especial à católica. A Constituição de 1824 estabeleceu que: "a religião mexicana é e será para sempre a católica, apostólica, romana. A nação a protege por leis sábias e justas e proíbe o exercício de qualquer outra". Não existia, até esse momento, o menor sinal de um Estado laico, pois os independentistas pretendiam que a religião constituísse um elemento central da legitimidade do novo Estado independente.

O problema surgiu quando a própria Santa Sé não somente se negou a aceitar a independência do país, como questionou a pretensão do novo Estado independente sobre prolongar a figura do Patronato. Isso aprofundou o conflito entre os primeiros governantes mexicanos, que buscavam prolongar a figura do Patronato para ter um poder de jurisdição e controle sobre os assuntos da Igreja como a nomeação de bispos e, portanto, a Cúria romana, que aproveitou as circunstâncias para libertar-se dos controles que a Coroa havia estabelecido sobre ela mediante o acordo mencionado. O litígio finalmente foi solucionado de maneira drástica. Os liberais se deram conta, depois de muitos anos de conflito, que o problema do patronato não tinha solução e que, quem sabe, o mais conveniente era um regime de separação, na qual a Igreja (naquela época havia somente uma) se ocupasse de seus próprios assuntos, e o Estado se ocupasse dos seus.

A Constituição liberal de 1857, por omissão, decretou de fato a separação, pois simplesmente não fez menção a tratamentos privilegiados à Igreja ou à intolerância a outras religiões. A Guerra de Três Anos que a seguiu (1857-1860) radicalizaria de tal maneira as posições entre conservadores e liberais, que conduziria à promulgação das Leis da Reforma. Estas decretaram a nacionalização dos bens eclesiásticos, a separação entre o Estado e a Igreja, a criação do Registro e o Matrimônio Civil e a secularização dos cemitérios. Estas reformas podem nos parecer pouca coisa nos dias de hoje, mas em sua época terminaram com o Antigo Regime e estabeleceram as bases para a construção de um México com liberdades modernas. Antes do Registro Civil, em virtude de que os registros de nascimento eram os de batizado, nenhum mexicano podia contar com um documento que atestasse a sua nacionalidade, o qual implicava que todos os mexicanos tinham que ser católicos. O mesmo sucedia com o matrimônio: em virtude de que não existia a figura judicial do matrimônio civil, todos os mexicanos que queriam casar-se teriam que ser católicos; não havia a possibilidade de não ser católico e pretender casar-se legalmente. Finalmente, os não-católicos não tinham direito de morrer, já que os cemitérios pertenciam às Igrejas. A secularização dos cemitérios resolveu o problema daqueles comerciantes ingleses e alemães que pertenciam às Igrejas Anglicana e Luterana aos quais a Igreja católica mexicana lhes negava inclusive um lugar para serem enterrados (essa é a origem de alguns cemitérios nacionais em nosso país). Em resumo, o conjunto de medidas impostas pelas Leis da Reforma separavam, como se dizia naquela época, "os negócios eclesiásticos" dos "negócios do Estado". Mas, sobretudo, permitiam a constituição das instituições essenciais para qualquer Estado laico, ou seja, independente das instituições eclesiásticas. A partir desse momento, se podia ser mexicano (graças ao Registro Civil) sem ter que ser católico ou ser de qualquer outra religião. E podia se casar e ser sepultado (ou seja, participar dos rituais principais na vida e na morte de um ser humano), simplesmente pelo fato de ser cidadão do país, sem ter que estar ligado a uma Igreja e sem que o elemento religioso fosse o decisivo para o exercício de seus direitos. Em resumo, a separação permitiu o início da formação de um Estado laico, cujas instituições já não dependiam da legitimidade religiosa.

Certamente, a laicidade, como a democracia, com a qual tem um parentesco bastante estreito, não é um estado de coisas que tenha um horizonte limitado e alcançável; sempre se amplia, e não se pode falar de Estados que sejam absolutamente laicos, em virtude de que persistem em maior ou menor grau elementos religiosos ou cívico-sacralizados em seu interior. No caso do México, o regime liberal estabelecido na República Restaurada, logo após o triunfo contra a intervenção francesa (1867), não deixou de ter elementos de legitimidade religiosa, e o Presidente Lerdo de Tejada incorporou as Leis da Reforma à Constituição em 1873. No período porfiriano (1876-1910), mesmo que o regime tenha mantido seu caráter liberal e laico, houve um relativo retorno às formas de legitimação religiosa, já que Porfírio Díaz buscou a reconciliação com a hierarquia católica e, dessa maneira, incorporou, circunstancialmente, a Igreja dentro das estruturas de poder. De qualquer modo, mesmo que não se tenha feito uma investigação profunda sobre o período, partindo desta perspectiva, não se deve menosprezar o fato de que o regime porfirista tenha permanecido formal e de certa forma bastante liberal (um exemplo disso é a construção da Avenida da Reforma como homenagem aos liberais mexicanos), e que isso tenha sido um fato importante no afastamento entre a Igreja e o dito regime, até o fim do mesmo. Também é necessário mencionar que o liberalismo triunfante certamente contribuiu à consolidação do Estado laico, mediante a difusão de valores e liberdades sobrepostas aos cânones e doutrinas eclesiásticas, mesmo que em muitos casos o que se criou foi uma sacralização do Estado liberal. Dessa maneira, os santos foram substituídos por heróis independentistas e liberais, e, os altares religiosos foram trocados por altares da Pátria. A substituição dos rituais religiosos por cerimônias cívicas põe em evidência tanto a vontade de mudar no plano dos símbolos, como a dificuldade para criar instituições verdadeiramente laicas, ou seja, des-sacralizadas.

A Revolução Mexicana, pelo menos em sua versão nortista que foi a que triunfou no final, como é bem sabido, teve um forte caráter anticlerical.

Independentemente das razões do radicalismo revolucionário em relação à Igreja, o certo é que as medidas impostas na Constituição de 1917 levaram ao desaparecimento do poder religioso na nova sociedade que se pretendia construir. O não-reconhecimento jurídico das Igrejas, a proibição de possuírem bens, as limitações ao culto fora dos templos, a impossibilidade de construir partidos políticos com referências religiosas e as proibições para que os ministros de culto participassem em atividades políticas, foram todas medidas anticlericais (não anti-religiosas) que em última instância conduziram à eliminação da Igreja católica na esfera sociopolítica. Desde essa perspectiva, mesmo que não fosse esse o objetivo, contribuíram para a construção e o fortalecimento do Estado laico mexicano, ou seja, um sistema político que prescindiu em boa parte durante o século XX de formas de legitimação provenientes das instituições religiosas. Não é por acaso que a hierarquia da Igreja católica tenha reagido com uma firmeza e intransigência inusitadas às medidas anti-clericais e que as posturas dos revolucionários radicais, assim como as dos católicos integristas tenham levado a enfrentamentos políticos e armados, como a Guerra Cristera. O que estava em jogo era um sistema sociopolítico e os fundamentos da autoridade em um novo Estado.

Por fim, chegou-se a um acordo implícito até o final da década dos anos trinta. Referido acordo, chamado *modus vivendi*, baseado em certos elementos comuns (nacionalismo, busca da justiça social, anti-socialismo radical), consolidou um Estado que preservou para si o espaço público, sobretudo no terreno sociopolítico (sindicatos, partidos, organizações de massas), em troca de maior liberdade à Igreja na esfera educacional, sob formas diversas de tolerância e dissimulação.

Em todo o caso, e leve-se em consideração momentos esporádicos nos quais se deram encontros circunstanciais e busca de apoios políticos, durante as primeiras sete décadas do século XX o Estado mexicano continuou seu processo de secularização e não solicitou apoios provenientes das instituições eclesiásticas. No entanto, à medida que o Estado da Revolução Mexicana foi se debilitando e perdendo as bases de legitimidade que lhes haviam dado origem, os governos priistas se viram na necessidade de pedir ajuda a outras fontes de legitimidade para permanecer no poder. Tudo isso, associado a outros fenômenos internos da Igreja católica, levou a uma crescente presença pública dos hierarcas e ministros de cultos católicos e a uma pressão sobre o sistema político.

As reformas de 1992 dos artigos anticlericais da Constituição, sem dúvida necessárias em um ambiente político menos autoritário, deixariam estabelecidos o retorno das Igrejas (agora no plural) ao espaço público. E mesmo que na Constituição se reiterasse o princípio histórico de separação do Estado e das Igrejas e se mantivesse o espírito original liberal na Carta Magna, o certo é que, por diversas razões, as instituições eclesiásticas, particularmente a católica, considerariam que era momento de exercer pressão para influenciar na definição das leis e políticas públicas da Nação. Desde essa perspectiva, a laicidade do Estado laico mexicano (ou seja, as fontes de autoridade do conjunto de instituições políticas que o compõem) seriam colocadas em dúvida, sobretudo na última década do século XX e mais ainda com a chegada ao poder de um governo ideologicamente conservador no ano 2000.

3. O marco jurídico atual da laicidade mexicana

É importante ressaltar que, considerando o anteriormente mencionado, a laicidade mexicana, não está inscrita na Constituição do país, o qual não impede que tanto o Estado laico como a educação laica sejam percebidos com clareza e sustentados firmemente pela população. Existe um paradoxo que na Carta Magna dos mexicanos esta laicidade não se define formalmente e somente existe um trecho, no artigo 3° relativo à educação, onde se afirma que, "garantida pelo artigo 24 a liberdade de crenças, referida educação será laica e, portanto, se manterá, por completo, distante de qualquer doutrina religiosa". Por outro lado, no artigo 130, relativo aos direitos políticos dos grupos religiosos e seus ministros de culto, se ressalta que "o princípio histórico da separação do Estado e Igrejas" orienta as normas contidas no mesmo.

Curiosamente, a laicidade do Estado mexicano está estipulada em uma lei secundária (respeito à Constituição), que é a Lei de Associações Religiosas e Culto Público. Nela se apresenta uma espécie de definição relativa a seu conteúdo, quando se afirma: "O Estado mexicano é laico. O mesmo exercerá sua autoridade sobre toda manifestação religiosa, individual ou coletiva, somente no que se refere à observância das leis, conservação de ordem e moral públicas e a tutela dos direitos de terceiros". Complementa-se que o Estado "não poderá estabelecer nenhum tipo de preferência ou privilégio a favor de qualquer religião", nem "tampouco a favor ou contra qualquer Igreja ou grupo religioso".

Em suma, a atual laicidade mexicana se define por uma busca da separação de esferas, nitidamente marcada no campo educacional, um "não-intervencionismo", exclusivamente no âmbito do mercado religioso (não se pode chamar "neutralidade", porque o Estado laico defende valores como a democracia, a pluralidade religiosa, a tolerância, etc.; portanto não é neutro, é imparcial) e um "jurisdicionalismo" (herança do Patronato) sobre os efeitos sociais das manifestações religiosas. Esta laicidade na verdade não está registrada na Constituição, mas se apóia na mais concreta idéia de um "princípio histórico de separação" entre o Estado e as Igrejas, o que remete imediatamente a uma extensa tradição de século e meio de regimes liberais e sociais-radicais.

4. O Estado laico e os direitos sexuais e reprodutivos

O Estado laico é em sua essência um instrumento jurídico-político para a gestão das liberdades e direitos do conjunto de cidadãos. Nesse sentido, alguns direitos de reivindicação recente, como os sexuais e reprodutivos, estão ligados intrinsecamente ao referido Estado por diversas razões. A principal é pela obrigação do Estado moderno de preservar a liberdade de consciência frente a qualquer ameaça que atente contra sua liberdade. Esta obrigação surge da convicção de que ninguém pode ser obrigado a acreditar em algo pelo uso da força, sendo então necessário respeitar as crenças, filosóficas ou religiosas, de cada um. Isso é resultado, entre outras questões, do processo de pluralidade religiosa e da necessidade de construir um Estado que garanta a todos os cidadãos a possibilidade de crer ou não crer. A conseqüência disso é que, na medida em que não se afeta nem a ordem, nem a moral pública (voltarei logo sobre esse assunto) e nem os direitos de terceiros, também se converte em obrigação do Estado garantir o direito de todos, incluídas as minorias, de viver e praticar ações de acordo com suas crenças e preferências. Isto resultará certamente em muitos debates a respeito de quais são os direitos humanos que o Estado deve respeitar e garantir e, ao mesmo tempo, constituirá a plataforma onde organizações de defesa dos direitos sexuais e reprodutivos podem desenvolver seu trabalho.

A segunda razão é que a liberdade de consciência gera inevitavelmente uma pluralidade de crenças, as quais podem ser ou não religiosas, mas que obrigam a revitalização de cada uma delas no âmbito público, assim como a criação de normas morais e de condutas aceitáveis a todos, alheias a uma doutrina religiosa específica e portanto seculares e laicas. Os norte-americanos chamam isso de "religião cívica", ferramenta mediante a qual todos os políticos fazem referência a um Deus, sem se utilizar de elementos confessionais de uma só Igreja ou religião. No México e na França, a solução que foi dada, por exemplo, na escola pública, é de mantê-la livre de toda influência religiosa e construir em cima dela uma série de valores comuns universais (liberdade, democracia, tolerância, respeito às diferenças, etc.) que permitam aos cidadãos um ideal comum, independentemente de crenças religiosas ou convicções próprias. O respeito à liberdade de consciência e a inevitável pluralidade de crenças tem levado à formação de um espaço público secularizado (recordemos do registro de nascimento e do matrimônio civil), a princípio, alheio à influência das doutrinas religiosas e baseado na moral pública decidida por vontade popular em função do interesse público.

A terceira razão pela qual o Estado laico está ligado às liberdades civis em geral é a dos direitos sexuais e reprodutivos devido à mudança da fonte de legitimidade do Estado. Portanto, os grupos religiosos podem opinar, mas não são mais aqueles que podem influenciar decididamente sobre a criação das leis ou estruturar as políticas públicas. Estas, pelo contrário, são definidas pelo povo, através de suas formas de representação, particularmente as parlamentares. A soberania popular, em respeito aos direitos humanos, é a única que pode definir, a partir de um certo momento, o que é válido e o que não é, o que é permitido e o que é proibido. Os direitos sexuais e reprodutivos, mais além de sua existência natural, podem ser reconhecidos, defendidos e garantidos, na medida em que a vontade popular, ou os magistrados e tribunais superiores de justiça, assim o decidirem. É nesse ponto onde encontramos a questão da moral pública e sua definição, sempre dinâmica, à medida que os costumes dos povos se modificam e variam com o tempo. Muitas questões que antes eram proibidas (um beijo na rua, a nudez pública, a convivência entre homossexuais) agora são permitidas, porque precisamente a moral pública tem mudado.

Evidentemente, a moral pública não pode estar totalmente secularizada, à medida que as religiões formam parte essencial da cultura dos povos, portanto, é impossível que não influenciem em suas concepções morais sobre o que é correto ou incorreto, sobre o que é bom ou mau. Os legisladores e os funcionários públicos estão influenciados em sua visão de mundo pelas suas respectivas religiões e cosmovisões. Mas há dois aspectos que modificam completamente a definição desta moral pública em uma sociedade secularizada e em um Estado laico: em primeiro lugar, em virtude do crescente papel da liberdade de consciência, ou seja, da faculdade de decidir o que é bom ou mau a partir de uma relação direta de cada indivíduo com seu Deus e já não necessariamente através da intermediação eclesiástica, a moral já não pode estar definida por uma hierarquia e sua interpretação da doutrina. A segunda razão é que os legisladores e funcionários públicos, mesmo que tenham suas crenças pessoais (religiosas ou de outro tipo), não devem nem podem impô-las à população. Legisladores e funcionários devem responder essencialmente ao interesse público, que pode ser distinto de suas crenças pessoais. Assim, por exemplo, um legislador pode não estar de acordo com o uso do preservativo, mas está obrigado a criar leis que permitam e divulguem o uso do mesmo, para combater a epidemia da AIDS, a qual constitui um problema de saúde pública. Da mesma maneira, um legislador pode pessoalmente não estar de acordo com o aborto sob certas circunstâncias, mas a saúde pública o obriga a que o Estado atenda um problema existente, como o dos abortos realizados clandestinamente e em condições de insalubridade, o que provoca a morte de algumas mulheres que o fazem. Em resumo, legisladores e funcionários públicos não estão em seus cargos a título pessoal e devem, mesmo que ainda tenham direito a ter suas próprias convicções, primar pelo interesse público em suas funções e responsabilidades.

Os que defendem os direitos sexuais e reprodutivos têm, portanto, a obrigação de recordar de maneira permanente aos legisladores e funcionários públicos que seu papel não é de impor políticas públicas a partir de suas crenças pessoais, senão o de levar a cabo suas funções de acordo com o interesse público, definido pela vontade popular da maioria, sem excluir os direitos das minorias. Por este conjunto de razões, torna-se evidente que a defesa do Estado laico é essencial para a defesa de liberdades civis nas quais estão inseridos os direitos sexuais e reprodutivos.

5. Por que o Estado laico está em crise e as liberdades estão em risco?

O que acontece na atual crise política? Uma crise mundial das instituições políticas, cujo foco está no problema da legitimidade. Sua origem reside no impulso de muitos partidos e organizações políticas socorrerem-se de organizações religiosas ou do religioso em geral, buscando uma legitimidade que perderam em outra área. O que ocorre então, é que as instituições políticas estão buscando na fonte religiosa, no sagrado e nas instituições eclesiásticas uma legitimidade, lugares diversos àqueles onde realmente elas obtêm sua autoridade.

A verdadeira fonte de autoridade dos representantes populares e dos funcionários do governo é o voto que o povo lhes confiou; não o apoio de uma instituição religiosa. Então, quando um deputado, um presidente da República ou qualquer funcionário do governo a nível municipal, estadual ou federal utiliza-se de um líder religioso, pensando que vai adquirir maior legitimidade social, o único que está fazendo é uma espécie de *harakiri* político, já que está socorrendo-se de uma fonte de legitimidade que não é a sua e está minando ao mesmo tempo sua própria fonte de autoridade, que é a vontade popular através dos cidadãos, muito além das crenças de cada um.

As liberdades do Estado laico construíram-se ao longo de vários séculos. Cabe notar que as primeiras destas liberdades foram as liberdades de religião. Por isso é importante ressaltar que seus responsáveis foram o Estado laico e as instituições políticas laicas. E também, é importante distinguir cidadãos e crentes; um funcionário político, um representante popular não tem nada que ver, em termos formais, com os crentes; um representante político, um funcionário do governo tem que ver com os cidadãos. As pessoas são crentes em suas Igrejas, no entanto para os efeitos da legitimidade das instituições políticas do Estado (e com isto me refiro à Câmara de Deputados, à Presidência, a todos partidos políticos), esta vem da vontade dos cidadãos. Portanto, o erro mais grave que se pode cometer em um Estado laico democrático é pensar que quando se trata com um líder religioso se está automaticamente adquirindo uma legitimidade ou autoridade moral traduzíveis em votos e portanto a autoridade política, ao supor equivocadamente que esse líder religioso é um representante dos crentes. E certamente esse líder religioso, para certos aspectos, muito limitado, pode ser representante dos crentes, mas não para efeitos políticos, já que os fiéis quando se socorrem de uma igreja não depositam sua vontade política no líder religioso; para isso utilizam as urnas e os próprios partidos. Em resumo, um dos maiores riscos da democracia moderna é confundir a liderança religiosa com a liderança política.

São dois os principais riscos que preocupam a democracia moderna e em conseqüência o Estado laico. O primeiro consiste em buscar a legitimidade do poder político em uma fonte que não seja aquela em que formalmente se origina a autoridade do Estado, já que a única fonte desse poder são os cidadãos, ou seja, a vontade do povo. O segundo risco é utilizar-se de uma instância religiosa para buscar a legitimidade onde não existe, debilitando assim a própria autoridade política, visto que ao pretender uma legitimidade religiosa se enfraquece o poder dos cidadãos.

O Estado laico não deve ser entendido como uma instituição anti-religiosa ou anticlerical, mesmo que em diversos momentos de sua construção histórica o tenha sido. Na realidade, o Estado laico é a primeira organização política que garantiu as liberdades religiosas. Há que lembrar que a liberdade de crenças, a liberdade de culto e a tolerância religiosa foram aceitas graças ao Estado laico, e não como oposição a ele. Portanto o Estado laico é o que garante que todos possam expressar suas opiniões e que o façam desde a perspectiva religiosa ou civil; o único requisito é entender a representatividade bastante relativa que têm os hierarcas eclesiásticos e ministros de culto: Quando um líder religioso se expressa como líder espiritual, pode almejar certa autoridade entre os seguidores, no entanto depende do contexto de sua própria Igreja e das relações entre fiéis e ministros de culto. Mas quando um líder religioso fala em termos políticos, fala por si mesmo; nada mais é do que uma pessoa com mais ou menos autoridade moral frente a qualquer dos outros fiéis ou frente a qualquer dos outros membros de sua própria igreja ou da sociedade. Quando um líder religioso fala em termos políticos, o faz em nome próprio, visto que nenhum dos outros fiéis confiou sua representação política nele.

Em resumo, os dois grandes erros e os dois grandes perigos que se deve evitar em um Estado laico-democrático são, por um lado, a tentação de usar o religioso para buscar uma legitimidade política, já que precisamente ao fazer isso se enfraquece a verdadeira fonte de autoridade do Estado laico-democrático, que é o povo. A outra tentação é a que alguns políticos têm de serem usados para cumprir os fins sócio-políticos de grupos religiosos. Sobretudo porque estes, geralmente fazem parte de grupos de autoridades religiosas que nem sequer expressam a vontade de seus seguidores.

Neste caso, é importante reforçar que os esforços das organizações não-governamentais, dos partidos políticos, ou de qualquer outra instituição política não deveriam ser direcionados para lutar contra as Igrejas, as quais têm todo o direito de opinar e não de impor sua visão sobre a legislação e políticas públicas. O combate principal para reivindicar liberdades e direitos deveria centrar-se, sobretudo, nas mãos dos representantes populares e funcionários políticos. Pois com os dirigentes está o direito de opinar e expressar o que querem das leis e da maneira como convivemos; é neles que confiamos nossa autoridade e somos nós, como cidadãos e como povo, a fonte dessa autoridade. Os dirigentes eclesiásticos têm todo o direito de expressar-se, dar sua opinião e buscar inclusive influenciar nas políticas públicas. Isso não afeta, senão fortalece nossa convivência democrática. A condição para que assim seja, é que nossos dirigentes políticos, nossos representantes populares e nossos funcionários do governo lembrem-se que sua autoridade política origina-se da gente e que as autoridades eclesiásticas e religiosas possam opinar ou fazer o que consideram adequado, sempre e quando não acabem moldando as políticas públicas com o intuito de sobrepor-se ou contrariar a vontade popular.

As organizações civis que defendem os direitos sexuais e reprodutivos têm em particular a obrigação de lembrar permanentemente os legisladores e funcionários públicos do referido princípio democrático e laico: o poder e autoridade das instituições do Estado vêm do povo. Os dirigentes religiosos não têm representatividade política. Portanto, as leis e as políticas públicas não podem responder nem aos desejos de algumas autoridades eclesiásticas nem às crenças pessoais de legisladores e funcionários. Estes, pelo contrário, estão obrigados a zelar pelo interesse público, o que supõe o respeito à vontade da maioria e à proteção dos direitos das minorias.

6. Algumas conclusões

Para concluir, podemos repassar alguns elementos principais da laicidade, suas características e importância para os direitos sexuais e reprodutivos:

1. A laicidade pode ser definida como "um regime social de convivência, cujas instituições políticas estão legitimadas principalmente pela soberania popular e [já] não por elementos religiosos";

2. Definir a laicidade como um processo de transição de formas de legitimidade sagradas a democráticas ou baseadas na vontade popular, nos permite também compreender que esta (a laicidade) não é estritamente o mesmo que a separação Estado-Igrejas;

3. No México, o Estado laico constituiu-se na garantia de muitas liberdades e direitos que antes não existiam ou não eram reconhecidos, como os sexuais e reprodutivos;

4. No nosso país, a laicidade do Estado foi-se construindo de maneira paulatina, desde meados do século XIX. Mas, ainda hoje alguns partidos e funcionários públicos utilizam-se de autoridades religiosas em busca da legitimidade política;

5. As reformas de 1992 aos artigos anticlericais da Constituição, sem dúvidas necessárias, deixaram estabelecido o retorno das Igrejas (agora no plural) ao espaço público;

6. A laicidade mexicana não consta na Constituição do país, o que não impede que tanto o Estado laico como a educação laica sejam vistos com clareza e sustentadas firmemente por grandes setores da população. Esta se define por uma busca da separação de esferas, claramente marcada no campo educacional, um "não-intervencionismo" (diverso à neutralidade), exclusivamente no âmbito do mercado religioso e um "jurisdicionalismo" ou controle sobre os efeitos sociais das manifestações religiosas.

7. O estado laico e os direitos sexuais e reprodutivos estão ligados intrinsecamente por diversas razões. A principal é pela obrigação do Estado moderno de preservar a liberdade de consciência. Esta gera, inevitavelmente, uma pluralidade

de crenças, que podem ser religiosas ou não, mas que obrigam à revitalização de cada uma delas no âmbito público. Os grupos religiosos não são mais aqueles que podem influenciar na elaboração das leis e definir as políticas públicas. Estas, pelo contrário, são definidas pelo povo, através de suas formas de representação;

8. Os direitos sexuais e reprodutivos, mais além de sua existência natural, podem ser reconhecidos, defendidos e garantidos, conforme a vontade popular. É nesse ponto onde encontramos a questão da moral pública e sua definição, sempre dinâmica;

9. Em um Estado laico a moral pública já não pode ser definida por uma hierarquia religiosa e sua interpretação do tema. Os legisladores e funcionários devem responder, essencialmente, ao interesse público, que pode ser distinto de suas crenças pessoais;

10. Os que defendem os direitos sexuais e reprodutivos têm a obrigação de lembrar, de maneira permanente, os legisladores e funcionários públicos que seu papel não é o de impor políticas públicas a partir de suas crenças pessoais, e sim, de realizar suas funções de acordo com o interesse público, definido pela vontade popular da maioria, sem excluir os direitos das minorias;

11. No mundo, as instituições políticas, devido a uma crise de credibilidade, estão buscando uma legitimidade na fonte religiosa, no sagrado e nas instituições eclesiásticas, ou seja, em lugar diverso daquele no qual realmente se origina a sua autoridade;

12. Os principais riscos que preocupam a democracia moderna e, em conseqüência, o Estado laico consistem em buscar a legitimidade do poder político em uma fonte que não é aquela que formalmente origina a autoridade do Estado (a vontade do povo) e socorrer-se de uma instituição religiosa para buscar a legitimidade onde não existe, debilitando, assim, a própria autoridade política, consequentemente enfraquecendo o poder dos cidadãos;

13. O Estado laico não deve ser entendido como uma instituição anti-religiosa ou anticlerical, mesmo que em diversos momentos de sua construção histórica o tenha sido. O Estado laico é a primeira organização política que garantiu as liberdades religiosas, como a liberdade de crenças e a liberdade de culto;

14. Os esforços das organizações não governamentais, dos partidos políticos, e de qualquer outra instituição política, não deveriam ser direcionados para fazer oposição às Igrejas, as quais têm todo o direito de opinar e não de impor sua visão sobre a legislação e políticas públicas. O combate principal para reivindicar liberdades e direitos deveria centrar-se, sobretudo, nas mãos dos representantes populares e funcionários políticos. Pois é neles que confiamos nossa autoridade e somos nós, como cidadãos e como povo, a fonte dessa autoridade.

15. As leis e as políticas públicas não podem responder nem aos desejos de algumas autoridades eclesiásticas, nem a crenças pessoais de legisladores e funcio-

nários. Estes, pelo contrário, estão obrigados a zelar pelo interesse público, o que supõe o respeito à vontade da maioria e à proteção dos direitos das minorias.

Bibliografia

Roberto Blancarte, "Desafios e perspectivas da laicidade mexicana", Roberto Blancarte, *Laicidade e valores em um Estado democrático.* México, D.F.: El Colegio de México – Secretaría de Gobernación, 2000, p 117-139.

Manuel Ceballos Ramírez, "O século XIX e a laicidade no México", Roberto Blancarte, *Laicidade e valores em um Estado democrático.* México, D. F.: El Colegio de México-Secretaría de Gobernación, 2000, p. 89-115.

México. *Constituição Política dos Estados Unidos Mexicanos.* México, D. F.: Secretaría de Gobernación, 3ª ed., maio 1997.

— 2 —

A laicidade como princípio constitucional do Estado de Direito

MARCO HUACO[1]

Sumário: 1. Laicidade e surgimento do Estado moderno; 2. Estado de Direito e Princípios constitucionais; 3. Conceito jurídico de laicidade como princípio constitucional fundamental; 4. Princípio de laicidade e Direitos Fundamentais; 5. Secularização, laicidade, laicismo, aconfessionalidade, neutralidade e separação Igreja-Estado; 6. Especial referência à doutrina papal sobre laicidade; 7. Manifestações constitucionais do princípio de laicidade no Direito Comparado; 7.1. Invocações confessionais; 7.2. Definição do caráter do Estado (referências à laicidade); 7.3. Liberdades de religião, de pensamento e de consciência; 7.4. Referências explícitas à confissão religiosa; 7.5. Laicidade e princípio de cooperação com as confissões; 7.6. Escola laica e educação religiosa; 7.7. Juramentos religiosos; 7.8. Povos originários e laicidade; 8. Laicidade e relações concordatárias Igreja-Estado; 8.1. Autonomia, liberdade e personalidade jurídica da Igreja Católica; 8.2. Organização pessoal, normativa e territorial eclesiástica; 8.3. Estatuto jurisdicional privilegiado do clero; 8.4. Regime econômico católico; 8.5. Ensino religioso; 8.6. Liberdade de culto; 8.7. Ação pastoral católica: os vicariatos castrenses.

> "E espírito laico não é em si mesmo uma nova cultura, mas sim uma condição para a convivência de todas as possíveis culturas. A laicidade expressa antes um método, um conteúdo".
>
> *Norberto Bobbio*

1. Laicidade e surgimento do Estado moderno

Como explicou claramente Harold Berman,[2] o surgimento do Estado moderno tem como um de seus principais antecedentes a revolução papal de caráter hierocrático de Gregório VII, que conseguiu estabelecer a unidade política e jurí-

---

[1] Advogado graduado pela Universidad Nacional Mayor de San Marcos. Candidato a Mestre em Ciências da Religião pela mesma universidade. Publicou "Direito de Religião. O direito e princípio de liberdade religiosa no ordenamento jurídico peruano" (Lima 2005, 398 p.), e também diversos ensaios e artigos sobre liberdade religiosa e relações Estado-Igreja. É membro do seminário Interdisciplinar de Estudos da Religião da Pontifícia Universidade Católica do Peru e de Liberdades Laicas-Peru, Red Ibero-americana. www.marcohuaco.com

[2] BERMAN, Harold. *La formación de la tradición jurídica de Occidente.* Fundo de Cultura Econômica, México D.F., 2001, 476 p.

dica da Igreja Católica Romana ao independizar-se de imperadores e reis feudais. Transcorridos os séculos, e sob impulso da reforma protestante e o debilitamento dos poderes políticos e religiosos universais (império e papado), o Estado nacional surge como uma nova realidade política independente em luta e confrontação, e assume as formas canônicas do direito, porém secularizando-o. Não no sentido de diminuir seu sentido religioso, mas sim de libertá-lo da sua fonte eclesiástica de produção. Em poucas palavras, o surgimento e posterior desenvolvimento do Estado moderno se produz precisamente através da separação Igreja-Estado, e é sua premissa essencial. Portanto, a laicização do exercício do poder é um elemento constitutivo histórico que explica a nova identidade do Estado nação.

Com a paulatina superação da Idade Média, a nascente Idade Moderna assiste a um debilitamento do Império a favor dos reinos, e da Igreja universal a favor das Igrejas nacionais. Ambos os fenômenos favoreceram amplamente a consolidação do poder régio, criando-se gradualmente o Estado moderno e suas respectivas legislações particulares. Por um lado, nos países católicos o Estado nacional se fortalece através da legislação eclesiástica regida para controlar o máximo possível a influência e o poder da Igreja e do Papa nos territórios nacionais, para proteger a soberania do rei. Isto se fez através da *iura circa sacra*, ou autoridade privilegiada, mediante a qual o poder político intervém diretamente em assuntos administrativos religiosos. Estas autoridades incluíram o *Ius nominationis*, ou Régio Patronato (nomeação por parte do rei de bispos e de outros ofícios eclesiásticos); o *placet*, ou *exequátur*, que condicionava a vigência das normas religiosas à confirmação da autoridade estatal; o *Ius dominii eminentis* (faculdades sobre o patrimônio da Igreja), o *Ius appellationis* (direito de apelar as decisões dos tribunais canônicos ao tribunal civil), etc. Existe separação orgânica, mas não um poder secular sem referências à legitimidade religiosa.

Nos países protestantes, defendeu-se também a submissão da igreja reformada ao poder real, mas neste modelo não existiu total separação orgânica, muito menos a secularização do poder. O príncipe evangélico deverá favorecer a predicação da Escritura por parte da Igreja, impedir a propagação de heresias e procurar – se necessário, obrigar – que todos sejam instruídos na palavra de Deus, mesmo que sem forçá-los a aceitá-la.[3] O príncipe deve ter sob seus cuidados os assuntos da Igreja, por tratar-se de um assunto de paz, segurança e ordem pública, e como conseqüência, regular juridicamente todos os assuntos relacionados à sua organização, convertendo-se a Igreja em praticamente um braço do Estado, e os religiosos em funcionários públicos. Estas posturas se formaram em meio às guerras religiosas entre os partidos católico e protestante, que atravessaram a Europa causando genocídios de grandes proporções, cada um mais terrível que o anterior; até que finalmente começaram a ser superadas com a Paz de Augsburgo, em 1555, e a de Westfalia, em 1648, nas quais se consagra o princípio político de cada reino a sua religião, *cuius regio eius et religio*.

---

[3] Souto, Ob. Cit., p.127.

Posteriormente, e ante a realidade de que o pluralismo religioso não se circunscrevia nas fronteiras dos reinos católicos nem protestantes, mas sim se reproduzia no interior delas, surge a doutrina pragmática da tolerância religiosa, as fundamentações naturalistas do direito internacional (Hugo Grocio, Samuel Pufendorf) e termina propondo a liberdade religiosa tal como mencionamos no começo deste relato. Assim, a separação orgânica e formal entre a Igreja e o Estado foi o fator histórico decisivo para o surgimento do Estado nacional e a primeira forma histórica que assumiu a hoje chamada laicidade do Estado (distinta da secularização).

2. Estado de Direito e Princípios constitucionais

Se existe algo que caracteriza o Estado de Direito que surge sob impulsos da revolução liberal é o império da lei. Uma lei que se pretenderá de aplicação universal e eliminadora de privilégios estamentais e aristocráticos. Paulatinamente, a teoria jurídica liberal vai identificando e sistematizando os princípios gerais que inspiram a reorganização interna do sistema jurídico de todo o Estado-nação e proporciona coerência e unidade à tarefa de responder aos desafios da realidade que deve julgar.

Atualmente, a doutrina jurídica abunda em terminologias não muito uniformes para se referir àqueles princípios do direito. Assim, percebemos que praticamente toda a doutrina espanhola eclesiástica se refere à laicidade como "princípio formador", e não como "princípio jurídico", "princípio constitucional", "princípio fundamental" ou "princípio geral", ainda que os constitucionalistas ainda prefiram utilizar estes últimos termos. Por isso, acreditamos ser pertinente introduzir este parágrafo para esclarecer em que sentido nos referimos à laicidade como um princípio do ordenamento jurídico.

A definição atual dos princípios gerais do direito não só faz referência à sua função integradora na atividade judicial – função originária e inicial como a descrita por Diez Picazo quando afirma que são "critérios não legislados, nem consuetudinários, mediante os quais devemos recompor as lacunas da lei e dos quais devemos nos servir para levar a cabo o trabalho de interpretação das leis"[4] – mas também ao seu papel como inspirador, informador ou fundamentador da totalidade do ordenamento positivo. Assim, por exemplo, Albaladejo afirma que "os princípio gerais do direito são as idéias fundamentais que informam nosso Direito Positivo contido em leis e costumes e, em última instância, aquelas diretrizes que derivam da Justiça, tal como se entende pelo nosso Ordenamento Jurídico"[5] e Márcia Rubio diz que "são conceitos ou proposições de natureza axiológica ou técnica, que informam a estrutura, a forma de operação e o conteúdo das normas,

---

[4] Souto, Ob. Cit., p.127.

[5] ALBALADEJO, Manuel. *Derecho civil I. Introducción y Parte General.* Editora Bosch, Barcelona, 1975, p.93. Citado em RUBIO CORREA, Marcial. *Título Preliminar.* Biblioteca Para Ler o Código Civil, Vol III, Fundo Editorial PUCP, Lima 2001, p.140.

grupos normativos, subconjuntos, conjuntos e do próprio Direito como totalidade. *Podem estar apoiados - ou não - na legislação, mas o que não o estiver não é obstáculo para sua existência e funcionamento".*[6]

Ainda que existam acordos unânimes sobre seu caráter de proposições, idéias ou critérios de caráter geral e informador – não existentes de maneira positiva, mas sem dúvida aplicáveis – em troca existem duas diferentes concepções doutrinais sobre sua última origem: a doutrina positiva e a doutrina jusnaturalista. A primeira argumenta que os princípios gerais do direito se obtêm mediante um processo lógico de generalização e abstração da *ratio legis* das normas positivas concretas, quer dizer, que são antecedentes do ordenamento positivo. A segunda posição doutrinal sustenta que tais princípios equivalem às normas do direito natural preexistente às normas positivas e dos quais derivam estas, através de um procedimento de particularização ou dedução, seja da "razão natural", seja da "vontade divina" expressada neles. Aqui assumimos a posição intermediária de Albaladejo, pela qual tais princípios podem ser colocados primeiro dentro da legislação positiva, através de um processo de generalização para obter *ratio legis* e que, ao se esgotarem, seja possível recorrer em segundo lugar aos princípios jurídicos, não necessariamente contidos na norma positiva. Tese na qual também se acolhe Rubio.[7]

Estas proposições gerais de natureza técnica ou axiológica – que são os *princípios* – têm diferentes funções e alcances. Suas funções são: a) de informar a estrutura do sistema jurídico (ex: no caso do princípio de constitucionalidade e de legalidade), b) de regular o funcionamento do sistema jurídico (ex: o princípio da primazia da lei especial sobre a geral, do primeiro direito como o melhor direito) e c) *de informar o conteúdo das próprias normas* (ex: o princípio democrático e o princípio da liberdade pessoal).

Segundo a extensão das projeções de suas funções, os princípios gerais do direito podem classificar-se em: a) os de validade universal e geral (ainda que relativamente condicionados pelo espaço e tempo em seu reconhecimento), tais como a liberdade, a igualdade e a justiça, b) os princípios próprios do direito que valem para todos os direitos estabelecidos (ex: a não-contradição do legislador), c) *princípios que vigoram sobre um direito determinado e o caracteriza frente a outros que não necessariamente o compartilham* (ex: princípios de um ramo do direito de um ordenamento particular).[8]

É assim que os princípios gerais do direito funcionam como princípios inspiradores da atividade legislativa (no projeto normativo), da atividade judicial (na integração jurídica) e da atividade doutrinal (na interpretação valorativa ou axiomática do Direito).

---

[6] RUBIO CORREA, M. *El sistema jurídico...*, cit., p.307 (sublinhado por nós).
[7] RUBIO CORREA, M. *Título...*, cit., p143.
[8] RUBIO CORREA, M. *El Sistema Jurídico...*, cit., pp.308-309.

Os "princípios gerais" são sinônimos do que outros autores denominam de "princípios jurídicos".[9] Mas interessa-nos acrescentar que – em palavras de Mendoza Escalante – são "normas jurídicas mais *fundamentais* e *gerais* do que enunciam os supremos postulados éticos, políticos, ou proposições de caráter técnico-jurídico de um sistema jurídico ou de algum âmbito de ordenação a ele pertencente (ramo do direito, instituição ou instituto)".[10] A generalidade e a fundamentalidade da norma principal em questão se determinará em função da relação que tenha com outras normas, o que explica que o direito, enquanto sistema normativo, possua tantos princípios.

Além do que, seguindo o que é defendido por Ronald Dworkin em sua obra "Los Derechos en serio", é preciso enfatizar que os princípios jurídicos são um tipo de normas autênticas (apesar de que eles não têm a estrutura normativa típica, que consiste em suposição-conseqüência-operador deôntico), pois são proposições com um sentido normativo ou deontolóico pertencentes ao sistema jurídico e porque, além disso, têm uma "dimensão de peso". Em relação ao primeiro, os princípios se diferenciam das normas-regras no que eles *estabelecem "mandatos de otimização"* dirigidos a que algo seja realizado na melhor maneira possível, dependendo das condições factíveis e jurídicas para sua realização; porém, as normas-regras são "mandatos definitivos" que abrirão caminho à sua aplicação – ou não – segundo as condições concretamente determinadas nelas.[11] Então, não se deve perder de vista que a diferença entre princípios e regras é uma diferença importante, ainda que de grau, e não de conteúdo.[12] Sobre a assim chamada por Dworkin "dimensão de peso" (outra característica que distingue os princípios das normas) é preciso dizer que quando se produz uma colisão entre os primeiros recorre-se à ponderação entre eles, a fim de estabelecer qual será aplicado preferencialmente em relação ao outro, o qual também manterá sua validade, enquanto que em conflitos de normas, a validade de uma significa a invalidez da outra.

É salutar, então, saber diferenciar entre as normas-princípios e as normas-regras com base nestas duas características distintas, já que ambas podem encontrar-se juntas na Constituição, e isso não identifica automaticamente a natureza de ambas. Por outro lado, o fato de compartilharem lugar na Constituição não converte os princípios jurídicos nem as normas automaticamente em princípios propriamente "constitucionais" ou "fundamentais", como veremos a seguir.

Nem todo princípio jurídico é um princípio fundamental. Este último é definido como as normas "mais fundamentais e gerais *do sistema constitucional*, que têm por objeto a determinação das características essenciais ou definitivas do sistema político. Determinam, neste sentido, o titular do poder, a modalidade de seu exercício, os fins a ele designados, assim como a máxima hierarquia da

---

[9] RUBIO CORREA, M. *El Sistema Jurídico...*, cit, p.39.
[10] *Idem*, p.103, sublinhado por nós.
[11] *Idem*, p. 78-79.
[12] *Idem*, p.80.

Constituição, que em conjunto *vêm a configurar ontologicamente a identidade da Constituição*".[13] Assim, *os "princípios fundamentais" são sinônimos de princípios autenticamente constitucionais*, quer dizer, aqueles que se definem não precisamente por só haver sido citados no texto constitucional, mas sim, por pertencer ao direito constitucional, enquanto os princípios jurídicos pertencem ao sistema jurídico em sua generalidade.

Mendoza Escalante adverte-nos que devemos estar alertas e não confundir os *princípios constitucionais* com os princípios *que estão na Constituição,* e que por isto comumente também são chamadas "constitucionais".[14] Os princípios fundamentais têm como características normativas o que são normas constitucionais definidoras da identidade do sistema político, e por isso são essenciais e consideradas como o núcleo da Constituição, pétreas e imutáveis, assim como por ter máxima posição ou valor material em relação ao resto das normas da Constituição, pelo qual se prevalece sobre elas, assim como sobre o resto dos princípios do sistema jurídico. E como pode-se observar, na Constituição existem a seu lado os subprincípios, os princípios "constitucionalizados" pertencentes a outros ramos do direito, assim como os critérios ou princípios de interpretação constitucional.

3. Conceito jurídico de laicidade como princípio constitucional fundamental

Agora, postulemos a laicidade como princípio constitucional fundamental. Se estudarmos a doutrina eclesiástica espanhola, veremos que a laicidade é postulada como um dos quatro "princípios informadores" clássicos do Direito e da Religião, ou também "princípio constitucional informador do Direito Eclesiástico". Quando isso ocorre, devemos entender que se referem ao mesmo: os princípios gerais do direito ou aos princípios jurídicos, os princípios fundamentais ou constitucionais, os subprincípios e os princípios específicos de ramos do direito, pois todos eles têm as mesmas funções: integrar, interpretar, informar, mas se diferenciam entre si pelos diferentes níveis de generalidade ou fundamentalidade dentro e fora do ordenamento jurídico.[15] Todos eles informam, inspiram e se projetam sobre a atividade legislativa, judicial e doutrinal, dando-lhes diretrizes, sentido e orientação, buscando a unidade do ordenamento total e o

---

[13] RUBIO CORREA, M. *El Sistema Jurídico...*, cit., p. 156, sublinhado por nós. Compartilha da citada posição GARCÍA TOMA, Victor (*Teoria del Estado y derecho constitucional*, Universidade de Lima, 1999, p.306). Com base em seus fundamentos doutrinais, Mendoza logrou identificar os seguintes princípios fundamentais (ou constitucionais, no sentido estrito): o princípio ético-jurídico da *dignidade humana*, os princípios político-jurídicos da *soberania popular, distribuição do poder, Estado de Direito e Estado Social Democrático*, e o princípio técnico-jurídico de *supremacia da constituição*, os quais ele define e fundamenta em sua interessante obra.

[14] Outra razão comum para denominar-lhes "constitucionais" é que, ao estarem contemplados no texto constitucional, presidem a totalidade do sistema jurídico e atuam em geral como princípios.

[15] Para uma ampla explicação sobre o que se deve entender por *fundamentalidade e generalidade*, assim como sobre como utilizar estes termos para julgar se estamos frente a um princípio ou a outro tipo de norma constitucional, Vide MENDOZA ESCALANTE, M., Op. Cit., p. 97-103.

cumprimento dos valores e finalidades da comunidade política. Então, chamar alguns princípios de "informadores" não tem o efeito de introduzir um novo tipo de princípios ao lado dos gerais ou fundamentais, mas o de aludir a uma de suas funções, já compartilhada por eles.

As correntes doutrinais do direito eclesiástico do estado espanhol concebem a laicidade como um princípio informador de tal ramo do direito. Estes princípios informadores do Direito e da Religião são o resumo das opções políticas, ideológicas ou morais que o ordenamento político projeta sobre o fenômeno religioso a fim de servir como "horizonte teleológico", sobre o qual deve se orientar a legislação, a jurisprudência e a doutrina. Além disso, são a expressão histórico-jurídica que a trajetória ético-política de uma nação projetou em torno do eixo religioso, assim como ao dos ideais ou aspirações, sobre os quais deseja estender-se de maneira coletiva. O caráter de informadores vem do fato de serem uma concretização dos valores superiores de nosso sistema jurídico e – em alguns casos – dos princípios fundamentais da Constituição, quer dizer, que vêm de um sistema axiológico comum que se projeta sobre o ordenamento.[16] Assim se explica que o princípio da confessionalidade estatal esteja sendo progressivamente destituído como princípio inspirador do nosso ordenamento jurídico e sendo substituído pelo princípio da aconfessionalidade ou laicidade, como produto do processo histórico de secularização e de modernização do Estado, assim como da preponderância contemporânea dos direitos humanos e das liberdades fundamentais.

No entanto, os princípios informadores se obtêm a partir do depósito ético, moral e ideológico da sociedade e se projetam sobre o fenômeno religioso. Eles mesmos não podem ser religiosos ainda que a própria sociedade o seja de maneira predominante, pois – como ressalta Satorras – "ainda que estejamos falando de princípios que inspirarão as relações do Estado com o fator religioso, nunca se poderá equiparar-los a valores pelos quais primam na sociedade...; os princípios informadores nunca poderão ser religiosos, mas sim civis", que dizer, " não plasmam a concepção religiosa do povo, mas sim a regularização que tem que se dar ao feito religioso".[17] Esta é uma explicação oportuna, principalmente para sociedades onde o fator religioso institucional ainda não está plenamente diferenciado e separado do fator político, dando lugar a injustificáveis situações institucionalizadas de discriminação, baseadas argumentalmente na existência de maiorias religiosas. Constatar a existência destas circunstâncias discriminatórias

---

[16] Como nosso Tribunal Constitucional afirmou: "Os fundamentos axiológicos da Constituição – cujo pressuposto ontológico é a dignidade do ser humano (artigo 1º) -, são a expressão e a própria projeção da comunidade. Aí reside sua importância e a necessidade inexorável de reconhecê-los, desenvolvê-los e colocá-los no conteúdo essencial de todos e cada um dos direitos fundamentais. Efetivamente, o núcleo duro dos direitos fundamentais – mais além do assunto concreto que versam e à margem da técnica ponderativa que se possa aplicar-lhes – está imbuído dos valores superiores de nosso ordenamento constitucional" (STC Nº. 008-2003-AI/TC, publicada em 14 de novembro de 2003 no diário oficial *El Peruano*).

[17] SATORRAS FIORETTI, Rosa María. *Lecciones de Derecho Eclesiástico del Estado*. José María Bosch Editor, Barcelona, 2000, p.63.

faz com que seja ainda mais importante reconhecer que os princípios do Direito da Religião devam aplicar-se em perfeita harmonia com os valores superiores e princípios fundamentais da Constituição. Assim, o operador legal oferecerá soluções que favoreçam os direitos fundamentais quando os princípios existentes do Direito da Religião, ou a ênfase ilegítima sobre um deles, parecerem prejudicá-los. Ao longo da história, diferentes sociedades e seus correspondentes ordenamentos jurídicos deram ênfase a alguns princípios mais do que a outros, ora de maneira legítima, ora de maneira ilegítima: alguns Estados reforçarão o princípio de cooperação até o ponto que o princípio de laicidade se veja diminuído, enquanto outros Estados farão prevalecer o princípio da laicidade até o ponto de vulnerar a liberdade religiosa. Por esta razão, os princípios informadores do Direito da Religião devem ser interpretados mediante uma avaliação do conjunto, pois eles estão estreitamente inter-relacionados, constituindo limites uns em relação aos outros.

A laicidade, no entanto, antes de ser um princípio exclusivo do Direito da Religião, é um autêntico princípio constitucional que transcende tal ramo do direito e se projeta sobre todo o sistema jurídico, além de estar compreendido em outros conteúdos normativos expressados em suas diferentes áreas. Seguindo o que foi dito anteriormente, tem as características da *generalidade* e da *fundamentalidade* ressaltadas por Mendoza Escalante.

Assim, considerando que a generalidade de uma norma que é classificada como princípio "consiste na amplitude ou densidade compreensiva do conteúdo normativo, tanto em sentido conceitual – como integrador de conceitos menores – como axiológico – como detentor de valores e/ou valorizações de uma grande carga axiológica altamente abstrata" –,[18] constatamos que o princípio de laicidade apresenta esta generalidade, pois não somente se constitui de um princípio específico do convencionalmente chamado Direito Eclesiástico do Estado[19]

---

[18] MENDOZA ESCALANTE, M., Op. Cit., p.99.

[19] A origem da denominação Direito Eclesiástico corresponde a uma época histórica anterior ao momento de origem de seu sentido moderno. O Direito da Igreja Católica –*Ius Ecclesiasticum Universum*- usa-se como sinônimo de Direito Canônico em um contexto de relações Estado-Igreja caracterizado pela subordinação do Estado À Igreja sobre um fundamento dualista-gelasiano e a consideração deste como única fonte jurídica capaz de regular os assuntos religiosos. Entre outros fatores, devido à expansão política da Monarquia Absoluta católica e aos conflitos de concorrência entre o trono e o altar se suscita o fenômeno do Regalismo, o qual consiste – como já dissemos no capítulo anterior – em uma subordinação do poder das normas canônicas à aprovação prévia – *pase regio* – da autoridade política em troca de um status privilegiado e de proteção da Igreja por parte do Monarca. A norma jurídica sobre assuntos religiosos já não provirá unicamente da autoridade eclesiástica, mas também da autoridade política à medida que exerça suas regalias. Esta normativa eclesiástica não consistirá necessariamente em uma defesa dos privilégios da Igreja, mas sim significará uma defesa do poder real e de suas prerrogativas, constantemente questionadas em sua busca pelo poder religioso. Propriamente poderia se dizer que o *Ius Ecclesiasticum* deixa de estar absolutamente identificado com o Direito Canônico e compreende normas originadas por uma fonte extra-eclesiástica. Posteriormente se assiste à aparição de uma nova disciplina científica denominada Direito Público Eclesiástico – *Ius Publicum Ecclesiasticum* – que consiste em legislar sobre as normas constitucionais da Igreja Católica e sobre suas relações jurídicas com os Estados. Porém, em nenhum caso desconhece o caráter jurídico do Direito Canônico. Esta etapa é nitidamente superada a partir do favorável contexto político propiciado pela Reforma Protestante cujas idéias político-religiosas encontram decisiva formulação com a assinatura da paz de Westfalis e a consagração do princípio *cuius regio eius et religio* mediante o qual se consolida o patrocínio estatal da religião protestante nos países cujos Príncipes assim o deci-

– o qual, por diversas considerações entre as quais se encontra nossa adesão ao princípio de laicidade, preferimos denominar Direito da Religião[20] – mas sim, que é principalmente um princípio constitutivo do Estado de Direito moderno que se projeta sobre todas os ramos do Direito e todas as políticas públicas do Estado. Portanto, não é somente um princípio que define a formulação da política religiosa[21] dos Estados democráticos, mas sim, um princípio constitucional, que também informa o conjunto do ordenamento jurídico e as políticas públicas em geral. Por exemplo, o princípio de laicidade se manifesta ao se desenvolver matérias de direito de família e de direito civil, como o princípio do matrimônio, o status jurídico das sociedades de convivência, os direitos hereditários e sociais dos casais homossexuais, o direito à identidade sexual do indivíduo, o divórcio, etc., as quais precisam basear-se em valores e princípios o mais desprovidos possível de condicionamentos religiosos (laico) toda vez que a norma jurídica está destinada a regular situações cujos sujeitos são diversificados quanto a crenças e a convicções, e tem vocação de aplicação geral, dado que a norma faz abstração de crenças pessoais ao regular, modificar ou criar determinados reconhecimentos jurídicos.

direm. A ruptura da unidade política e religiosa da Europa foi o contexto em que se implementaram as propostas luteranas, segundo as quais a Igreja – como corpo invisível e espiritual de Cristo – não está designada a exercer a soberania jurídica. Portanto, desconhecendo o Direito Canônico da Igreja Católica como o verdadeiro Direito, e não somente reconhecendo, mas também solicitando ao Poder político que regule os assuntos eclesiásticos e não somente os seculares, com exclusividade de qualquer outra fonte. É assim que se define o *Kirchenrecht* (Direito Eclesiástico), como um ramo do Direito estatal encarregado de regular a organização eclesiástica. Portanto não é nenhuma casualidade que a elaboração decisiva das bases para a configuração do conceito moderno de Direito Eclesiástico se suscitem justamente na Alemanha, sede eminente da reforma luterana. Juristas alemães influenciados pela Escola Histórica do Direito modificam o conceito de Direito Eclesiástico atendendo a suas fontes, denominando *Kirchenrecht* àquele procedente de fontes católicas ou protestantes, e *Staatskirchenrecht* (Direito Eclesiástico do Estado) ao originado na fonte estatal. Nega-se caráter jurídico às normas emanadas das confissões religiosas e, portanto, do Direito Canônico, afirmando-se um monismo estatal enquanto às fontes do Direito. A generalização do estudo separado da legislação estatal sobre assuntos religiosos dá lugar a que se denomine esta disciplina como *"Diritto ecclesiastico"* na Itália, *"Droit civil ecclèsiastique"* na França e *"Derecho eclesiástico del Estado"* na Espanha.

[20] *Direito da Religião. O princípio e direito de liberdade religiosa no ordenamento jurídico peruano.* Huaco P., Marco Antonio. UNMSM e UPEU. Lima, 2005.

[21] A política religiosa de um Estado – como parte das políticas públicas – rege-se principalmnete por quatro princípios clássicos: o princípio da liberdade religiosa, o princípio de laicidade, o princípio de igualdade religiosa e o princípio de cooperação, ainda que a determinação de quais são estes princípios informadores não é um assunto específico na doutrina , a qual manifesta uma ampla variedade de opiniões. Por exemplo, atendo-nos somente à doutrina espanhola Goti Ordeñana, Dionísio Llamazares e Luis Prieto Sanchís colocaram também o *pluralismo religioso* como princípio informados, enquanto outros autores como Javier Hervada e Calvo Alvarez questionam sua existência. Em maior quantidade, o espectro de opiniões não se restringe a apresentar mais princípios ordenadores, mas também a reduzir seu número, reduzindo o conteúdo de uns dentro dos outros. Por exemplo, Llamazares também pensa em incorporar o princípio de *Personalismo* unindo o princípio de igualdade e liberdade religiosa em um só, denominando-o *igualdade na liberdade;* e o princípio de laicidade e de cooperação, inserindo este último dentro do primeiro, ao que chamará *princípio de laicidade.* Gonzáles del Valle, por sua vez, introduz um quinto princípio que também foi incorporado formalmente na nova Lei de Liberdade Religiosa de Portugal em um atrigo especialmente dedicado a ele, o chamado princípio de *tolerância religiosa.* (Vide *Los principios del derecho eclesiástico según la interpretación de la doctrina española.* Leal Adorna, María del Mar. No Auário de Direito Eclesiástico do Estado, Vil XVII, Madrid, 2001, p. 51). Estas posições encontraram oposição de outros setores da doutrina e inclusive o panorama se complica se considerarmos que não faltam autores que colocam a simplificação dos quatro princípios clássicos.

Por outro lado, o fator mais crucial que define um princípio é a *fundamentalidade*, entendida como a importância e relevância que reveste uma determinada norma para o sistema jurídico, ou um subsistema dele.[22] Esta relevância pode ser medida em função da sua importância sociológica ou da substancialidade das normas, e segundo a ênfase ou particularidades da Teoria do Direito que a corresponda. Nossa hipótese é que o princípio de laicidade é um princípio constitucional autêntico, um princípio fundamental, e por isso é que devemos acudir à Teoria Constitucional para provar nosso acerto. Nesse campo, diversos autores relevaram que a fundamentalidade de um princípio constitucional consiste no fato que eles determinam a existência da unidade política (Carl Schmitt), têm pretensão de perpetuidade, posicionando-se primeiramente no plano da legitimidade do que no da legalidade (Maurice Hauriou), são constantes históricas do constitucionalismo (Karl Löwenstein), estão historicamente arraigadas em um substrato sociológico determinado, relacionado à unidade política (Bidart Campos), expressa a essência do regime político (Lucas Verdú), participa da essência do dinamismo integrador que é o Estado (Smend) e são as idéias-força do sistema político (Mortati).[23] Em síntese, conformam a essência ou conteúdo da Constituição, são parte do bloco constitucional.

O princípio da laicidade é tudo isto, como podemos perceber a partir do seu conteúdo.

O conteúdo da laicidade como princípio jurídico – que a distingue das liberdades de pensamento, consciência e religião e a situa em um plano superior a elas –, ao nosso entender, vem conformado pelos seguintes elementos essenciais: a) a separação orgânica e de funções, assim como a autonomia administrativa recíproca entre os agrupamentos religiosos e o Estado, b) o fundamento secular da legitimidade e dos princípios e valores primordiais do Estado e do Governo, c) a inspiração secular das normas legais e políticas públicas estatais, d) a neutralidade, ou imparcialidade frente às diferentes cosmovisões ideológicas, filosóficas e religiosas existentes na sociedade (neutralidade que não significa *ausência de valores*, mas sim *imparcialidade* perante as diferentes crenças), e e) a omissão do Estado em manifestações de fé ou convicção ideológica junto aos indivíduos. A maior ou menor presença das características – adequadamente medidas através de indicadores de laicidade, ainda a serem elaborados pelas ciências sociais – nos permitiria encontrar graus de laicidade nos Estados através de estudos, assim como as peculiaridades das etapas de seus respectivos desenvolvimentos históricos.

A separação orgânica e de funções, assim como a autonomia administrativa recíproca entre agrupamentos religiosos e o Estado, implica que a estrutura organizacional pública e as religiosas não têm pontos de convergência, nem superposições, e nem constituem instâncias de diferentes níveis dentro de uma

---
[22] *Idem*, p. 149-150.
[23] *Ibidem*, p. 100.

mesma estrutura jurisdicional. Segundo ele, por exemplo, as decisões dos tribunais religiosos não são recorridas nem consultadas perante tribunais seculares e vice-versa, pois cada esfera é autônoma, independente e livre dentro de suas próprias competências. Os funcionários de uma e de outra não se assemelham e nem se equiparam, as atividades e funções da institucionalidade política e da religiosa tampouco apresentam sobreposições de caráter público (ainda que possam coincidir nos interesses, ou inclusive discrepar no âmbito público, mas não no estatal), não existem coincidências de organismos e nem de representantes enquanto tais, e toda a administração encontra-se completamente separada. Quer dizer, existe separação de estruturas, onde não há sobreposição orgânica, diferença de funções as quais tendem independentemente cada organização e a administração de suas próprias instituições é separada. Não é necessário dizer que os agrupamentos religiosos – como qualquer outra associação ou instituição civil – são livres e independentes, exceto no âmbito do cumprimento da ordem jurídica vigente em um determinado país, não devendo se considerar a nenhuma delas como sendo mais importante que a lei, ou em uma posição equiparável à do Estado.

Em relação ao fundamento secular da legitimidade e dos princípios e valores primordiais do Estado e do Governo: trata-se de que o Estado já não se baseia em legitimidades religiosas para exercer o poder, mas sim, se fundamenta cada vez mais na soberania popular e no respeito a valores mínimos e comuns a toda a sociedade como fonte de tal legitimidade como, por exemplo, o respeito aos direitos humanos. Quando aludimos à "secularidade" dos fundamentos deontológicos, ontológicos e normativos do Estado não queremos dizer que as contribuições religiosas sejam excluídas, nem sejam totalmente alheias à conformação de tais fundamentos, mas sim que – com o advento do pluralismo – a definição destes já não depende *única e exclusivamente* de legitimidades religiosas – e menos eclesiásticas – para serem construídos, interpretados e desenvolvidos, e que se somam a todos os existentes na cultura e inclusive chegam a secularizar-se, e somente a partir deste processo é que terminam por conformar os valores públicos. Os valores do Estado democrático expressam-se através dos valores juridicizados nas Constituições, que são reflexo dos consensos culturais e morais de um dado momento, mas que têm vocação de perenidade. Assim sendo, os princípios que busca o Estado, e seus valores máximos – se bem que às vezes podem coincidir, e de fato coincidem na maioria das vezes – não devem se derivar dos princípios e valores perseguidos pelos agrupamentos religiosos, ainda que uma delas seja a dominante em uma determinada sociedade. O Estado não busca a salvação das almas, mas sim, a máxima expansão das liberdades humanas em um âmbito de ordem pública protegida, ainda que às vezes o exercício de tais liberdades seja contrário aos padrões éticos das religiões. A comunidade política deve responder a uma constelação de valores próprios e plenamente secularizados. Por exemplo, entre tais valores não se encontram a proteção e o fomento da religião como objeto em si, mas sim como a garantia e a promoção da liberdade dos indivíduos e dos grupos.

Em terceiro lugar, as normas legais e políticas públicas estatais devem ser inspiradas e motivadas secularmente, evitando basear-se em dogmas, crenças ou convicções religiosas, o que significa que no momento de formular a normatividade legal – ou as políticas públicas – os legisladores e burocratas não podem apoiar-se em argumentos religiosos ou favorecer interesses eclesiásticos. Tanto em nível de crenças como de éticas, as concessões religiosas e os princípios do Estado podem coincidir ou discrepar. No entanto, o crucial é assegurar-se que este – sem deixar de ter em conta o amplo espectro de crenças e convicções presentes na sociedade – não legisle em função das certezas compartilhadas somente por crentes de uma fé específica, mas sim de princípios obtidos através da ponderação e da experiência concreta que possam ser o ponto de encontro para os cidadãos de diversas crenças e também para aqueles que não crêem.

Enquanto a neutralidade ou imparcialidade valorativa frente às diferentes cosmovisões ideológicas, filosóficas e religiosas existem na sociedade, devemos frisar que a neutralidade não é a ausência de valores e nem a indiferença, mas sim, é a imparcialidade ou a igualdade de tratamento. Neste aspecto a laicidade vincula-se com o princípio do direito de igualdade, pois, constatando-se a existência do pluralismo, reconhece-se que não cabe ao Estado determinar qual sistema de crença é verdadeiro ou mais verdadeiro que o outro, nem decidir qual é o mais "positivo" ou conveniente para a sociedade.

Em último lugar, a não-participação do Estado em manifestações de fé ou de convicções religiosas junto aos indivíduos nos leva a comentar o oposto ao princípio de laicidade, que resulta em atos políticos religiosos mais próprios de épocas de aliança Igreja-Estado do que de nossos tempos de pluralismo e igualdade, como os Te Deums ou atos de consagração dos governos através de ritos religiosos. Assim, o Estado não pode agir como se fosse sujeito de liberdade religiosa, pois tal direito é pessoal e intransferível, e o Estado tem uma personalidade jurídica de caráter público que o impede de participar de práticas religiosas. O oposto é uma confusão que se dá entre o público e o privado, fazendo as preferências religiosas das pessoas naturais que – através do voto popular ou designação executiva – desempenham cargos públicos parecerem preferências religiosas do próprio Estado. Assim, as crenças públicas professadas pelo Estado na realidade são crenças privadas professadas pelas pessoas que exercem o poder do Estado, só que impostas desde o aparato simbólico e coercitivo. Contudo, o Estado não somente tem o dever de não coagir a pessoa, mas também de não substituí-la e nem concorrer ao seu lado.

Como bem manifesta Viladrich, o Estado "não pode reprimir ou inibir o livre exercício da fé religiosa de seus cidadãos usando os poderes que possui como Estado. Tampouco pode deslocar o núcleo subjetivo e exclusivo suplente do ato de fé e da prática religiosa".[24] Isto significa definir o Estado como sujeito radical-

---

[24] VILADRICH, Pedro J., *Principios informadores del derecho eclesiástico español. Derecho eclesiástico del Estado.* 2ª edição, Pamplona, EUNSA, 1983, p.182.

mente sem atribuições para adotar opiniões e opções religiosas. Assim, o Estado não pode substituir a pessoa, tampouco pode competir com ela nestas mesmas matérias, visto que são próprias do indivíduo e não dele. É o Estado quem renuncia a perseguir princípios religiosos próprios para assegurar aos seus cidadãos o gozo pleno da liberdade. Isto é dar termo ao velho princípio da confessionalidade do Estado, qualquer que seja a manifestação que este assuma, mas também vale para impedir que o mesmo promova políticas anti-religiosas.

Com tudo o que foi dito é fácil compreender como o princípio de laicidade determina a essência do Estado democrático de direito, pois na própria gênese do Estado nacional se encontra a separação Igreja-Estado, que é um de seus elementos integrantes. Sua preponderância não depende de que seja explicitada através de normas constitucionais, mas sim que permaneça implícita em todo o sistema jurídico (desde que um Estado se diga republicano, por exemplo). Constitui-se em um princípio orientador do sentido geral da ordem jurídica e uma importante idéia-força que expressa o essencial do regime político democrático, pois é um importante método deliberativo frente à pluralidade de crenças religiosas e de concepções filosóficas.

Portanto, neste relato sustentamos que o princípio de laicidade é o princípio constitucional e fundamental que orienta e guia o perfil legislativo e político do ordenamento jurídico em sua totalidade.

4. Princípio de laicidade e Direitos Fundamentais

O princípio de laicidade mantém uma relação chave com o respeito aos direitos fundamentais, tal como a liberdade religiosa, a igualdade e a liberdade de consciência. Historicamente, a aceitação da laicidade no direito pode ser conseqüência ou pode ser condição para a liberdade religiosa e de consciência, mas o inegável é que ela vem sempre acompanhada de tais liberdades, de igualdade religiosa e de separação institucional entre Igreja e Estado. Não obstante, devemos ter cuidado de não re-direcionar o conteúdo de tais liberdades à laicidade e vice-versa, pois mesmo estando intimamente vinculadas, não são sinônimos.

Se corretamente compreendida – apesar de ser um princípio para a deliberação democrática – a laicidade é um princípio de convivência onde o gozo dos direito fundamentais e as liberdades públicas podem alcançar maior extensão e profundidade, sendo completamente contrária a um regime que procure sufocar as liberdades religiosas de pessoas e instituições. Assim é, pois a laicidade permite a convivência de diferentes formas de conceber o mundo, sem necessidade que elas tenham que sacrificar sua identidade distintiva em prol de um igualitarismo uniformizador que ignora as peculiaridades próprias, mas sem que isso signifique irromper em um caótico concerto de vozes discrepantes e concepções antagônicas incapazes de coexistir socialmente com base em pressupostos comuns e mínimos de convivência.

Sobre as relações entre a laicidade e a liberdade religiosa, observamos que esta última não pode ter um desenvolvimento pleno e coerente para todos os agrupamentos religiosos existentes em um determinado país, se é que desde o Estado se reconhecem diferentes níveis de gozo das liberdades religiosas. Tampouco pode se reconhecer um regime de liberdade religiosa onde não existe laicidade estatal, pois ao existir uma religião ou igreja oficial, envia-se a mensagem implícita de que as demais expressões religiosas são meramente "toleradas". Além do mais, historicamente se constata como todo regime de aliança ou união entre Igreja e Estado acaba por suprimir as liberdades religiosas mediante perseguições veladas ou encobertas.

A relação entre liberdade de consciência e laicidade se manifesta através da liberdade que toda pessoa tem para se guiar segundo as normas éticas e as convicções que ela livremente escolhe, sem que o Estado possa condicioná-la ou sancioná-la direta ou indiretamente por isso. Devido ao fato de que as normas éticas prescritas por uma religião e as que são realmente praticadas por seus fiéis apresentam uma distância inegável, e a que nem todos os cidadãos de um país aderem a uma só crença religiosa é que o Estado não pode impor essas normas religiosas a partir de suas leis ou políticas públicas, nem impedir a livre determinação ética das pessoas em prol de uma uniformidade que tampouco se constata dentro dos próprios agrupamentos religiosos.

Finalmente, temos a igualdade e sua relação com a laicidade. Nos lugares onde um Estado favorece a uma Igreja (Estado confessional) ou grupo de igrejas (Estado pluriconfessional) em detrimento de outras, torna-se vulnerável a igualdade de tratamento e se incorre em discriminação negativa, o que afeta a minorias religiosas ou a pessoas e grupos descrentes. Porém, não somente em relação a assuntos religiosos tal igualdade pode ser quebrada, mas também no que diz respeito aos direitos sexuais e reprodutivos, toda a vez que eles são negados quando um Estado se apodera de certos pressupostos confessionais no momento de legislá-los, no lugar de orientar-se pela doutrina dos direitos humanos.

5. Secularização, laicidade, laicismo, aconfessionalidade, neutralidade e separação Igreja-Estado

Dado que o atual debate internacional sobre laicidade é repleto de definições discrepantes entre si, o que alimenta a confusão terminológica e torna mais complexo o trabalho interpretativo tanto dos feitos históricos, como das análises das ciências sociais em questão, é importante que façamos algumas digressões sobre secularização, laicidade, aconfessionalidade, etc.. A complexa polissemia da laicidade se constitui, como descreveu Roberto Blancarte, em "um fator adicional na geração de mal-entendidos e incompreensões, que por si geram-se nas controvérsias político-religiosas".[25] Esta situação reflete por um lado o processo

---

[25] *Laicidad y valores en un Estado democrático.* Blancarte, Roberto (Comp.) Secretaria do Governo e O Colégio do México, 2000, p. 8.

natural de construção conceitual próprio das ciências sociais e, por outro lado, pugna por definir o conteúdo de um aspecto ideológico essencial das batalhas culturais contemporâneas. Em primeiro lugar, consideremos os conceitos de secularização e laicidade pelo menos tal como os assumimos neste relato.

Roberto Blancarte propõe que o termo *secularização* "designa, em geral, a perda de influência social da religião", enquanto que a *laicização* seria o "processo específico de transformação institucional da passagem do religioso ao civil".[26] Nesta linha se pronuncia também Baubérot ao apontar que "a secularização implica em uma progressiva e relativa perda de pertinência social do religioso, devido, principalmente, a um conjunto de evoluções sociais nas quais a religião participa ou se adapta. A laicização é, primeiramente, a obra política propondo que se reduza a importância social da religião como instituição, chegando a desinstitucionalizá-la".[27] Por nossa parte, pensamos que a laicidade é a expressão política-institucional do processo de secularização (das instituições estatais, de seu ordenamento, de suas políticas etc.) que acaba moldando-se formalmente mediante normas, princípios e valores jurídicos. Então, como fenômeno maior e mais geral, a secularização estaria definida em relação à sociedade (sua cultura, política, moral, economia, etc.) enquanto que a laicidade estaria melhor referida em função da incidência deste fenômeno social sobre o Estado e suas instituições políticas. Um exemplo da pertinência desta diferenciação radica no caso mexicano, país onde convivem uma sociedade com fortes tradições religiosas católicas (não muito secularizadas) e um Estado vigorosamente laico, o qual está estritamente separado da Igreja Católica.

Por outro lado, a diferença entre "laicidade" e "laicismo" – termos que são trocados e confundidos freqüentemente segundo as necessidades do combate político – radica nas ênfases subjetivas e ideológicas que atores anti-religiosos imprimem em suas reivindicações. Roberto Blancarte sugere que "laicismo" é a forma militante daqueles que defendem a laicidade, enquanto "laicidade" é um "regime de convivência social complexo, à medida que se estabelece nas normas institucionais preferidas pela maioria para a gestão com tolerância de uma realidade igualmente diversa, de uma crescente pluralidade religiosa e de uma demanda crescente de liberdades religiosas ligadas aos direitos humanos ou à diversidade e particularidades culturais".[28] O laicismo é uma expressão do anticlericalismo decimonômico, que propõe a hostilidade ou a indiferença perante o fenômeno religioso coletivo que pode acabar radicalizando a laicidade, sobrepondo-a aos direitos fundamentais básicos como a liberdade religiosa e suas diversas formas de expressão. Poderia se dizer que consiste em uma forma de *sacralização* da laicidade que, por isso, acaba por negá-la. Por exemplo, como quando em benefício de uma "neutralidade da escola pública" se proíbe que os alunos crentes portem livremente símbolos religiosos que definam sua identidade pessoal. Pelo

---

[26] Blancarte, Roberto. Ob. cit., p. 9.
[27] Baubérot, Jean. Ob. cit., p. 40.
[28] Blancarte, Roberto. Ob. cit., p. 9.

contrário, em um regime de laicidade não existe confusão de princípios religiosos e políticos, tampouco o Estado promove a uma religião em particular, mas sim, em troca, promove-se o gozo pleno das liberdades fundamentais e, entre elas, as liberdades religiosas com a única condição de que não vulnerem a ordem pública. É ocioso ressaltar que os atores partidários de Estados confessionais geralmente igualam laicidade e laicismo, o mesmo que atores anti-religiosos agressivos fazem quando propõem seu laicismo como expressão de laicidade.

No entanto, os termos "aconfessionalidade", "neutralidade" e "separação Igreja-Estado" são geralmente utilizados na doutrina para se referir aos tipos de relações que o Estado estabelece com igrejas, comunidades e confissões religiosas, e a sua posição frente ao fator religioso.

A discussão sobre o termo *aconfessionalidade* é proposta pela doutrina espanhola no artigo 16.3 da Constituição, que diz que "nenhuma confissão espanhola terá caráter estatal", frase cheia de ambigüidade que provocou inúmeras confusões na doutrina e na jurisprudência, e que transpôs fronteiras ao inspirar legislações sul-americanas. Se considerarmos que a "confessionalidade" do Estado implica em que este se mostre partidário de uma religião ou de um agrupamento religioso de maneira a atribuir-lhes direitos e privilégios que não outorga a outras, então a "aconfessionalidade do Estado" significará que ele não privilegia nenhuma confissão religiosa nos termos mencionados. Nota-se que as definições giram em função do fenômeno religioso organizado de um cunho específico: *a confissão* religiosa (que, por definição, é protestante: confissão é diferente de igreja), e não com base na inspiração religiosa das normas e políticas públicas. Portanto, "aconfessionalidade" é um termo cujo significado é mais restrito que "laicidade", pois o primeiro se foca na relação Estado-agrupamentos religiosos, enquanto o segundo vai mais além ao referir-se à relação Estado-religião. De maneira prática, legislar sob termos de aconfessionalidade poderia implicar a inexistência formal de uma igreja oficial, mas em troca favoreceria a adesão de um Estado ou de um Governo a certos dogmas religiosos no momento de produzir normas jurídicas ou desenvolver políticas públicas.

Neutralidade é um termo que igualmente pode produzir equívocos. Se for compreendida como a imparcialidade (em favor do princípio de igualdade) que o Estado deve perante todas as convicções e crenças religiosas ou filosóficas, então não existe problema algum. Porém, o termo oferece dificuldades se o associarmos à falta ou à ausência total de valores éticos por parte do Estado laico, ou a uma posição de indiferença e passividade frente o fenômeno religioso individual ou coletivo. Tais concepções reduzem o Estado à categoria de mero espectador que não possui nenhum dever de promover ativa e conscienciosamente as liberdades públicas mediante a remoção dos obstáculos que impeçam seu real gozo e exercício – concepção característica de visões neoliberais que minimizam o Estado de Direito – ao ponto que se faz necessário introduzir o conceito de Estado Social de Direito para reforçar que se deve ir mais além da mera abstenção ou imunidade de coação, e sim deve promover os direitos fundamentais.

Em última instância, a separação Igreja-Estado tampouco pode ser confundida com laicidade. Como vimos ao definir o conceito jurídico de laicidade, a separação é somente um de seus aspectos. A realidade política de países tradicionalmente católicos demonstra que neles existe uma "separação" orgânica e institucional, mas suas políticas e leis seguem sendo fortemente inspiradas em valores, crenças e princípios religiosos. Por outro lado, podemos observar que países não-católicos como a Inglaterra não têm regime de separação Igreja-Estado (pois aí a rainha é, ao mesmo tempo, cabeça da Igreja Anglicana), mas são mais laicos e secularizados que aqueles onde se deseja esse dualismo igreja-Estado.

6. Especial referência à doutrina do papado sobre a laicidade

Neste parágrafo, permitimo-nos fazer uma referência às concepções de um agrupamento religioso em particular, devido a que a realidade latino-americana está objetivamente ligada à igreja católica, a qual teve um papel histórico importante (positivo e/ou negativo, conforme se julgue) no processo político e histórico da Ibero-América. A influência política das hierarquias eclesiásticas católicas foi decisiva no passado e ainda hoje seguem tendo uma relevância pública ostensível, ao ponto de se tornar um ator social que pode favorecer ou se opor ao Estado e a outros atores sociais na configuração das normas jurídicas e das políticas públicas. Assim, a sede vaticana e as conferências episcopais de cada nação movem-se em um horizonte doutrinal jurídico e teológico, o qual vale a pena examinar, pois freqüentemente influenciam legisladores e políticos.

Não vamos detalhar aqui a história das concepções papais sobre as relações entre a potestade temporal e a potestade espiritual, o que nos faria transitar pela teoria das duas espadas,[29] a *potestas directa in temporalibus*, a *potestas indirecta temporalibus*, etc.. A este respeito, vamos somente constatar que pouco antes do Concílio Vaticano II queria-se entender a laicidade como sinônimo de "separação Igreja-Estado" e de "Estado ateu". Assim, por exemplo, o espírito liberal foi meticulosamente compreendido e abertamente condenado pelo papa Pio IX na Encíclica Quanta Cura e seu anexo, o *Syllabus complectens praecipuos nostrae aetatis* (Índice dos principais erros de nosso século), ambos de 8 de dezembro de 1854, onde se enumeraram diversos "erros" e "heresias", muitos dos quais hoje

---

[29] Proposta pelo papa Gelasio I, quem defendeu com maior impacto histórico os foros da Igreja Católica, de acordo com as posições teóricas de Ambrosio e de Agustín e formulou o que veio a se chamar a famosa "doutrina das duas espadas". Em uma carta dirigida ao imperador Anastásio, no ano de 494, assentou as bases do que a maioria de autores denomina o *dualismo gelasiano*, advertindo-lhe que "ainda que tenhas o primeiro lugar em dignidade sobre o gênero humano, sem dúvidas tens que submeter-se fielmente aos que têm sob sua responsabilidade as coisas divinas, e buscar neles os meios da tua salvação" agregando que "tu sabes que é teu dever tudo o que pertence ao recebimento e ministração dos sacramentos, obedecer à autoridade religiosa em vez de dominá-la". A sociedade humana é regida por duas espadas, ou dois poderes, existindo uma bicefalia substancial: a cabeça religiosa encarnada pelo Bispo de Roma (*autotictas*) e a cabeça política encarnada pelo imperador (*potestas*), cada qual com competências sobre seus próprios assuntos, ainda que eles tenham que se cruzar na maioria das vezes, e não concedendo o título de *pontifex maximus* ao imperador, mas sim, ao papa.

são premissas básicas de nosso atual sistema de liberdades e direitos fundamentais:

> XV. Todo homem é livre para abraçar e professar a religião que, guiado pela luz da razão, julgar verdadeira. (...)
> LV. Está certo que a Igreja seja separada do Estado e o Estado da Igreja. (...)
> LXXVII. Nessa nossa idade já não nos convém que a Religião Católica seja tomada como a única religião do Estado, com exceção de outros cultos quaisquer. (...)
> LXXX. O Pontífice Romano pode e deve reconciliar-se e transigir com o progresso, com o liberalismo e com a civilização moderna.

Na encíclica *Inmortale Dei* sobre a *"Constituição cristã dos Estados"*, de 8 de novembro de 1885, Leon XIII afirmou que a sociedade civil deve praticar o culto público e não pode, sem cometer um crime, atuar como se Deus não existisse em absoluto, prescindir da religião como se fosse algo estranho e inútil, ou admitir indiscriminadamente outra religião segundo sua própria vontade. Declara absurda a pretensão daqueles que consideram que as leis divinas devem reger a vida e conduta dos indivíduos mas não a dos Estados, pelo qual seria permitido afastar-se das leis de Deus ao legislar e governar a coisa pública, o que dá origem à "perniciosa conseqüência da separação da Igreja e o Estado".

Assim mesmo, Pio X enfrentou a separação Estado-Igreja feita na França em 1905 e reincidiu em qualificá-la expressamente como "tese absolutamente falsa e um erro absolutamente pernicioso" na Carta Encíclica *Vehementer nos*, de 16 de fevereiro de 1906. Logo, Pio XI aceita o novo estatuto da Igreja na França, mas adverte na Encíclica *Maximam gravissimanque,* de 18 de janeiro de 1924, que não tem a intenção de abolir as condenações de seu infalível antecessor, nem muito menos reconciliar-se

> com as leis laicas. Visto que o condenado por Pio X é também condenado por Nós [o papa refere-se somente a ele próprio]; e cada vez que se entender por "laicidade" um sentimento ou intenção contrários a Deus e à religião, Nós reprovaremos totalmente esta "laicidade" e declararemos abertamente que deve ser reprovada.

Reiteraria um ano depois na Encíclica *Quas PrimasI,* de 11 de dezembro de 1925, que "a peste de nossa época é o chamado laicismo, com seus erros e iniciativas criminosas", por isso deve-se instaurar em todos os países a festa "Cristo Rei" para o desagravar e reconhecer a soberania divina sobre os Estados e as nações.

Em síntese, liberdade religiosa, laicidade e Estado católico eram vistos como incompatíveis entre si. Não poderia existir um Estado católico que ao mesmo tempo reconhecesse a laicidade ou a liberdade religiosa dos não-católicos. Eram conceitos mutuamente excludentes, pois segundo o papado "o erro não podia ter direitos". Tratava-se de uma *confessionalidade doutrinal*, na qual o Estado "crê" e "confessa" determinadas crenças religiosas como únicas verdadeiras, responsabilizando-se por sua propagação e defesa oficial. Classifica negativamente não só a ausência de crenças religiosas, mas sim, qualquer crença religiosa que não seja a do Estado, sendo excludente e intolerante. Com o processo de secularização, tal confessionalidade se transforma em *confessionalidade histórico-sociológica*, fórmula suavizada de confessionalidade, que é próprio das transições em direção ao Modelo de Neutralidade, no qual o Estado – por não crer e nem confessar – não se considera competente para declarar que determinada religião seja verdadeira e as outras falsas, mas sim, privilegia uma em relação às outras por razões históricas (contribuição à identidade nacional) e sociológicas (ser maioria social).[30]

Sendo assim, uma sociedade que se baseasse na soberania popular, e não na soberania do direito divino, que permitisse o divórcio e o matrimônio civil, que consentisse a liberdade de religião e de consciência, que postulasse a independência e liberdades individuais e que instaurasse a irreligião do Estado era uma sociedade que iria certamente rumo a sua ruína, perdição e destruição irrevogáveis. Um Estado laico era, então, um "Estado ateu", entendendo o Estado ateu da mesma maneira como atualmente entendemos um Estado minimamente democrático e constitucional contemporâneo.

Já em tempos conciliares, a declaração *Dignitatis Humanae* sobre liberdade religiosa e relações Estado-Igreja definirá a aparente nova posição ideológica e política da Igreja Católica, a mesma que será aplicada na prática pelos pontificados de João Paulo II e Bento XVI para retornar às posições pré-conciliares e reverter certos progressos modernizantes o máximo possível.

No âmbito do magistério - ou ensino papal - expressados através de encíclicas, cartas pastorais ou discursos diplomáticos oficiais, alude-se à "laicidade" e à "laicidade sã" em oposição à "laicismo" e nunca aceitam ou tentam redefinir em termos positivos as expressões "separação Igreja-Estado", "Estado laico" ou "igualdade religiosa", como foi feito com o termo "laicidade".

O conceito vaticano de "laicidade" ou de "laicidade sã" deve ser compreendido a partir da noção esboçada em um discurso de 23 de março de 1958 de Pio XII, onde aludia à existência de "uma legítima e sã laicidade do Estado", e na declaração do Concílio Vaticano II "Dignitatis Humanae", que define a nova "confessionalidade" católica da seguinte maneira:

> Se, consideradas as circunstâncias peculiares dos povos, se dá a uma comunidade religiosa um especial reconhecimento civil na ordenação jurídica da sociedade, é necessário que ao mesmo tempo se reconheça e respeite o direito à liberdade religiosa a todos os cidadãos e comunidades religiosas.[31]

Conclui-se, então, que a igreja segue advogando a favor de uma versão de Estado confessional. Ao comentar essa passagem da Declaração, o reconhecido eclesiasticista espanhol Amadeo de Fuenmayor já se indagava se o Concílio havia acabado por consagrar em sua integridade posturas doutrinais contrárias ao Estado confessional e propugnadoras do Estado laico como popularmente se

---

[30] *Derecho de la libertad de conciencia I. Libertad de Conciencia y Laicidad.* Llamazares, Dionisio. Editora Civitas, Madrid, 1997.

[31] *Declaración Dignitatis Humanae. Sobre la Libertad Religiosa.* Concílio Vaticano II. Documentos Completos. Editora Paulinas, Lima, 1988, p. 423.

concebe, respondendo negativamente e explicando que talvez a mudança tenha se propugnado a partir de um inovador enfoque, "uma nova visão da confessionalidade do Estado", a qual deriva da "dupla defesa que a Igreja faz de sua própria liberdade e da liberdade que, segundo ela, deve se reconhecer nos ordenamentos civis a todos os homens e comunidades religiosas".[32] Isto significa que as noções conciliares sobre relações Igreja-Estado deveriam ser entendidas à luz da *Libertas Ecclesiae* (Liberdade da Igreja), e não a partir da doutrina civil ou laica da liberdade religiosa. O respeito à liberdade religiosa jurídica proviria da concepção eclesiástica da *Libertas Ecclesiae*, e não das fontes ideológicas seculares.

É interessante ressaltar que, se na época pré-conciliar a Igreja Católica entende que a liberdade religiosa e a confessionalidade do Estado são incompatíveis frente ao irrefreável avanço das reivindicações liberais e sua consagração jurídica, no constitucionalismo moderno *ela tenta desvincular-se dessas idéias, dizendo que pode coexistir um regime confessional ao lado do reconhecimento das liberdades religiosas*; isto com a finalidade de conservar sua excepcional posição privilegiada em muitos países. Orienta, então, seus bispos nacionais a reconhecerem e se pronunciarem claramente a favor da – antes injuriada – liberdade de culto, mas ao mesmo tempo não renuncia a que o Estado siga conservando sua confessionalidade.

Liberdade religiosa sim, mas também confessionalidade estatal será a fórmula vaticana desde então. Esta interpretação não é uma desejosa postura de setores conservadores que querem deixar claro a infalibilidade dos papas inimigos da liberdade religiosa, que ficava a salvo apesar do Vaticano II, mas sim, ancora-se no texto conciliar tal qual se encontra redigido. Diríamos que a compreensão conservadora do Vaticano lhe vem imposta pelo deferido textualmente, e não pelos desejos modernizadores de amplos setores da própria Igreja Católica.

Mas o que abrange a "confessionalidade" professada pelo Concílio Vaticano II, segundo os intérpretes conservadores da Igreja? Uma "confessionalidade formal" e uma "confessionalidade substancial".[33] Pela primeira seria dever do Estado e/ou da Nação professar publicamente a "verdadeira religião" (ou seja, a católica), mediante declarações de catolicismo oficial contidas em textos constitucionais ou concordatários, símbolos religiosos públicos, preces e honras a pessoas e ícones católicos como parte do cerimonial do Estado etc. Pela segunda, as estruturas políticas sociais e as políticas públicas deverão estar penetradas pela inspiração do Magistério papal. Sobre o regime ideal, para alguns, seria indispensável que os Estados mantenham ambas confessionalidades (substancial e formal), enquanto

---

[32] "...é necessário dizer também que o Concílio Vaticano II não consagrou as doutrinas de alguns pensadores católicos que, ao defender a liberdade religiosa, estimaram que era incompatível com o Estado confessional católico. O Concílio superou a aparente contradição e deixou estabelecido a compatibilidade de um regime de liberdade religiosa com a confessionalidade católica ou não-católica do Estado". *La libertad religiosa*. De Fuenmayor, Amadeo. Editora da Universidade de Navarra, Pamplona, 1974, p. 47, 123 e seguintes.

[33] *Idem*, p. 123.

para outros "bastaria" a existência da confessionalidade substancial ainda que desaparecesse a confessionalidade formal.

Além do mais, devido ao novo entendimento da *Libertas Ecclesiae*, agora a confessionalidade católica de um Estado seria a única garantia de vigência da liberdade religiosa para o resto das confissões religiosas, pois se se garantem as liberdades plenas da Igreja Católica mediante as concordatas, então se garantiriam também as liberdades das minorias religiosas. Desta maneira, deixa-se de lado o fato histórico de que foi o protestantismo dissente e também o Estado laico e democrático os que propugnaram e defenderam a liberdade e igualdade religiosa, assim como a separação Igreja-Estado, em oposição à mesma Igreja Católica.

Por outro lado, "a legítima e sã laicidade do Estado" (expressão original de Pio XII) que é aceita pela Igreja Católica baseia-se no reconhecimento da "justa autonomia das realidades terrenas" que responde à vontade de Deus e é entendida como que "as coisas e as sociedades têm suas próprias leis e seu próprio valor, e que o homem deve conhecê-las, empregá-las e sistematizá-las paulatinamente".[34] Em troca, aquela concepção de laicidade repudiada é a que

> quer dizer que a realidade criada não depende de Deus, e que o homem pode dispor de tudo sem referência ao Criador; não há nem um só dos que admitem a existência de Deus que não veja falsidade envolta em tais palavras.[35]

É a partir desta teologia que o Concílio Vaticano II definirá as relações ideais entre "comunidade política" e Igreja, e pretenderá dar novo significado ao conceito de "laicidade", com uma formulação que se incorporou em numerosos textos jurídicos constitucionais seculares, sem advertir sua sutil origem confessional:

> A Igreja que, em razão de sua função e competência, não se confunde de modo algum com a comunidade política e não está ligada com nenhum sistema político é, ao mesmo, tempo indicativo e garantia do caráter transcendente da pessoa humana.
>
> A comunidade política e a Igreja são, 'em seus próprios campos, independentes e autônomas' uma em relação a outra. Porém as duas, ainda que com diferentes títulos, estão a serviço da vocação pessoal e social dos mesmos homens. Prestarão este serviço com tanta melhor eficácia quanto ambas sociedades mantiverem entre si uma "sã e melhor colaboração".[36]

Em termos simplificados, o resultado final desta concepção é que a Igreja Católica não é responsável perante Deus pelo governo direto da sociedade (a medievalmente chamada *potestas directa*), pois este assunto é "profano" e "laico" e não faz parte de sua missão sobrenatural, mas sim deve orientar a sociedade e os Estados em relação a Deus e à lei moral, os quais devem obedecer fielmente a seus preceitos, inclusive se seus governantes não sejam católicos laicos, pois a verdade é universal e imutável. Os termos "laicismo", "Estado laico", "separação

---

[34] *Constitución Pastoral Gaudiem et Spes. Sobre la Iglesia en el mundo de hoy*. Concílio Vaticano II. Documentos Completos. Editora Paulinas, Lima, 1988, p.162.

[35] *Idem*, p.163.

[36] *Idem*, p.163. (sublinhado por nós).

Igreja-Estado" sempre serão concebidos de maneira muito negativa, ora fortes, como na Igreja pré-conciliar, ora moderados, como na Igreja pós-conciliar.

Neste objetivo de influenciar os governantes seculares atuais, a Congregação para a Doutrina da Fé, presidida pelo então Cardeal Joseph Ratzinger, publicou em 24 de novembro de 2002 um impactante documento titulado *"Nota doutrinal sobre algumas questões relativas ao compromisso e à conduta dos católicos na vida política"*, através do qual ele buscava sujeitar a atuação legislativa dos parlamentares católicos às orientações eclesiásticas e censurava diretamente o aborto terapêutico, o divórcio civil, a eutanásia e o matrimônio homossexual. Este documento afirma que "a consciência cristã bem formada não permite a ninguém favorecer com o próprio voto a realização de um programa político ou a provação de uma lei particular que contenham propostas alternativas ou contrárias aos conteúdos fundamentais da fé e da moral. Já que as verdades de fé constituem uma unidade indivisível, não é lógico o isolamento de somente um de seus conteúdos em detrimento da totalidade da doutrina católica". Sobre a "laicidade" ele explica que "indica, em primeiro lugar, a atitude de quem respeita as verdades que emanam do conhecimento natural sobre o homem que vive em sociedade, ainda que tais verdades sejam ensinadas ao mesmo tempo por uma religião específica, pois a verdade é uma só. Seria um erro confundir a justa autonomia que os católicos devem assumir na política com a reivindicação de um princípio que prescinda do ensino moral e social da Igreja". E sobre o laicismo diz que ele busca colocar a Igreja à margem da sociedade humana.

De acordo com esse magistério oficial e formal, a prática da política papal não se afastará deste ensino em favor da "autonomia e independência" das realidades terrenas, mas sim, se inclinará mais para a "nova confessionalidade" do Estado e para o dever eclesial de "orientar" moralmente a sociedade. As posições jurídicas conquistadas nos países concordatários, a atuação política da Igreja, assim como diferentes intervenções públicas dos Pontífices do Vaticano passarão a desenvolver o que foi aqui mencionado.

Os papas João Paulo II e Bento XVI consolidaram pessoalmente essa aplicação política conservadora dos aspectos mais tradicionais do Concílio Vaticano II, deixando de lado outras ênfases mais modernizadoras, através de múltiplas alocuções públicas dirigidas a seus fiéis e ao mundo.

Em sua "Mensagem à Conferência Episcopal Francesa no centenário da lei de separação entre Igreja e Estado", de 11 de fevereiro de 2005, João Paulo II recordou tal "acontecimento doloroso e traumático" reforçando que "o princípio da laicidade a que vosso país está muito ligado, entenda-se bem, pertence também à doutrina social da Igreja". Assim definiria a laicidade e a aconfessionalidade como termos distintos:

> [A laicidade] recorda a necessidade de uma justa separação de poderes (cf. *Compêndio da doutrina social da Igreja*, nn. 571-572). Por outro lado, a não confessionalidade do Estado, que é uma intromissão do poder civil na vida da Igreja e das diferentes religiões, assim como na esfera espiritual, permite

que todos os componentes da sociedade trabalhem juntos ao serviço de todos e da comunidade nacional.

Seu sucessor Bento XVI sustentou recentemente em um discurso que professou em 9 de dezembro de 2006 frente o 56º Congresso Nacional da União de Juristas Católicos Italianos que

> todos os crentes, e de modo especial os crentes em Cristo, têm o dever de contribuir para elaborar um conceito de laicidade que por um lado reconheça a Deus e a sua lei moral, a Cristo e a sua Igreja o lugar que lhes corresponde na vida humana, individual e social, e que por outro lado afirme e respeite a "legítima autonomia das realidades terrenas" (...).
>
> (...) a base doutrinal da "laicidade sã", ... implica que as realidades terrenas certamente gozam de uma autonomia efetiva da esfera eclesiástica, mas não da ordem moral.
>
> Por outro lado, a "laicidade sã" implica em que o Estado não considere a religião como um mero sentimento individual, que poderia se confinar ao âmbito privado. Pelo contrário, a religião – ao também estar organizada em estruturas visíveis, como acontece com a igreja – tem que ser reconhecida como presença comunitária pública.
>
> À luz destas considerações certamente não é expressão de laicidade, senão de sua degeneração em laicismo, a hostilidade contra qualquer forma de relevância política e cultural da religião; em particular, contra a presença de qualquer símbolo religioso nas instituições públicas.
>
> Tampouco é sinal de laicidade sã negar à comunidade cristã, e a quem a representa legitimamente, o direito de pronunciar-se sobre os problemas morais que hoje interpolam a consciência de todos os seres humanos, em particular dos legisladores e dos juristas. Portanto, não se trata de ingerência indevida da Igreja na atividade legislativa, própria e exclusiva do Estado, mas sim da afirmação e da defesa dos grandes valores que dão sentido à vida da pessoa e asseguram sua dignidade. Estes valores, antes de serem cristãos, são humanos; por isso a Igreja não pode ficar silenciosa e indiferente perante eles, e tem o dever de proclamar com firmeza a verdade sobre o homem e sobre seu destino.

Finalmente, na enciclopédia pró-vida titulada "Lexicón" (2004), obra que reúne artigos de intelectuais e cientistas conservadores coordenada pelo Vaticano, diz que o laicismo é "uma doutrina integramente racionalista que luta pela eliminação de toda crença cristã e religiosa em geral. Esta doutrina dá lugar a programas de ação. Entende-se, então, por laicismo os movimentos de ação militante que querem fazer triunfar esse racionalismo anti-religioso nos indivíduos e na sociedade", e "quer restaurar para seu próprio benefício um *cesaropapismo totalmente secularizado*, no qual César, ou melhor, o poder político quer governar a sociedade e as consciências em nome da religião racionalista que ele mesmo institui".[37]

Como vimos, a hierarquia católica reivindica o direito de sua igreja ser uma igreja pública e não estar confinada ao âmbito privado, entendendo suas intervenções morais públicas como ações políticas de pressão sobre os Estados para que legislem a moral pública com base nos ensinos teológicos e morais do catolicismo.

---

[37] *"Tolerancia e inquisición laica"*. Schooyans, Michel. Em *Lexicón. Términos ambiguos y discutidos sobre familia, vida y cuestiones éticas*. Conselho Pontifício para a Família, Editora Palavra, Madrid, 2004, p.1091-1092.

Apesar de nossa discrepância global, não queremos deixar de mencionar uma das contribuições das concepções das hierarquias católicas para a definição de laicidade, que nos parece resgatável: a insistência para nos prevenirmos do perigo do "fundamentalismo laicista", ou do integrismo laicista e, sobre tudo, de considerar que a laicidade não deve ser conceituada unicamente em relação às diversas concepções religiosas, mas também frente às concepções filosóficas ou políticas não-religiosas. É certo que tais advertências estão mais dirigidas contra políticas eminentemente laicas e não laicistas, mas não deixam de ter seu núcleo de razão. Estados que possuem uma ideologia oficial, como os Estados comunistas e os Estados com políticas e inspirações ideológicas anti-religiosas violariam, assim, o princípio de laicidade tanto quanto os Estados confessionais.[38]

Então, para a Igreja Católica, a laicidade será um modelo político, social e jurídico de relações entre a Igreja e a "comunidade política" na qual existe liberdade religiosa, autonomia e independência da Igreja, *libertas ecclesiae*, permite-se a intervenção pública (lê-se política) da Igreja na sociedade e no governo, o Estado (seus valores, políticas, símbolos, etc.) é de inspiração católica, mas não necessariamente o catolicismo seja a religião oficial ou a Igreja tenha caráter oficial, e não existe persecução das crenças minoritárias. No entanto, é possível que exista uma desigualdade religiosa a favor da Igreja Católica. Finalmente, a "cooperação" Estado-Igreja é um aspecto essencial da "laicidade sã" e consiste em ajudar economicamente direta e indiretamente a Igreja a cumprir suas atividades religiosas.

No plano da argumentação jurídica laica (não canônica) que se desenvolve nos campos do convencionalismo chamado "direito eclesiástico do Estado" a posição católica difere um pouco segundo é expressa pelos juristas católicos majoritariamente oriundos das instituições acadêmicas do Opus Dei. Esta diferença é somente tática e não estratégia, pois não difere quanto aos objetivos perseguidos pelo Vaticano, podendo ser explicada a partir da distinção que a teologia católica faz entre a ação e doutrina política dos católicos laicos e a ação e doutrina política da Igreja (lê-se alto clero), compreendendo que a primeira não obriga à segunda e pode ter certa liberdade relativa para atuar na sociedade secular sempre e quando não contradiga a essência do magistério oficial do papado.

Sendo assim, a diferença da distinção do discurso papal em amplos setores do discurso jurídico laico católico não vê com bons olhos nem sequer o termo "laicidade" o qual – como tática política – é associado sem razão com o termo "laicismo", e muito menos as expressões "Estado laico" e "separação Igreja-Estado".

---

[38] Sobre isso, é paradoxo constatar como um Estado tão laico como o uruguaio concorda com estas advertências papais, como episódios recentes seguem demonstrando. Como quando um político uruguaio que pertenceu às guerrilhas dos Tupamaros foi convidado para dar seu testemunho político em uma aula de história de uma escola pública, mas ao fazê-lo e elogiar tal experiência foi acusando perante o Parlamento de violar a laicidade do Estado que ordena uma neutralidade ideológica e o não-favoritismo por parte do Estado de concepções políticas particulares. Ou também quando se exige que se ensine a história do século XX uruguaio, mas se constata o partidarismo ideológico e político dos professores de história proselitismo ao ensinar uma história oficial que se politiza, convertendo-se em história política partidária: "com o qual a laicidade passa a ser uma recordação do passado em um país que se sentia orgulhoso dela". *"Uruguay: ¿Enseñar historia reciente o no enseñarla?"*. En: <www.lahistoriaparalela.com.ar/2006/12/06/uruguay-%C2%BFensenar-historia-reciente-o-no-ensenarla/>

Os debates parlamentares, constitucionais e acadêmicos que se suscitam em torno às diferentes batalhas culturais nacionais demonstram que os juristas católicos evitam sistematicamente e a todo custo que as políticas públicas, Constitucionais e as normas legais incorporem estes termos nos documentos estatais oficiais, pois isso ameaçaria a "confessionalidade formal", que conservam com tanto esforço. Quando, apesar dos esforços desprendidos, isso se torna eminente por uma correlação de forças desfavorável, então se opta por negociar e se propõe substituir a inclusão destas expressões por conceitos que, mesmo sendo sinônimos, não reflitam todo o conteúdo possível que ostenta a laicidade. É precisamente disso que se trata, de evitar que o conteúdo do termo "laicidade", uma vez admitido nos textos oficiais ou legais, logo possa ser ampliado e estendido progressivamente à prática histórica concreta mediante a interpretação jurídica, tanto de posteriores parlamentos ou tribunais. Utilizar termos formais restritivos como "aconfessionalidade", "autonomia" e "independência" da Igreja e do Estado, etc. é, então, a via utilizada para frear a expansão e desenvolvimento da laicidade do Estado.[39]

A "aconfessionalidade" dos juristas católicos seria o enleado sinônimo do conceito papal de "laicidade sã" e vem a ser "a posição do Estado em cujo sistema jurídico-político supremo não existe uma religião ou religiões – respectivamente Igreja e igrejas – especialmente reconhecidas pelo Estado".[40] Um regime no qual os governantes seculares exercem sua autonomia soberana para reger a organização política, judicial, administrativa, fiscal e militar da sociedade temporal desde a técnica política e econômica, assim como reconhecer a liberdade religiosa e a não discriminação das diversas crenças religiosas existentes, mas sem que o Estado se deixe submeter a nenhuma moral superior (lê-se a religião católica). Assim, em nossa opinião, o conteúdo da laicidade é suprimido e ela se torna um sinônimo de "liberdade religiosa", de "igualdade" e, até mesmo, de "cooperação Igreja-Estado". Teremos oportunidade de tratar sobre as conseqüências práticas destes conceitos religiosos sobre a laicidade dos Estados quando discutirmos sobre as práticas concordatárias da Igreja Católica.

"Aconfessionalidade", então, não é "laicidade", e muito menos "laicismo" ou "separação Igreja-Estado". Ela está definida em função da não existência de uma igreja estabelecida e oficial, mas não exclui a inspiração católica do Estado (suas normas, símbolos, valores, moral pública), nem o trato preferencial e especial dado à Igreja Católica. Existe a diferenciação orgânica e administrativa (*dualismo*) entre institucionalidade religiosa e política, mas desde pontos de partida "separados".

As definições teóricas que efetuam os dignatários da Igreja Católica correspondem a uma das três correntes interpretativas atuais sobre a laicidade propostas por Jean Baubérot: a de "laicidade redefinida", a qual a caracteriza como uma postura que "redefine a laicidade histórica (que lhe parece mais combativo) e

---

[39] Isto é o que nos mostra nitidamente o novo debate doutrinal sobre laicidade ocorrido na Espanha em dezembro de 2006, que foi chamado "a guerra dos Manifestos".
[40] *La relación entre la Iglesia y la comunidad política*. Corral Salvador, Carlos. BAC, Madrid, 2003, p.196.

privilegia a liberdade de consciência, concebida como uma abertura laica para as religiões",[41] levando-nos a pensar se com esta redefinição não se corre o risco de desemborcar em uma volta à oficialização das religiões.[42]

7. Manifestações constitucionais do princípio de laicidade no Direito comparado

Efetuaremos aqui uma revisão geral de como se manifesta e/ou se aplica o princípio de laicidade em diversos aspectos dentro das Constituições Políticas dos Estados, que englobam aspectos de educação, religião, teoria do Estado, etc.

7.1. Invocações confessionais

É uma prática tradicional que as Constituições políticas tenham preâmbulos ou introduções que fazem referência aos valores, símbolos e ícones mais paradigmáticos da identidade nacional como elementos motivadores ou inspiradores do conteúdo constitucional.

Os insistentes chamados da Santa Sé e do papa João Paulo II à União Européia, assim como sua vigorosa ação diplomática para que esta não elimine de seu projeto da primeira Constituição as referências a Deus e às raízes cristãs do ensaio comunitário europeu, demonstram a enorme importância simbólica e política que reveste a questão dos preâmbulos das cartas constitucionais na atualidade. Ainda que tais esforços tenham sido infrutíferos, eles revelam um princípio que a Santa Sé afirma que os Estados deveriam contemplar como sendo parte de sua política religiosa: o reconhecimento da primazia e da soberania de Deus nas políticas públicas dos Estados.

Segundo a doutrina papal, isto implica que nenhuma comunidade política poderia ter um conseqüente desenvolvimento de suas liberdades públicas sem antes reconhecer que o seu fundamento principal encontra-se no reconhecimento da soberania de Deus sobre o mundo, sobre o homem e, por conseguinte, sobre seus governos. Sendo assim, o conteúdo ético e moral essencial de toda norma jurídica, projeto social e política pública jamais poderiam contradizer o direito natural, que é comum a toda a humanidade e que é dado por Deus. Por certo, verificamos que a autoridade mais chamada – se não a única – para arbitrar e interpretar o tal direito natural é a autoridade suprema moral do papado.

Portanto, a funcionalidade simbólica, jurídica e política dos preâmbulos com invocações confessionais é dar base ao ato essencial, crucial e mais importante da fundação de uma comunidade política nacional – como é o ato constituinte – na legitimidade sagrada e não em uma legitimidade popular ou social – em outras palavras, *laica*. Assim, a racionalidade essencial de todo ordenamento jurídico

---
[41] *Historia de la laicidad francesa*. Baubérot, Jean. El Colegio Mexiquense A.C., 2005, p.132.
[42] *Idem*, p.133.

deveria tender a respeitar esta inspiração sacra que legitima o resto do campo social, o que converte a Nação que consente esta influência em uma *Nação Crente* e o Estado em um instrumento que deve refletir tal condição.

A prática dos países americanos sobre invocações confessionais nos preâmbulos é muito ilustrativa.

Existem invocações deístas a um "Deus" (sem especificar que se trata do deísmo cristão) nos preâmbulos das Constituições da Argentina, Brasil, Colômbia, Costa Rica, Equador, Paraguai, Peru, El Salvador, Honduras, Panamá e Venezuela. Também o fazem Antigua e Barbuda, Belice, Granada, Saint Kitts e Nevis, Santa Lucia, São Vicente e Lãs Grandinas e Surinam. *De todos estes países, Argentina, Brasil, Colômbia, Equador, Paraguai, Peru, El Salvador e Venezuela têm firmados Acordos e Tratados com a Santa Sé.*

Os países que não têm firmado nenhum acordo ou tratado com a Santa Sé e que não fazem nenhum tipo de invocação confessional em suas Constituições são: Estados Unidos da América, Estados Unidos do México, Chile, Uruguai, Guatemala, Barbados, Canadá, Cuba, Nicarágua, Guiana, Dominica, Haiti, e Jamaica. Os países que têm algum tipo de acordo firmado com a Santa Sé e que não fazem nenhum tipo de invocação confessional em suas Constituições são somente Bolívia e República Dominicana. *Como pode se observar, a maioria dos países americanos que não têm invocações confessionais em suas cartas constitucionais não possuem Acordos com a Santa Sé.*

O caso dos Estados Unidos é muito expressivo, pois invoca a proteção da providência divina em sua Declaração de Independência e a menciona em seu lema nacional ("In God we trust"), mas não a inclui em seu paradigmático preâmbulo Constitucional.[43] É válido lembrar que a Constituição Política não inclui uma invocação a Deus, pois os pais fundadores da América do Norte *diferenciaram claramente a inspiração de sua Constituição Política da de pactos religiosos.*[44]

Outra observação pertinente é que a maioria de países que optam por mencionar a Deus nunca se restringem somente ao Deus cristão (salvo a Constituição da Comunidade de Bahamas, que faz referência a valores específica e exclusi-

---

[43] Uma sentença de uma corte federal de apelações norte-americana sentenciou, em 26 de junho de 2002, que o Juramento à Bandeira nas escolas públicas é uma inconstitucional *"promoção da religião"* porque a frase *"one nation under God"* transmite a mensagem de que os cidadãos não-crentes *"são alheios, membros não-plenos da comunidade política, e uma mensagem adjunta aos aderentes que são (...) membros favorecidos da comunidade política"*, e porque promove o monoteísmo como um valor político ao lado da "unidade, indivisibilidade, liberdade e justiça", o que violaria a Primeira Emenda da Constituição.

[44] Esta afirmação não é exagerada se tivermos em conta que as Constituições dos Estados da União estavam –e estão – repletas de referências a Deus (como "Autor da existência", "Deus Todo Poderoso", "Creio em Deus Pai, em Jesus Cristo seu Único Filho e no Espírito Santo, nosso Senhor, agora e sempre.") e que os oponentes à ratificação da Constituição federal impugnavam precisamente que não continha uma invocação confessional. Em 1787, quando se discutia ardorosamente a modalidade de representação estatal no governo federal e não se chegava a nenhum acordo, Benjamin Franklin propôs orar para encontrar uma solução, o que foi negado mediante uma votação, logo depois que Alexander Hamilton dissera que "não necessitavam de ajuda externa". Vide *¿Una nación bajo la autoridad de Dios?*. Goldstein, Clifford. ACES, Buenos Aires, 2003, p. 80.

vamente cristãos). Ainda que esta afirmação deva ser adequadamente analisada, pois é possível que os legisladores tenham redigido invocações a Deus *supondo* que se tratava do Deus cristão. Em outros casos, a generalização do nome de "Deus" se deu devido à pragmática opção de permitir que no futuro os cidadãos tenham liberdade de interpretar livremente a referência a "Deus", desde sua própria leitura religiosa.[45]

Finalmente, considerando os países com população majoritariamente católica da América e da Europa,[46] estes optam pelas invocações confessionais, enquanto os países de tradição protestante optam por não fazê-lo. Na América do Sul, a esmagadora maioria de cartas com preâmbulo constitucional optou por invocar a Deus, com exceção do Uruguai.

Devemos fazer uma ressalva a estas observações. O fato de os preâmbulos de certos países não mencionem Deus não necessariamente implica que eles optem por uma laicidade plena do Estado, pois, apesar de não ter invocações confessionais no preâmbulo, podem inclusive estabelecer sustentação estatal direta em prejuízo do princípio de laicidade, como é o caso da Bolívia[47] e da Espanha, que têm vários acordos firmados com a Santa Sé.

7.2. Definição do caráter do Estado (referências à laicidade)

Geralmente as constituições dos Estados dedicam um capítulo às definições básicas sobre o caráter do Estado: federal ou unitário, republicano ou monárquico, governo representativo, pluricultural, pluriétnico, etc. No entanto, poucas são as constituições que, de maneira explícita, não deixem lugar a dúvidas sobre o caráter laico do Estado e do pluralismo religioso e ideológico, dando preferência a fórmulas ambíguas e pouco claras sobre as relações entre o Estado e o fator religioso.

Existirá alguma coincidência entre a inexistência de menções expressas à laicidade do Estado em alguma de suas variantes e a existência de menções preferenciais à Igreja Católica e a prática concordatária dos Estados? Neste ponto de

---

[45] Esta posição pretende passar por alto que o mesmo conceito "Deus" supõe uma carga monoteísta distinta da acepção "deidade" própria do panteísmo e materialismo religioso das etnias andinas e amazônicas, por exemplo.

[46] Enquanto os principais países europeus invocam um deus genérico, como no preâmbulo da Alemanha, Polônia e Suíça. Por particulares circunstâncias históricas invocam ao Deus cristão os textos constitucionais da Grécia (por influência Católico-Ortodoxa), Irlanda (por influência protestante) e Reino Unido (por tradição constitucional). Entre os países cujas Constituições ao mencionam a Deus encontramos o notável caso da Espanha e França (incluso os preâmbulos), assim como Áustria, Bélgica, Dinamarca, Hungria, Itália, Noruega, Países Baixos, Portugal, Suécia e Rússia. Os casos de Espanha e Itália são particulares, pois se tratam de países institucionalmente muito vinculados historicamente à Igreja Católica, cujos preâmbulos não contemplam nenhum tipo de referência à deidade.

[47] Cuja Constituição estabelece no artigo 3 do Título Preliminar que "O Estado reconhece e apóia a religião católica, apostólica e romana (...). As relações com a Igreja Católica se regerão mediante concordatas e acordos entre o Estado Boliviano e a Santa Sé".

análise podemos verificar correlações mais definidas e nítidas entre as variáveis analisadas.

Vejamos. Entre os países Argentina, Colômbia, Espanha e Peru, dois deles (Espanha e Peru) fazem alusões constitucionais *ambíguas* ao princípio de laicidade (Colômbia a tem em nível legal, não constitucional), que foram redigidas de maneira a não colidir com as concepções políticas da Santa Sé, tal como definimos. Por isso, não encontraremos aqui referências diretas a uma "separação" entre Igreja e Estado, e se prestarmos atenção à interpretação que tais cláusulas tiveram nestes países, fica claro que não constituem princípios estatais de laicidade, mas sim o máximo da "aconfessionalidade" do Estado (tal como definem seus defensores). A Argentina não faz nenhuma menção, nem mesmo indiretamente ao estatuto de laicidade de seus regimes.

Sem embargo, a situação de países concordatários como México e Uruguai é muito clara em relação à laicidade, a qual é concebida desde a liberdade religiosa (Uruguai), ou desde a separação estrita entre Igreja e Estado (México), com exceção do Chile, que não tem alusão alguma que se aproxime a uma fórmula laicista. Em nenhum destes países existe uma menção preferencial ou favoritista à Igreja Católica que lhe reconheça maiores direitos em relação a outras confissões religiosas. De tudo o que foi observado, não podemos deixar de notar a excepcionalidade histórica do caso mexicano sobre a questão de laicidade em relação a qualquer outro país americano.

7.3. Liberdades de religião, de pensamento e de consciência

A existência de normatividade legal que amplie os supostos exercícios dos direitos da liberdade religiosa, de consciência e de pensamento é, sem dúvida, um indicador do grau de laicidade instaurado em um determinado país, pois implica que se reconhece juridicamente o pluralismo religioso e ideológico existentes na sociedade. Sem embargo, a mera existência de normas especiais sobre o fenômeno religioso não-católico como indicador de laicidade é relativo. O que realmente é determinante é o caráter de tal legislação, já que a experiência espanhola – assim como a argentina – demonstra que, inicialmente, o Estado regula o fator religioso minoritário mediante normas de caráter policial ou autoritário e, com o passar do tempo, avançam para modelos mais democráticos e inclusivos, como veremos adiante.

7.4. Referências explícitas à confissão religiosa

A prática de efetuar uma menção especial à Igreja Católica é exigida por ela para dar firmeza ao reconhecimento dos Estados à sua personalidade jurídica civil por via constitucional, evitando deste modo que tal reconhecimento seja condicionado ao cumprimento dos requisitos que estabelece a normatividade estatal, e que haverão de ser aplicados ao resto das instituições religiosas. Com isso, essa prática discriminatória deixa claramente estabelecido que a Igreja Católica não é uma instituição religiosa como as demais, e que de tal situação deveria extrair-se, supostamente, ao menos uma de várias conseqüências: o financiamento direto e indireto do Estado a suas pessoas, bens e atividades.

As menções constitucionais à Igreja Católica testemunharam várias práticas ao longo da história: vão desde menções de confessionalidade doutrinal, pelas quais o Estado *professa* a doutrina católica e não permite a prática de nenhuma outra religião, passando pelas menções de transição, nas quais o Estado afirma que *protege* a Igreja Católica Romana, e as que se inclinam a um modelo de confessionalidade histórico-sociológica, nas quais o Estado *reconhece* tal igreja como a religião majoritária da Nação e *coopera* com ela.

Entre os países concordatários ibero-americanos como Argentina, Espanha, Colômbia e Peru, todos – com exceção da Colômbia, que tem uma longa e arraigada tradição concordatária – incluem menções preferenciais à Igreja Católica em suas Constituições. Uma coincidência que não parece casual. No entanto, entre os países não concordatários (Chile e México) não existem as citadas menções preferenciais (salvo o caso uruguaio, que a menciona somente para reconhecer sua propriedade sobre certos bens). Em resumo, observa-se que existe coincidência entre a existência de menções especiais à Igreja Católica e a existência de instrumentos concordatários, pelo menos no universo dos países da Espanha, Peru, Colômbia, Argentina, México, Uruguai e Chile.

7.5. Laicidade e princípio de cooperação com as confissões

O Direito da Religião postulou que o princípio de cooperação é um de seus princípios que mais contribui para estabelecer relações de amizade entre o Estado e os agrupamentos religiosos, que implica que "deve se entender como a predisposição do Estado a facilitar e promover as condições que fazem possível o ato da fé e os diversos aspectos ou manifestações que derivam dele; de modo particular, essa predisposição se expressa no propósito de chegar a um entendimento com os sujeitos coletivos da liberdade religiosa em ordem a regular aquelas expressões do fenômeno religioso com transcendência jurídica no Direito estatal. Sem embargo, abrem-se os limites da cooperação e com isso se vulnera [a laicidade] quando, ao confundir os valores e objetivos da sociedade política, a própria organização administrativa assume a satisfação de interesses religiosos como interesses próprios e indiferenciados dos interesses gerais que ela própria representa".[48]

Em realidade, sua formulação tem fortes influências jurídicas do Concílio Vaticano II, como maneira de neutralizar o progresso do Estado laico e separatista em relação à Igreja Católica. E foi formulado praticamente para uso da Igreja Católica, como demonstram as importantes experiências de países como Itália e Espanha, nos quais este princípio se materializou na forma de acordos entre o

---

[48] Ibán Iván C., em *Lecciones de Derecho Eclesiástico*, Tecnos, Madrid, 1990, p.133.

Estado e a Igreja Católica, e somente muito depois foi estendido às outras religiões.[49] No caso do Peru, o princípio de cooperação foi invocado para celebrar um acordo internacional entre o Estado Peruano e a Santa Sé no dia 19 de julho de 1980, poucos dias antes da entrada em vigência da Constituição de 1979 e da passagem de mandato a um regime democrático; sem que, até o momento, o Estado Peruano tenha celebrado acordos similares com as confissões minoritárias.

Como já falamos, o princípio de cooperação pode fazer com que o princípio de confessionalidade seja permeado por características prestacionais do Estado Social de Direito para suprimir o conteúdo do princípio de laicidade. Assim, por exemplo, poderia se dizer que o Estado tem uma obrigação de financiar economicamente a religião que professa a maioria dos cidadãos de um país para favorecer o exercício de sua liberdade religiosa, e a favor do princípio de cooperação, o que resulta completamente questionável.

7.6. Escola laica e educação religiosa

A laicidade na escola pública é uma questão muito discutida tanto em países concordatários como nos não-concordatários, de tal forma que não se encontram muitos padrões de correspondência, e majoritariamente ambos têm uma consideração ambígua em *nível constitucional*. Salvo o caso do México, que continua mostrando que é um país definidamente laico ao regular contundentemente esse aspecto.

Quando a escola pública se encarrega da doutrinação religiosa dos educadores, e quando o Estado financia centros educativos particulares religiosos, torna-se relativo o princípio de laicidade e de diversas liberdades públicas, pois se promove desta maneira uma determinada religião. Pressionam-se os alunos não-católicos a violar seu direito de manter sigilo sobre suas convicções religiosas por terem que pedir exoneração do curso de religião católica ensinado de maneira oficial, consagrando um princípio anacrônico: que o Estado é confessional e se permite "tolerar" os cidadãos que não o são, "autorizando-lhes" a exoneração. O ensino religioso do tipo doutrinal resulta em uma clara violação da separação Igreja-Estado.

Se não fosse por esta situação, o currículo educativo estatal estaria em perfeita conformidade com o princípio de laicidade se fossem ministrados cursos sobre a ciência das religiões, para que os educadores sejam familiares ao fator religioso de seu país, elemento integrante da sua cultura local e global. Da mesma maneira, o fato de a educação pública não ser confessional implica que, como princípio, sejam ministrados cursos de promoção de valores éticos e morais de caráter cívico e laico. Isto também garante o direito legítimo de os pais ateus for-

---

[49] Por exemplo, a Itália demorou 36 anos para celebrar sua primeira *Intese* com uma confissão católica, a Igreja Adventista do Sétimo Dia após celebrar a Concordata com a Igreja Católica.

marem seus filhos em escolas estatais verdadeiramente laicas, sem que o Estado interfira impondo a aprendizagem de uma religião, qualquer que seja.

Faremos referência mais adiante sobre a questão da educação pública em relação às práticas concordatárias dos Estados.

7.7 Juramentos religiosos

Historicamente costumava-se prestar juramentos religiosos invocando entidades protetoras da cidade ou da etnia para que protegesse a seu invocador e lhe ajudasse a governar sem desagradar-lhe. Atualmente tal prática sobreviveu, apesar da secularização do Estado. Os que se opõe a prestar juramento invocam razões de ordem ideológica ou religiosa para negar-se a tal prática, seja porque a lei o obrigue a jurar em nome de Deus - e o obrigado seja ateu ou agnóstico -, ou seja porque o obrigado acate um mandato religioso proibitivo.[50] Nesse sentido, algumas experiências nacionais acharam conveniente que se pluralize o rito, substituindo progressivamente a obrigação de prestar juramento a uma divindade pela obrigação de comprometer-se com a honra e a consciência, ou mantendo ambas as fórmulas como alternativas.[51] As oportunidades nas quais tais objeções podem se apresentar são aquelas originadas no acesso a funções públicas ou – mais freqüentes no nosso julgamento – as que provêm de obrigações contidas nas normas processuais que regem os litígios judiciais.

Nossa opinião é que um Estado laico não seria coerente com sua definição se requeresse que um cidadão prestasse juramento religioso, pois as funções públicas não se exercem em nome de convicções religiosas pessoais, mas sim de valores comuns à coletividade que representa.

7.8. Povos originários e laicidade

A laicidade não deve implicar etnocentrismo cultural, tampouco sacralização do indígena. Incorre-se em etnocentrismo quando se proíbe que certas comunidades usem substâncias alucinógenas em seus ritos culturais e religiosos, invocando que se viola a ordem pública respaldada pela lei; ou acaba-se secularizando o indígena quando, em prol de um pluralismo religioso e cultural (que são a base sociológica do princípio de laicidade), nega-se direitos a membros indivi-

---

[50] Como, por exemplo, o mandato que um setor do cristianismo encontra em Matheus 5:33-35: *"Também ouvistes que foi dito aos antigos: Não jurarás falso, mas cumprirás rigorosamente para com o Senhor os teus juramentos. Eu, porém, vos digo: De modo algum jureis: Nem pelo céu, por ser o trono de Deus; nem pela terra, por ser estrado de seus pés; nem por Jerusalém, por ser cidade do grande Rei; nem jures pela tua cabeça, porque não podes tornar um cabelo branco ou preto. Seja, porém, a tua palavra: Sim, sim; não, não. O que passar disto vem do maligno"*. Por isso alguns crentes não se sentem livres – não já de jurar – senão de até mesmo fazerem promessa. Em tais casos são substituídas por afirmações simples, mas igualmente vinculadas à suas consciências.

[51] Por exemplo, o que estabelece a lei de liberdade religiosa de Portugal: " Artigo 9º - Conteúdo negativo da liberdade religiosa. 1 — Ninguém pode: (...) d) Ser obrigado a prestar juramento religioso". *Vid.* para numerosas referências comparadas NAVARRO VALLS, Rafael y PALOMINO, Rafael. *Op. cit.*, p. 1151.

duais de comunidades indígenas como, por exemplo, sua liberdade de mudar de religião.

Encontramos antecedentes para o reconhecimento específico dos direitos religiosos dos povos originários nas Constituições do Equador, do Brasil, do Paraguai, da Venezuela e do Panamá. Inexplicavelmente, até agora as propostas sobre povos originários não contemplaram nada além de referências tangenciais a sua religiosidade ao falar ambiguamente sobre "espiritualidade". Talvez seja sinal de um preconceito laicista que considera a religião indígena como fator de atraso? De qualquer maneira, os povos originários têm maior direito à proteção de seus lugares e ritos sagrados, ameaçados constantemente pelo avanço da empresa e da colonização.

Não é incompatível com a laicidade que um Estado promova a conservação de expressões culturais ou artísticas de caráter religioso. Por exemplo, o Peru fez a Lei n° 28.106 de Reconhecimento, Preservação, Fomento e Difusão das Línguas Aborígines", em cujo artigo 3° manda preservar "as denominações em línguas aborígines que evoquem costumes, feitos históricos, *mitos, deuses tutelares andinos e amazônicos,...*". Seguindo a mesma linha, no Brasil (artigo 231 da Constituição): "São reconhecidos aos índios sua organização social, costumes, línguas, crenças e tradições, e os direitos originários sobre as terras que tradicionalmente ocupam, competindo à União demarca-las, proteger e fazer respeitar todos os seus bens". No Equador (o artigo 84 da Constituição): "O Estado reconhecerá e garantirá aos povos indígenas, em conformidade com esta Constituição e a lei, o respeito à ordem pública e aos direitos humanos, os seguintes direitos coletivos: 1. A manter, desenvolver e fortalecer sua identidade e tradições no espiritual, cultural, ...

12. A seus sistemas, conhecimentos e práticas da medicina tradicional, incluindo o direito de proteção dos lugares e rituais sagrados, plantas, animais, minerais e ecossistemas de interesse vital desde o ponto de vista daquelas". No Paraguai são reconhecidos aos povos indígenas suas crenças, tradições, seu direito a aplicar livremente seus sistemas de organização religiosa e direito consuetudinário, com o limite dos direitos fundamentais constitucionais. No Panamá inclusive se dispõe constitucionalmente que se devam realizar "programas para desenvolver valores espirituais indígenas".

8. Laicidade e relações concordatárias Igreja-Estado

Contudo, o princípio de laicidade não encontra plena vigência somente pelo que diz a Constituição. Como afirma Iván Ibán a respeito da liberdade religiosa, "poucos serão os ordenamentos jurídicos que não reconheçam tal direito [de liberdade religiosa] a seus súditos; no entanto, o que se entende por liberdade religiosa em cada um deles varia de modo radical", pelo qual "é claro que para encontrar um esquema consumado de limites e modos de exercer esse direito

– em definitivo: de definir esse direito – devemos acudir à legislação ordinária".[52] Tal argumento deve aplicar-se ao princípio de laicidade. Mas não é somente à legislação ordinária neste caso, mas também em um nível similar ou superior: onde se encontram os tratados internacionais como as Concordatas, Modus Vivendi,[53] etc. para indagar se a própria existência de instrumentos bilaterais de caráter internacional para regular assuntos religiosos não questiona de fato a laicidade dos Estados.

O Direito da Religião comparado nutre-se atualmente de duas diferentes fontes de produção normativa, são elas: a fonte unilateral e a fonte pactual. A primeira diz que o Estado é produtor das normas que regulam os assuntos religiosos como expressão jurídica da política religiosa do regime. A segunda afirma que o Estado concorda em celebrar acordos bilaterais para normatizar determinados assuntos religiosos com instituições religiosas existentes em seu território de maneira consensual. Precisamente é esta segunda forma de produção normativa a que foi objeto de diversos debates doutrinais e ideológicos e deu origem a escolas filosóficas chamadas monistas (as que postulam o Estado como único produtor legítimo de normas públicas sobre religião) e as dualistas (que postulam a "comunidade política" e a "comunidade religiosa" como fontes legítimas de tal produção).

A *teoria dos ordenamentos jurídicos* do jurista italiano Santi Romano foi a que incorporou no debate secular a idéia de que todo grupo humano objetivamente organizado em prol de uma finalidade coletiva constitui um Ordenamento Jurídico em outro nível e que

"o ordenamento da Igreja e de cada Estado para os assuntos eclesiásticos são dois diversos e distintos ordenamentos, e têm esferas próprias, fontes próprias, uma própria organização, sanções próprias e não constituem, um junto ao outro, a verdadeira unidade".[54]

Isto significava uma reafirmação definitiva e nítida do dualismo do Direito quanto à sua fonte normativa, pois já não se subordinará a eficácia jurídica do

---

[52] "Desde o meu ponto de vista – sustenta o autor – o modelo jurídico-político vigente em um determinado momento não vem fixado – no plano normativo – pela Constituição, senão que, na realidade, vem estabelecido pela legislação ordinária. Mas seria enganar-me ao pensar que, hipoteticamente, supondo que minha tese fosse correta, tudo se detém nesse ponto. Na verdade, o processo se repete com resultados iguais nos seguintes níveis da pirâmide kelseniana. O modelo fixado pelas leis é constituído por normas de categoria inferior e assim se produz uma redefinição, etc.". IBÁN, Iván C. *Dos regulaciones de la Libertad Religiosa en España*. En: *Tratado de Derecho Eclesiástico*, EUNSA, Pamplona (1994), p.385.

[53] Os acordos bilaterais ente os Estados e a Igreja católica podem usar a denominação de "concordato" para os convênios solenes e gerais que buscam regular formal e integramente as relações Igreja-Estado, *"modus vivendi"* para convênios de vocação interina e de solução conjuntural, de emergência, "protocolo" para convênios de menor importância ou para solucionar questões menores ou bastante concretas, "Troca de Notas diplomáticas" para esclarecer ou interpretar cláusulas de estipuladas, *"acordo"* e *"convênio"* para nomear sutilmente – saudações à modernidade? – os atuais entendimentos formais entre a Santa Sé e os Estados. Vid., *La relación entre la Iglesia y la comunidad política*. Corral Salvador, Carlos. BAC, Madrid, 2001, p.361-362.

[54] L'ordinamento giuridico. Studi sul concetto, le fonti e i caratteri del diritto, Parte I. SANTI ROMANO. (Pisa 1918). Citado em La Ciencia del Derecho Eclesiástico y los Factores de su Evolución. Amorós Azpilcueta, José. En: Ius Canonicum, Vol. XXIII, No.45 (1983), p. 368.

Direito Canônico ao Direito Eclesiástico, como acreditavam Francesco Scaduto e outros juristas monistas, senão que dada a pluralidade de ordenamentos jurídicos eles, então, são equiparáveis, ainda que distinguíveis enquanto a fontes e âmbitos respectivos. Seguindo a linha teórica de Romano, entre os ordenamentos jurídicos primários - quer dizer, soberanos - então se distinguiria o ordenamento do Estado enquanto verdadeiro Direito. E dado que as normas do Direito Eclesiástico têm pontos de convergência de assuntos com o Direito Canônico, e que ambos provêm de fontes distintas, impõe-se a necessidade de diferenciá-las ainda mais claramente: é assim que se denomina o Direito Eclesiástico *do Estado* para se referir à legislação estatal sobre assuntos religiosos, e para diferenciá-lo do Direito Canônico (da Igreja Católica).

Contudo, esse debate muitas vezes negligenciou uma inegável realidade: o atual modelo pactual de relações jurídicas Igreja-Estado se baseia, mais que em questões principistas ou teóricas, nos remotos antecedentes históricos da política Católico Romana fundamentada em sua teologia, hoje chamada de a "sociedade juridicamente perfeita", que a postula como uma sociedade auto-suficiente, independente e originária, cuja procedência é divina e coexiste em igualdade e paridade em relação ao Estado ou a qualquer comunidade política de origem humana, coincidindo o governo e a jurisdição sobre os mesmos súditos, só que em relação a assuntos diferenciados: uma temporal e outra espiritual. Em virtude disso, a Igreja Católica sempre considerou imprescindível não somente auto reconhecer-se e exigir o reconhecimento externo de toda comunidade religiosa (Igreja) com poder espiritual, mas também ter poder temporal tanto quanto sempre exigiu ser reconhecida como um Estado (com as ressalvas históricas conhecidas). Os tratados celebrados ao longo de sua milenar história – o primeiro deles com o Sacro Império Romano – foram instrumentos de aliança e pacto político, pelos quais assegurava sua hegemonia excludente sobre reinos, impérios e povos, seu status privilegiado e garantias suficientes para cumprir suas finalidades religiosos, sem depender unicamente da vontade de monarcas e reis.

Com o advento da doutrina dos direitos humanos e do impulso modernizador do Concílio Vaticano II surgem diversas vozes (inclusive dentro da própria Igreja Católica) que questionam a vigência histórica da instituição concordatária, ressaltando que se tornava obsoleta toda vez que os Estados se comprometiam em defender a liberdade religiosa mediante suas cartas constitucionais, e eram cada vez mais inclinadas a uma progressiva eliminação das religiões estabelecidas ou oficias. Por isso, era necessário que a Igreja Católica continuasse se relacionando com os Estados através das Concordatas, que era uma instituição política mais relacionada à Cristandade medieval. Opor-se a tais pretensões não somente causou uma nova onda concordatária a partir da Santa Sé,[55] mas também inaugurou uma nova fundamentação doutrinal que justificasse a Concordata como forma

---
[55] Pois desde o pontificado de João XXIII (1960) até o ano de 2002 foram celebrados 130 acordos e convênios com países tão diferentes como Portugal, Itália, França, Camarões, Vietnã, Eslováquia, Israel e inclusive com a Organização para a Liberação da Palestina (OLP).

de relação institucional entre Igreja e Estado, baseando-a desta vez no princípio de liberdade religiosa e de cooperação. Assim, o Estado tem maior oportunidade de desenvolver e aprofundar certas garantias de liberdade religiosa existentes na lei de maneira geral, a favor de uma Igreja que se reivindica como diferente das demais, com base no princípio de que não se pode tratar igualmente àqueles que são desiguais, de que as garantias em relação à liberdade religiosa são mais estáveis e duradouras pois já não dependem somente da autoridade estatal, mas também da autoridade eclesial, que tais acordos são a expressão da cooperação entre a Igreja e o Estado para satisfazer o bem comum, que tal bem comum compreende o bem-estar espiritual dos católicos que ao mesmo tempo são cidadãos com direitos, etc..

O crescente e explosivo pluralismo religioso e o arraigo social de confissões protestantes, comunidades judias e islâmicas em países tradicionalmente católicos foi outro fator que fez necessária uma nova argumentação que justificasse a continuidade da instituição concordatária. O princípio de igualdade das cartas constitucionais modernas exigia revisar o status oficial e privilegiado da Igreja Católica, o que conduziu a uma espécie de corrida preventiva, ou de mudar algo para que nada mudasse: longe de se abolir o modelo concordatário, ele foi ampliado para estender-se a outros agrupamentos religiosos de crescente importância social, porém jamais no mesmo plano de igualdade. Por isso constatamos que, depois da primeira guerra mundial, a República Federal da Alemanha celebra Concordatas com a Igreja Católica e Convênios eclesiásticos (de direito interno) com as Igrejas Evangélicas luteranas em nível estatal e regional (Länder). Já a Itália, a partir de 1984, assina acordos de direito interno com a Igreja Valdense, com a comunidade hebraica e com a Igreja Adventista, além dos famosos Pactos de Latrão de 1929 com a Igreja Católica para restituir poder temporal ao papado, e finalmente a Espanha que – além de substituir sua Concordata de 1953 com numerosos Acordos internacionais com a Santa Sé – celebra Acordos de direito interno com as igrejas protestantes e as comunidades islâmica e judia.

Entende-se, então, pela nova doutrina jurídica que o modelo bilateral de relações Igreja-Estado já não pode denominar-se "modelo concordatário", mas sim "modelo pactual", para incluir conceitualmente a nova realidade dos acordos com as instituições religiosas não-católicas. Assim, os exemplos da Alemanha, Itália e Espanha – três países com uma *questão religiosa* resolvida desta maneira[56] – convertem-se no modelo salomônico a se seguir para os Estados que não têm suficiente independência política frente à Santa Sé e que, ao mesmo tempo, se vêem obrigados a legislar com igualdade religiosa a sua situação interna, emulando o modelo pactual de relações Igreja-Estado.

Até este ponto apresentamos o fundo histórico da questão que explica muito melhor – segundo nossa opinião – a lógica do atual sistema pactual das relações

---

[56] A Alemanha com a *Kulturkampf* do Chanceler de Ferro como pano de fundo; a Itália com a "questão romana" dos territórios a conceder à Igreja católica e a defesa pela sua unidade nacional; e a Espanha com o desafio do desmembramento do estado confessional franco-católico e sua transição à democracia.

Igreja-Estado (incluindo seu sistema concordatário). Vejamos. Em princípio, o feito da celebração de acordos de Direito Internacional Público (pois a Santa Sé tem caráter de sujeito de direito internacional) por si só não violaria nenhum princípio constitucional de laicidade, igualdade ou liberdade religiosa, assim como não necessariamente o violaria o estabelecimento de relações diplomáticas com qualquer Estado.[57]

O cerne da questão reside no fato de que ao constituir um tratado internacional com a Santa Sé inevitavelmente aborda-se conteúdos que não podem ser diferentes do que os que regulamentam os assuntos religiosos da Igreja Católica em um determinado território nacional.

Isso nos provoca diversas reflexões: É válido que um Estado soberano - cuja legitimidade e poder legislativo provêm do povo - pactue com outro Estado sobre assuntos que são de competência exclusiva sua? É válido que seja objeto de pacto com outro Estado assuntos que, por definição, só corresponde a um deles normatizar – como a liberdade religiosa e a regulamentação pública sobre o fenômeno religioso institucional – e que se aplicam exclusivamente dentro de suas fronteiras nacionais?[58] Não supõe isso uma claudicação da soberania? Não é discriminatório que o Estado se relacione mediante um instrumento de direito internacional com uma religião organizada. Enquanto que com as demais só o faz através de pactos de menor categoria jurídica, ou inclusive sem relacionar-se institucionalmente com elas?

Nossa hipótese é que a própria existência de Concordatas em um determinado país já é um indicador negativo sobre o grau de laicidade de seu Estado. Porém, é mais ainda o fato de que seus conteúdos abrangem assuntos que só competem aos Estados nacionais regularem de maneira unilateral no âmbito de seu próprio processo democrático interno, ou assuntos que implicam na união da Igreja com o Estado.

As normas concordatárias geralmente constituem um ambiente de questionamento do princípio de laicidade, segundo a definimos operativa e teoricamente, seja sob a forma de um intervencionismo estatal nos assuntos religiosos que não deveriam estar sob sua competência, ou seja sob a forma de uma ilegítima participação eclesiástica na regulação de assuntos do Estado. Quando analisamos

---

[57] Mesmo que ainda este aspecto básico da questão suscite importantes questionamentos como se sucedeu nos Estados Unidos da América quando decidiram em 1984 ter um Embaixador ante a Santa Sé e estabelecer relações diplomáticas. Naquela oportunidade os opositores sustentaram que: 1) isso violaria a separação da Igreja-Estado, pois o Vaticano costuma intervir nos assuntos internos dos Estados e envolver-se em questões religiosas dos Estados com os quais constrói relações; 2) ter relações diplomáticas com uma Igreja seria uma prática discriminatória que questionaria o pluralismo religioso da sociedade norte-americana; 3) é ilusória a prática de diferenciar entre a autoridade eclesiástica e a estatal no caso da Santa Sé; 4) ditas relações diplomáticas não têm necessidade nem utilidade para os Estados Unidos; 5) desde o Estado – se danificariam as pacíficas relações inter-religiosas. *Vid., Bright Candle of Courage*, Beach B. Beart, Pacific Press Pub. Asoc., 1989, Idaho, p.103-106.

[58] Isso significa a ausência de uma característica essencial de todo tratado internacional, como o da internacionalidade da matéria. Nos acordos com a Santa Sé, somente encontra-se internacionalidade nos sujeitos que os subscrevem.

também a legislação infraconstitucional sobre assuntos religiosos, constatamos que os direitos e privilégios reconhecidos em acordos e concordatas não satisfazem o princípio de igualdade religiosa ao compará-los com o estatuto jurídico de opções religiosas minoritárias.

Os diversos aspectos pactuados nestes instrumentos podem ser distribuídos nas seguintes áreas temáticas:

- Autonomia, liberdade e personalidade jurídica da Igreja Católica.
- Organização pessoal e territorial católica.
- Estatuto privilegiado do clero.
- Regime econômico católico.
- Ensino religioso.
- Liberdade de culto.
- Ação pastoral católica (com ênfase em Vicariatos castrenses)

8.1. Autonomia, liberdade e personalidade jurídica da Igreja Católica

É um recurso comum que os preâmbulos dos acordos e concordatas façam os Estados nacionais participarem de uma expressa aceitação doutrinal dos princípios da política que implementa a Santa Sé em suas relações com os Estados. Quer dizer, o Estado manifesta sua adesão aos postulados teóricos da doutrina da Igreja Católica e desta maneira incorpora à sua doutrina oficial de política religiosa tais elementos religiosos. É o que acontece quando se declara bilateralmente que os ensinos do Concílio Vaticano II, de certas constituições apostólicas papais ou as normas do Direito Canônico, são a base filosófica e jurídica das relações Estado-Igreja Católica (em certos casos alguns Estados relativizam o assunto introduzindo também uma menção à sua própria Constituição Política) esquecendo-se (ou talvez tendo plena consciência), por exemplo, que o Concílio Vaticano II somente reivindicou sob novas formas a antiga doutrina das *Libertas Ecclesiae*, que consiste em reconhecer à Igreja Católica plena liberdade para cumprir sua missão espiritual, o que incluirá que o Estado esteja *obrigado* a lhe dotar de um regime especial e favoritista. A novidade do Concílio residia, na verdade, em se reconhecer que tal regime especial não necessariamente leva à exclusão religiosa, mas sim que pode conviver com o reconhecimento da liberdade religiosa de outras confissões.

Isso ocorre no caso argentino e no caso espanhol de forma explícita, e no caso peruano de maneira implícita, ao se utilizar da mesma redação do Concílio Vaticano II quando alude à "independência e autonomia da Igreja". As conseqüências de tal reconhecimento doutrinal são evidenciadas no cariz dos pactos contidos nos instrumentos concordatários.

A situação acima descrita acarreta em que o princípio de laicidade se vê vulnerado, pois o Estado toma por sua uma doutrina religiosa de conseqüências políticas, como é a *Libertas Ecclesiae*, quando o Estado só pode atuar em assuntos religiosos com base na doutrina laica e secular da *liberdade religiosa* em particular e nos direitos humanos em geral. Assim, a secularidade dos fundamentos éticos e dos valores próprios de um Estado laico encontram-se limitados por este tipo de adesões doutrinais.

Por outro lado, a aquisição de personalidade jurídica é uma conseqüência direta e necessária do reconhecimento da liberdade religiosa, pois de nada serviria reconhecer a faculdade de associar-se com princípios religiosos se a lei não reconhecesse capacidade jurídica à associação formada como conseqüência do exercício de tal direito. A legislação comparada é pródiga em tratar normativamente este direito, regulando-o exaustivamente, mais que qualquer outro.

A Igreja Católica confia de maneira invariável o reconhecimento de sua personalidade jurídica à regulação pactual, assim como o reconhecimento da sua liberdade e autonomia institucional, parecendo-lhe um enorme despropósito e um descuido da sua própria natureza de pessoa moral e divina aquele que tenha que se subordinar às potestades terrenas para ser reconhecida com plena capacidade jurídica.[59] Baseia sua pretensão no argumento histórico de sua milenar precedência existencial ao Estado-Nação, o que tornaria impertinente um reconhecimento posterior, assim como no argumento teológico da "sociedade juridicamente perfeita" que concebe a Igreja como uma sociedade equiparada ao Estado e de valores superiores por serem morais e espirituais.

Nos Acordos e Concordatas ibero-americanos analisados, o reconhecimento jurídico da personalidade civil da Igreja Católica não se estende somente aos órgãos centrais do governo e de culto, mas a toda entidade religiosa que seja criada pela Igreja segundo suas normas canônicas internas. Assim, as entidades da Igreja Católica como os Institutos de Vida Consagrada, instituições eclesiásticas etc., não se sujeitarão a nenhuma qualificação de registro estatal para serem consideradas como entes religiosos, mas sim através de sua qualificação canônica passarão a gozar automaticamente do *status* reconhecido à Igreja Católica, em geral, mediante as concordatas. Ao proceder desta maneira, inevitavelmente se introduzem elementos discriminatórios nas políticas religiosas dos Estados, já que estes logo devem emitir normais legais unilaterais para regular o mesmo, ou um similar reconhecimento aos agrupamentos religiosos minoritários.

De tal forma que não existirá igualdade no acesso e nem na classificação do reconhecimento da personalidade jurídica eclesiástica, tampouco na natureza

---

[59] "Bem observado, não radicará o porquê da tendência ao regime convencional, conforme a perspectiva eclesiástica, na irrenunciável consciência que a Igreja tem de sua liberdade e independência? Independência que significa, no sentido estrito, a completa autonomia em ditar suas próprias regras, e, no sentido amplo, o sentir ou manifestar não sujeitos a qualquer regulamento que não resulte de um direito claramente superior, seja o direito divino, positivo e natural, seja um direito internacional originado das vontades soberanas da própria Igreja dos Estados". *Del Concordato de 1953 a los Acuerdos Internacionales de 1976 y 1979: Situación actual*. Corral, Carlos Salvador. UNISCI Discussion Papers, Outubro de 2003.

de tal reconhecimento que, quase sempre, é de Direito Internacional Público e de Direito Público Interno, diferentemente dos agrupamentos não-católicos, a quem geralmente é reconhecida personalidade de Direito Privado, ou, no máximo, de Direito Público Interno depois de satisfazerem uma série de condicionamentos legais que o Estado lhes impõe em função do cuidado com a ordem pública. Alegar-se-á que, sendo a Santa Sé um sujeito de direito internacional, não existe vulneração alguma do princípio de igualdade se se usam Concordatas para a mesma finalidade, no entanto esquece-se que, em termos jurídicos, seria desnecessário para os Estados utilizar-se de um tratado internacional para regular assuntos de interesse de uma Igreja em particular que se desenvolvam somente em território nacional, sendo possível fazê-lo mediante sua própria legislação como quando trata de assuntos dos demais agrupamentos religiosos.

A laicidade encontra um grande obstáculo neste tipo de disposições, pois o Estado perde sua posição de imparcialidade ou neutralidade frente os agrupamentos religiosos existentes sob sua soberania, favorecendo a uma Igreja em detrimento das outras, e tacitamente reconhecendo a superioridade intrínseca de uma sobre as demais ao eleger o elemento pactual para se relacionar com ela.

8.2. Organização pessoal, normativa e territorial eclesiástica

Observam-se nos acordos e concordatas que a Igreja Católica faz os Estados intervirem na criação, modificação e supressão de circunscrições eclesiásticas (dioceses e paróquias), em nomeações episcopais, capelanias e fundações eclesiásticas, assim como no reconhecimento de seu foro judicial canônico. O procedimento tradicional para isso consiste em que a Santa Sé exerça quase que irrestritamente seu direito de organizar tais questões e logo as comunique ao Estado, para que este possa apresentar observações ou tome conhecimento das mudanças efetuadas "para os correspondentes efeitos civis", os quais consistem principalmente em implementar ordenadamente o financiamento direto ou indireto às pessoas, bens e atividades eclesiásticas.

De tal maneira, se concede ao Estado a faculdade de observar e condicionar aspectos de seu funcionamento interno perante a suposição de que existiriam razões civis ou políticas que legitimariam sua intervenção (mas não sua decisão final). Sem dúvida, o aspecto mais relevante historicamente, e que mais gerou conflitos entre a Igreja Católica e o Estado em diversos contextos corresponde precisamente à nomeação de dignatários eclesiásticos, pois em ocasiões de confrontação os governos seculares tentaram impor seus objetivos políticos e pressionar a Igreja para que se removesse determinado ministro de culto ou se designasse algum em particular.

O resultado de tais esquemas de relacionamento é que o Estado vulnera a autonomia e independência próprias da Igreja Católica ao opinar sobre assuntos que são – ou deveriam ser – alheios ao interesse ou ordem pública, e que interessam exclusivamente aos administradores eclesiásticos e seus fiéis. É certo que tais atribuições se exercem usualmente de maneira rotineira e irrelevante, mas pensamos que cumprem o importante propósito simbólico de gerar a aparência de uma Igreja condicionada ao Estado em reciprocidade ao serviço que este presta àquela. Mas isso desnaturaliza o caráter eminentemente religioso, espiritual e pastoral que têm as designações episcopais, dotando-lhes implicitamente de repercussões políticas, públicas e civis que, a princípio, não deviam ter.

É pertinente ressaltar também que uma razão que explica o porquê a Santa Sé é inconseqüente com seus próprios ideais conciliares de "autonomia e independência" ao permitir ou outorgar estes filtros estatais à designação de membros do clero é que isso contribui para a construção de uma fictícia *reciprocidade inter-institucional* da Igreja com os Estados, reciprocidade que é um elemento característico que tipifica todo tratado internacional. Remetendo-nos ao que foi pronunciado pela Corte Constitucional colombiana ao declarar inexeqüíveis os artigos XIV e XV da Concordata, que permite a intervenção do Presidente da República da Colômbia na criação de circunscrições eclesiásticas e na nomeação do Arcebispo. É oportuno comentar que "a deferência que se outorga ao Estado através do Presidente da República para vetar as nomeações por razões civis ou políticas, pugna com o princípio de igualdade constitucional que deve existir entre todas as religiões, além da ingerência que se outorga ao Governo sobre temas eclesiásticos".[60]

8.3. Estatuto Jurisdicional privilegiado do clero

Um aspecto que reflete de maneira particularmente flagrante a violação do princípio de laicidade se refere à pretensão católica de que o Estado permita a existência de uma justiça ou foro eclesiástico paralelo e excludente de qualquer outro foro civil. Talvez desta maneira – como em nenhuma outra – pode-se apreciar nitidamente a importância da teologia da "sociedade juridicamente perfeita" que, levada à prática, significa que os ministros de culto e pessoal eclesiástico da Igreja Católica não podem ser julgados pela lei nem pelos tribunais do Estado secular, mas sim somente por suas autoridades religiosas canônicas. Em resumo, uma Igreja que se encontra mais além do que a própria lei, além do bem e do mal.

Instauram-se procedimentos judiciais especiais para o clero, distintos aos aplicados ao resto dos cidadãos, equipara-se a função eclesiástica judicial à função judicial estatal e até pretende-se estabelecer a jurisdição exclusiva dos tribunais eclesiásticos para julgar delitos sancionados pelas leis do Estado que foram cometidos por membros do clero e religiosos.[61]

---

[60] Sentença C-027/93 da Corte Constitucional Colombiana de 1993.

[61] Assim o estabelecia o antigo autor do Artigo XIX do Acordo de 1973 (Colômbia) que assombrosamente dizia: "Continuarão deferidas aos Tribunais do estado as causas civis dos clérigos e religiosos e as que se referem a propriedade e direitos temporais das pessoas jurídicas eclesiásticas, como também dos processo penais contra aqueles, por contravenções e delitos sancionados pelas leis da República. Excluem-se, contudo, os processos penais contra os bispos e os que estão ligados a estes no direito eclesiástico, que são de competência exclusiva da Sede Apostólica". Este artigo foi modificado pelo Acordo de 1992 ante seu questionamento constitucional.

8.4. Regime econômico católico

A Igreja Católica Romana tem uma longa tradição como beneficiária do financiamento direto e indireto das nações com as quais estabeleceu relações políticas, o que se justificava atendendo ao caráter confessional dos Estados. Atualmente, tal Igreja baseia suas exigências de seguir sendo sustentada economicamente pelos orçamentos públicos em argumentos de apelação histórica, como sua colaboração econômica em causas bélicas de libertação nacional, na necessidade de ser recompensada pelas confiscações e expropriações de seus bens urbanos e latifúndios rurais, assim como em argumentos sociais, como a ajuda social, educativa e benéfica que prestam a setores desfavorecidos da sociedade.

Assim, sob a forma de atribuição indireta a Igreja recebe ativa e passivamente benefícios fiscais, tais como a exoneração de tributos e taxas diversas a favor de suas atividades, pessoas e bens. Geralmente tal financiamento indireto é outorgado não somente por Estados de cuja laicidade se possa duvidar, mas também por Estados laicos como México e Uruguai, equiparando a Igreja às associações ou corporações sem fins lucrativos que prestam serviços à sociedade. A diferença reside na quantia do financiamento indireto, que é desigual em relação ao dos agrupamentos religiosos não-católicos, os quais – apesar de estarem sob os mesmos preceitos – não têm os mesmos benefícios tributários dados à Igreja Católica.

No que diz respeito ao financiamento direto, a colaboração recebida pela Igreja Católica é de igual quantia e adquire a forma de atribuição mensal para o pessoal eclesiástico, isenta de impostos atuais ou futuros, e que não tem caráter de remuneração ou salários[62] e benefícios jubilatórios, sem haver previamente contribuído com o sistema de Previdência Social,[63] assim como a doação de somas de dinheiro com alto cargo aos orçamentos do Estado e a entrega, em concessão perpétua, de bens móveis e imóveis dos patrimônios nacionais para realizarem atividades religiosas.

---

[62] Na Argentina tais benefícios não se estabelecem por Acordos senão pela Lei 21.540 estabelece que "Os Arcebispos e Bispos com jurisdição sobre Arquidioceses, Dioceses, Prelados e Exarcados do Culto Católico, Apostólico, Romano, e o Vigário Castrense para as Forças Armadas, que cessem ditos cargos por razões de idade ou de invalidez, receberão uma pensão mensal e vitalícia equivalente a setenta por cento (70%) da remuneração fixada a cargo do Juiz Nacional da Primeira Instância no Pressuposto Geral da Administração Pública Nacional" e a Lei 22.162 estabelece que "Faculta-se ao Poder Executivo Nacional outorgar aos curas párocos e vigários ecônomos de paróquias situadas em Áreas de fronteira, determinadas de acordo com o estabelecido pela Lei 18.575, o de que aquelas situadas em outras zonas que, pelas suas características, também requeiram a promoção de seu desenvolvimento, uma pensão mensal, para o sustento do Culto católico Apostólico Romano, equivalente ao que corresponda à categoria 16 do Escalão de Pessoal Civil da Administração Pública Nacional". O mesmo acontece no caso da Colômbia. Na Espanha existe uma dotação econômica global que inclui esse tema. E no Peru o Acordo de 1980 outorga nos seus Artigos VIII e X um sistema de contribuições diretas e indiretas. Vid. no Apêndice, p. 172 (partes ressaltadas y sublinhadas).

[63] A Lei 21.540 da Argentina estabelece que "Os Bispos Auxiliares de Arquidioceses, Dioceses, Prelados e Exarcados do Culto Católico, Apostólico, Romano, e o Pró-Vigário Castrense para as Forças Armadas com dignidade episcopal, e os Bispos Auxiliares para as Forças Armadas, que cessem ditos cargos por razões de idade ou de invalidez, receberão uma pensão mensal e vitalícia equivalente a sessenta por cento (60%) da remuneração fixada a cargo do Juiz Nacional da Primeira Instância no Pressuposto Geral da Administração Pública Nacional"

Portanto, percebe-se que praticamente não existe na ibero-américa nenhuma Constituição que assuma a religião católica[64] como oficial; no entanto, estes deveres de sustentação econômica têm o mesmo efeito prático, vulnerando os princípios de igualdade e de laicidade.

8.5. Ensino religioso

A escola laica é um tema altamente controverso, e tradicionalmente foi objeto das insurgências laicistas em diversos países ao longo da história. Precisamente este assunto é matéria de pactos bilaterais no caso da Colômbia, Espanha e Peru, os quais posteriormente evoluem mediante a legislação unilateral que está contida nos Acordos. A realidade demonstra que quando a escola pública não é laica se produz anomalias como a discriminação de alunos que não professam a religião dos demais companheiros de classe; a obrigatoriedade de revelar as próprias convicções religiosas ou de consciência para solicitar a exoneração das disciplinas religiosas (as quais não têm porque ter lugar em tais escolas, pois assim se consagra o princípio de um Estado confessional, que simplesmente tolera os dissidentes); etc.

O desafio ao princípio de laicidade na escola pública é a base de diversas modalidades, em quatro casos que analisamos:

- Manutenção estatal de centros educativos privados católicos.

- Direito de Bispos a nomear e despedir professores de religião.[65]

- Obrigação estatal de dar aulas de ensino religioso em concordância com a moral e os dogmas católicos.

- Uso da infra-estrutura educativa para o doutrinamento religioso.

8.6. Liberdade de culto

O reconhecimento da "liberdade de culto" foi tradicionalmente a maneira como se reconheceu a "liberdade religiosa". O objeto central da liberdade de culto é a proteção do fenômeno do rito, o qual é um dos elementos mais característicos e chamativos do fenômeno religioso. Assim, a liberdade de culto é o direito a praticar as cerimônias, as celebrações e os rituais que identificam a própria

---

[64] Com a única exceção da Costa Rica, cuja Constituição estabelece no artigo 75 que " A religião católica, Apostólica, Romana, é a do Estado, o qual contribui para a sua conservação, sem impedir o livre exercício na República de outros cultos que não se oponham à moral universal e nem aos bons costumes".

[65] O esquema de contratação docente mediante o qual o Estado contrata o professor de Religião Católica, mas é o Bispo quem pode despedi-lo ou conservá-lo em seu cargo, tem demonstrado ser altamente conflituoso como já evidenciaram diversas controvérsias judiciais espanholas, as quais têm provocado que, por exemplo, o tribunal de Canárias – tratando-se do caso de uma professora de religião católica despedida do seu cargo por encontrar-se em uma situação matrimonial "irregular" (estar casada com um homem divorciado) -, tenha remitido ao tribunal Constitucional uma questão de inconstitucionalidade do Acordo sobre assuntos educativos celebrado entre Estado espanhol e a Santa Sé. Encontramos estas disposições no Acordo de 1979 sobre Educação e Assuntos Culturais (Espanha): Artigo III e Artigo VII; e no Acordo de 1980 (Peru): Artigo XIX.

religião, e que pode ser praticado tanto individualmente como de forma coletiva, através da associação ou da reunião. Sua proteção se projeta através do direito a celebrar ou comemorar festividades e feriados, a celebrar ritos matrimoniais próprios da confissão, a receber sepultura digna sem discriminação, à proteção dos lugares de culto, entre outros.

Faremos menção unicamente a feriados de caráter religioso que, no caso espanhol, assim como em inúmeros países em nível internacional, se considerou para assegurar que o calendário civil santifique o domingo mediante decreto como dia de descanso semanal. Pensamos que, pela sua mera incorporação em um tratado com a Santa Sé, tal provisão – que ao final poderia ser uma medida perfeitamente secular – erige-se na oficialização de um feriado religioso particular.

Ao lado desta estipulação concordatária cabe comentar que certos atos de culto estão oficializados por alguns Estados (Te Deums, Exéquias, etc.) e que existem normas protocolares sobre quadros de precedências em cerimônias oficiais que incluem membros do clero e da hierarquia católica, equiparando-lhes aos mais altos funcionários públicos do Estado.

Vejamos, por exemplo, o caso do Peru. Os Direitos Supremos 100-2005-RE (que aprova o Quadro Geral e Regional de Procedências Protocolares para atos e cerimônias estatais) e 096-2005-RE (que aprova as normas do Cerimonial Estatal e Regional). O primeiro estabelece a ordem de precedência protocolar que determinados membros do clero da Igreja Católica peruana têm em relação a outros funcionários estatais. Assim, por exemplo, o Cardeal ocupa o 5º lugar, imediatamente após os Presidentes dos três poderes do Estado e dos Ex-presidentes da República, mas antes dos Vice-Presidentes da República, do Presidente do Congresso e dos Presidentes dos organismos autônomos (como o Tribunal Constitucional, por exemplo); o Presidente da Conferência Episcopal ocupa o 15º lugar, antes do Chefe do Comando Conjunto das Forças Armadas e dos Comandantes do Exército, da Marinha de Guerra e da Força Aérea; os Arcebispos e Bispos ocupam o lugar nº 27, antes dos Presidentes das Cortes Superiores de Justiça, dos Vice-Ministros de Estado e dos Embaixadores do Serviço Diplomático; e assim por diante.

O segundo Decreto mencionado dispõe que a Misa Solemne e o Te Deum são considerados "cerimônias ou atos oficiais", que a "elevação do Santíssimo" se honra com a execução da Marcha de Bandeiras e a Apresentação de Armas, que ao falecer um alto dignitário da Nação deve-se comunicar ao Cardeal da Igreja Católica e seus restos mortais devem ser velados na Basílica Metropolitana, onde serão celebradas as honras fúnebres "com assistência" das altas autoridades estatais, e que quando o Cardeal visite oficialmente uma região, seja recebido pelo Presidente da Região, acompanhado pelo Comandante da Unidade Militar, com a correspondente guarda de honra e a chamada de honra da corneta etc. Perguntamo-nos o que aconteceria se um alto dignitário falecido não fosse católico, ou que um dignitário não-católico não quisesse comparecer a uma Missa católica por razões de consciência.

O que entendemos de todas essas normas não é que o Presidente e os Ministros assistem aos cultos religiosos católicos em virtude do exercício privado de seu direito à liberdade religiosa, mas sim, em cumprimento de normas jurídicas de caráter público. Por outro lado, ambas as normas confundem as dimensões públicas e religiosas que ostenta a Santa Sé ao querer fundamentar a presença em cerimônias oficiais dos membros do clero católico no Direito Diplomático, pois a Cidade do Vaticano ostenta qualidade de Estado – por onde a presença de seu embaixador estaria logicamente justificada, já que se situa em esfera pública –, não acontece o mesmo com o Cardeal, Arcebispo de Lima e Bispo do Peru; com o Presidente da Conferência Episcopal; com os Arcebispos e Bispos; com o Decano da Junta Eclesiástica e suas Dignidades, os quais, por serem ministros religiosos de uma confissão religiosa particular, não deveriam participar como parte da burocracia pública no Cerimonial do Estado, como aplicação do princípio de laicidade.

A existência de Te Deums e esse tipo de cerimônias de religiosidade civil de caráter católico não podem representar sociedades plurirreligiosas e multiculturais, além de gerarem profundos questionamentos sobre o caráter laico do Estado, que não deve buscar sua legitimidade na ordem sagrada, mas sim, na ordem secular.

8.7. Ação pastoral católica: os vicariatos castrenses

Neste campo, destacaremos unicamente a questão da assistência religiosa castrense. É relevante observar que a criação normativa sobre os vicariatos castrenses e bispados castrenses seja de longe um dos principais assuntos de preocupação da Santa Sé quando estabelece acordos com os Estados. Isso é o que se observa quando se contabiliza a extensão de acordos sobre o assunto em relação com outros assuntos, como temas educativos, culturais, pastorais, econômicos e, inclusive, patrimoniais. Assim, no caso da Argentina, dois entre três acordos são dedicados exclusivamente a este tema (o de 1957 e o de 1992), no caso espanhol existe um acordo dedicado somente ao assunto e no caso peruano 07 artigos de um total de 22 regulam somente o tema do Bispo Castrense. Inclusive nos casos do Brasil, El Salvador e Paraguai, o único acordo existente em tais países se refere ao Bispado Castrense e não a assuntos como a personalidade jurídica da Igreja, seu patrimônio artístico ou cultural, a liberdade de culto, sua catequese em escolas públicas, etc., *o que é um indicador da suprema importância que a Santa Sé presta a sua presença no seio das Forças Armadas e policiais das nações.*

A assistência religiosa é, conforme define precisamente Manuel López Alarcón, "a ação do Estado para estabelecer as condições ou infra-estrutura adequadas a fim de que possam receber assistência espiritual direta de suas respectivas Confissões aqueles cidadãos que têm possibilidades menores de recebê-la por se encontrarem internados em centros caracterizados por um regime de especial sujeição"[66] como acontece em estabelecimentos penitenciários, militares, hospitalares e assistenciais, por exemplo. A assistência religiosa é um conteúdo essencial do direito da liberdade religiosa, tanto individual como dos agrupamentos religiosos.

Quando tal assistência religiosa se desenvolve em âmbitos castrenses, entra em jogo a necessidade de que o Estado tenha uma preocupação adicional para que ela aconteça respeitando a disciplina e a moral militar, a segurança nacional, a proteção de informação, o acesso a lugares privilegiados, etc. Por isso regulam as condições para permitir o acesso de ministros de culto a instalações militares e a cenários de combate, assim como se interessam pela idoneidade profissional de quem prestará tal assistência.

Existem diversos modelos de organização de assistência religiosa que se encontram mais ou menos de acordo com o princípio de laicidade. Assim, temos o *modelo de integração*, em virtude do qual a assistência religiosa passa a ser um serviço público estatal, sob o qual os ministros religiosos são assimilados à condição jurídica de funcionários públicos e os serviçoes de culto são organizados com meios e recursos estatais. Uma variante é que os ministros religiosos não chegam a converter-se em funcionários estatais, mas utilizam os meios e recursos colocados à disposição pelo Estado. O *modelo de concertamento* prefere estabelecer uma relação através de um convênio no qual se detalham os recursos que tanto o Estado como a confissão religiosa põe cada um a disposição do outro para satisfazer a necessidade espiritual dos assistidos. No *modelo de livre acesso* o Estado limita-se a permitir a entrada dos ministros religiosos nos centros de internação sob estritas condições de segurança mediante um convênio com a confissão religiosa ou mediante uma lei unilateral, sem maiores contribuições materiais ou pessoais. Finalmente, o *modelo de livre saída* prevê que o crente se sujeite a uma regulamentação específica de horários de saída para cumprir com seus atos de culto, os quais evidentemente não deverão significar uma desnaturalização da relação de sujeição especial, pois se tal regulamentação se mostrar muito permissiva, ao mesmo tempo significaria que a assistência religiosa prestada pelo Estado seria desnecessária.

Os Acordos e Concordatas firmados pelos Estados com a Santa Sé assemelham-se ao modelo de concertamento, porém com efeitos do modelo de integração (um *modelo de integração pactual*). Quer dizer, pactua-se bilateralmente que os ministros católicos integrem-se à estrutura e disciplina castrense (incluindo suas prerrogativas), sem deixar de pertencer à sua estrutura e disciplina eclesiástica, de modo que existe uma dualidade da normatividade aplicável e do objeto regulado. É pertinente ressaltar que o modelo de livre acesso e de livre saída são os modelos permitidos aos demais agrupamentos religiosos, e que o modelo de

---

[66] *La Asistencia Religiosa.* LOPEZ ALARCÓN, Manuel. Em: *Tratado de Derecho Eclesiástico*, EUNSA, Pamplona (1994), p.1159-1160.

concertamento é usado em nível de direito interno (não internacional) quando estiver previsto pela legislação estatal, ressaltando que, em tempos de paz o modelo de integração não teria o menor sentido em ser aplicado, enquanto em tempos de guerra seria o contrário.

Entre outros aspectos controversos, a aplicação do modelo de integração pactual propicia a designação bilateral Estado-Igreja dos bispos e capelães castrenses, sendo uma solução bastante questionável. A princípio não deveria interessar ao Estado o ato de designação de ministros de cultos dos agrupamentos religiosos, pois isso suporia uma intromissão em seus assuntos internos. Mas considerando que desenvolvem suas atividades em ambientes e contextos militares e policiais, nos quais existem aspectos de segurança nacional ou públicas em risco, explica-se que, por razões de ordem pública, o Estado limite o direito dos agrupamentos religiosos a acessar locais restritos, reservando-se o direito de aceitar ou recusar quem tais agrupamentos designem como capelães e também estabeleça certos requisitos para seu cumprimento destinados a garantir não somente a assistência espiritual do pessoal castrense, mas também a intangibilidade da segurança do Estado.

Seria de interesse do Estado – mais do que da Santa Sé – assegurar que o ministro de culto seja uma pessoa que ofereça todas as garantias e seguranças, mas a questão que fica é se não seria mais concordante com a laicidade do Estado que este legisle unilateralmente sobre as limitações de nacionalidade para acessar aos bispados e capelanias castrenses, a análise castrense dos documentos pessoais do candidato, análise de inteligência, formação mínima requerida etc. E não que o assunto seja objeto de negociação entre o Estado nacional e uma autoridade estrangeira - como é a Santa Sé - toda vez que as condições do exercício da liberdade religiosa, como é a garantia da segurança da Nação, pois são aspectos da política soberana de qualquer Estado. A Igreja Católica Romana – como qualquer outro agrupamento religioso – simplesmente se submeteria às normas emanadas pelo Estado sobre o assunto nomeando seus candidatos e vigiando o desempenho dos eleitos de acordo com suas normas canônicas internas.

A não-aplicação de um modelo previamente acertado, de livre acesso ou de livre saída – que seriam mais harmônicos com o princípio de laicidade do Estado – deu margem às seguintes situações que questionam aspectos do caráter laico dos Estados que firmaram estes compromissos:

- Integração, subordinação, interpretação ou fundamentação de normas do direito militar estatal com base em normas canônicas sobre assuntos militares por tratamento jurídico, isto é, por dotar normas canônicas de eficácia civil através da remissão das normas estatais (os acordos com a Santa Sé, como todo tratado internacional – forma parte do direito interno estatal para todos os efeitos).

- União de Igreja e Estado ao integrar os Bispos e os Capelães como membros das Forças Armadas, não somente em tempos de mobilização e combate, mas também em tempos de paz, incorporando-os dentro da disciplina penal militar e das prerrogativas próprias de altos mandos castrenses.

-Ingerência estatal na criação e modificação de bispados castrenses e na nomeação de seus responsáveis.

-Introdução dentro das forças castrenses do Estado de pessoal nomeado por um Estado estrangeiro.

Como se desprende da análise efetuada, de pouco serve que as Constituições nacionais mencionem explicitamente o princípio de laicidade enquanto existam acordos bilaterais com categoria de tratados internacionais que o contradiga de maneira tão abertamente discriminatória.

— 3 —

A laicidade na América Latina: uma apreciação antropológica

ARI PEDRO ORO[1]

Sumário: 1. Laicidade: o conceito e suas nuances nos países "do Norte"; 2. Regimes de relações Estado-Igreja na América Latina; 3. Diversidade religiosa latino-americana?; 4. A laicidade e a secularização na América Latina; Bibliografia.

O enaltecimento da diversidade e a valorização da diferença, ou seja, a relativização cultural e a vigilância etnocêntrica, são pressupostos básicos da antropologia que também compõem o princípio epistemológico aqui adotado na abordagem do tema da laicidade na América Latina. Isto implica numa percepção não monolítica da laicidade e sua inscrição nos diversos contextos históricos próprios de cada nação e cultura.

O texto inicia com uma apreciação conceitual da laicidade e sua situação nos países do hemisfério norte. Mesmo que de forma rápida, tal informação servirá para o estabelecimento de uma comparação acerca da laicidade envolvendo os vinte países latino-americanos. Relativamente a estes últimos, além dos dispositivos constitucionais, ou seja, além dos posicionamentos legais fomentadores da laicidade, far-se-á uma abordagem e um questionamento acerca do pluralismo religioso que neles vigora atualmente. Enfim, o texto encerra com uma exposição de algumas controvertidas apreciações em torno da laicidade e da secularização.

1. Laicidade: o conceito e suas *nuances* nos países "do Norte"

Laicidade é um neologismo francês que aparece na segunda metade do século XIX, mais precisamente em 1871, no contexto do ideal republicano da liberdade de opinião - na qual está inserida a noção de liberdade religiosa - do reconhecimento e aceitação de diferentes confissões religiosas e da fundação estritamente política do Estado contra a monarquia e a vontade divina. Este último ponto é importante. O princípio da laicidade reside na separação entre o poder

---
[1] Doutor em Estudos da América Latina - Antropologia - Universite de Paris III (Sorbonne-Nouvelle). Professor do Departamento de Antropologia da Universidade Federal do Rio Grande do Sul (UFRGS).

político e o poder religioso, que está na própria origem e consolidação do Estado moderno. Embora, como assinala Roberto Blancarte, "a laicidade não necessariamente se identifica, de maneira absoluta, com a separação entre o Estado e as Igrejas..." (Blancarte, 2000, p. 3), implica, sempre, uma concepção relacionada à política, que se autonomiza da teologia e que tende a sustentar a neutralidade confessional do Estado. Ou seja, nas palavras de Blancarte, "O Estado laico não é o Estado confessional (...). O Estado é laico quando já não requer mais a religião como elemento de integração social ou como cimento para a unidade nacional (...). Por isso, o Estado laico surge realmente quando a origem dessa soberania já não é sagrada e sim popular" (Id. Ibid.). Neste contexto, o princípio da neutralidade é "ao mesmo tempo a garantia da imparcialidade e condição para que cada um, qualquer que seja a sua convicção espiritual (...) possa se reconhecer nessa república ou Cidade, onde todos os membros se encontram assim no mesmo pé de igualdade" (Pena-Ruiz, 2003, p. 9).

Esse princípio de unificação de todos no seio do Estado supõe a distinção jurídica entre a vida privada do indivíduo e a sua dimensão pública de cidadão. É no âmbito da primeira, em sua dimensão pessoal e subjetiva, que o indivíduo adota soberanamente uma convicção religiosa, compartilhada ou não com outros, em relação à qual o poder público mantém-se à distância, por princípio.

Os analistas da laicidade, sobretudo franceses, costumam enfatizar o seu caráter polissêmico. Assim, Ternisien distingue a "laicidade intransigente", que flerta às vezes com o anticlericalismo e é hostil a toda forma de religião, e a "laicidade aberta", onde há espaço para debates e opiniões divergentes. Enquanto esta última defende a noção de "laicidade distinção" ou "laicidade separação" (que visa à autonomia do temporal e do espiritual), a primeira pode ser chamada de "laicidade de combate", que visa a excluir definitivamente as religiões do espaço público (Ternisien, 2007, p. 26). Por seu turno, Pena-Ruiz também menciona as noções de "laicidade plural", "laicidade aberta", "laicidade deliberativa", "laicidade de apaziguamento" etc." o que revela ser a laicidade, em certos meios sociais, ainda percebida como um ideal a ser alcançado, ou ser admitida "à condição de entendê-la de tal maneira que nela se perca de vista suas exigências constitutivas" (Pena-Ruiz, 2003, p. 15). Contrariamente a isto, sustenta esse autor, a laicidade "não pode se abrir ou se fechar. Ela deve viver, simplesmente, sem nenhuma usurpação sobre os princípios que fazem dela um ideal de concórdia, aberto a todos sem discriminação" (Id. Ibid., p. 128).

O filósofo e antropólogo francês Marcel Gauchet, por sua parte, prefere substituir o conceito de laicidade pela expressão "saída da religião", quando se trata de caracterizar o movimento da modernidade de saída de um mundo onde a religião é estruturante da sociedade (Gauchet, 1998, p. 9 e ss). Para ele, o Estado republicano operou a separação não somente da Igreja mas também da religião, e "a saída da religião é a passagem num mundo onde as religiões continuam a existir mas no interior de uma forma política e de uma ordem coletiva que elas não determinam mais" (Id. Ibid., p. 14). Segundo este autor, a "saída da religião" dá melhor conta de uma realidade que continua do que os termos laicização e secularização, ambos sendo de origem eclesiástica, o primeiro designando o que não é da Igreja e o segundo o que sai da sua jurisdição (Id. Ibid., p. 17).

De fato, laicidade é tida muitas vezes como sinônimo de secularização. Mas aqui também não há um alinhamento conceitual. O termo *secularização*, usado preferencialmente no contexto anglo-saxônico, e o de *laicização*, ou *laicidade*, usado nas línguas neolatinas, não se recobrem totalmente. Secularização abrange ao mesmo tempo a sociedade e as suas formas de crer, enquanto laicidade designa a maneira pela qual o Estado se emancipa de toda referência religiosa. Ou seja, secularização expressa a idéia de exclusão das religiões do campo social, que se encontra, então, "secularizado", as normas religiosas interferindo cada vez menos nos comportamentos quotidianos, na maneira de compreender a vida e de se representar a morte. Esta perspectiva se aproximaria da noção de "laicidade de combate". Porém, recordemos, a noção mais ampla de laicidade (laicidade-distinção) aponta para a separação do temporal e do espiritual, e não para a eliminação total da religião da sociedade. Neste caso, a laicidade diz respeito sobretudo e primeiramente ao Estado. "Ela se mede pela existência ou não de uma dimensão religiosa da nação, pela existência ou não de uma religião de Estado, pelo lugar do ensino religioso na escola etc" (Ternisien, 2007, p. 26-28).

Mas, secularização e laicização compartilham a noção de autonomização das esferas sociais, sobretudo do político, em relação à religião - leia-se o cristianismo, no ocidente - e da subjetivação das crenças, ambos os movimentos ocorrendo no contexto da desregulação estatal da esfera religiosa, que supõe a separação jurídica do Estado de determinada religião e a concessão e a garantia de liberdade de opção religiosa dos cidadãos.

Laicidade e secularizaco não se confundem, porém, com ateísmo. Enquanto este último exclui toda a religião, aquelas ao menos reconhecem e integram em seu princípio a liberdade religiosa na esfera privada. O sociólogo francês Jean Beauberot, aliás, ao analisar a história da laicidade francesa enfatiza que ela se caracteriza por uma dupla recusa, da religião oficial e do ateísmo (Beauberot, 2000, p. 118).

Em se tratando da Europa, ambos os conceitos procuram dar conta de um fenômeno que tem a sua história, não linear, porém, e seu traçado próprio, em cada país. Isto significa que a laicidade e a secularização não ocorreram de forma homogênea nos diferentes países. Ao contrário, como indicam Bressler e Simard, "os países europeus estão longe de apresentar uma concepção uniforme das relações entre o poder político e as instâncias religiosas" (Bressler e Simard, 2006, p. 34).

Assim, por exemplo, e restringindo-se sobretudo à questão da laicidade nos vinte e cinco países da União Européia, sete adotam o regime de "igrejas de Estado", a saber: o anglicanismo na Inglaterra; a Igreja Ortodoxa na Grécia; o catolicismo em Malta; e o luteranismo na Finlândia, Dinamarca, Noruega e Suécia. Sete outros sustentam legalmente a separação das Igrejas e do Estado. É o caso da Hungria, Letônia, Portugal, República Tcheca, Eslováquia e França. Quase todos os outros países também sustentam a separação igrejas-Estado, mas ao mesmo tempo detém acordos e concordatas com as religiões. Assim, com a Igreja Católica (Itália, Espanha), com minorias religiosas (Holanda), com a Igreja luterana e com as religiões em geral: na Alemanha (que permite às religiões de se beneficiarem de parte do imposto de renda); na Áustria (que "reconhece" oficialmente mais de uma dezena de religiões); na Bélgica (que atribui a seis religiões - catolicismo judaísmo, anglicanismo, protestantismos, ortodoxos e muçulmanos - o *status* de "religiões reconhecidas", habilitadas a receber subvenções públicas, sobretudo no campo educacional); e em Luxemburgo (que "reconhece" oficialmente quatro religiões: catolicismo, protestantismo, judaísmo e ortodoxa) (Revista *Problèmes Politiques et Sociaux*, 2005; Ternisien, 2007).

Porém, entre todos os países da Europa, a França é o único que se proclama laico em sua constituição e a "laicidade à francesa" foi, em certo sentido, considerada como um modelo para o mundo ocidental.

É a partir da Revolução Francesa que se afirma o princípio da laicidade em seu sentido moderno, ou seja, de separação entre o político e o religioso no nível institucional, separação do espiritual e do temporal proclamado a nível do Estado. De fato, a Revolução Francesa constitui o momento fundador da laicidade francesa, posto que nela está explicitado os princípios e fundamentos de todos os direitos humanos. Assim, relativamente à vida dos indivíduos, sustentam Bressler e Simard, "a Declaração dos direitos do homem afirma a liberdade de opinião e de expressão, mesmo religiosa. De fato, ela instaura um pluralismo religioso (...), põe certas medidas que traduzem para todos uma relação com a administração civil independente de todo pertencimento ou referência religiosas". E relativamente ao Estado, "o fundamento do poder é doravante político e não religioso" (Bressler e Simard, 2006, p. 84-85).

A consequência desse primeiro processo de laicização é a descristianização real e o enaltecimento da "nação" enquanto instância de poder. Porém, a seqüência histórica francesa mostra idas e vindas, avanços e recuos, nesse processo. Ao primeiro período de laicização inaugurado com a Revolução - no qual o poder espiritual vai ser distinguido institucional e socialmente do poder temporal - se sucederá um segundo, com a instauração, por Napoleão Bonaparte, do regime de Concordata, em 1801, o estabelecimento dos cultos reconhecidos, em 1802, e a redação do Código Civil, de 1800 a 1804. Durante esse período, a França conhecerá violentos conflitos entre católicos, muitas vezes monarquistas, e franceses laicos, republicanos e anticlericais. A terceira fase se estende de 1880 a 1905, quando a lei de dezembro deste ano procederá a uma "privatização do culto como se privatiza uma empresa pública. O Estado cessa de financiá-la, mas não a retira do espaço público. A lei de 1905 não proíbe, por exemplo, os bispos de tomarem posições sobre problemas do momento, mesmo os políticos" (Ternisien, 2007, p.17).[2] Mesmo assim, importa sublinhar que "esta lei pôs fim à dominação do Estado pelos religiosos e da sociedade civil pelo catolicismo" (Werebe, 2004, p. 193).

O debate, nesta terceira fase do processo de "laicização à francesa", gira em grande medida em torno da relação entre o ensino e a religião. Tendo sido o ensino ao longo de toda a Idade Média reduto do clero, a criação da escola primária pública, gratuita, obrigatória e laica, será uma etapa importante da luta do Estado contra as Igrejas (Bressler e Simard, 2006, p. 96-97). De fato, a partir de 1880, "os crucifixos foram retirados das salas de aula, os professores se tornaram leigos (lei de 1886), assim como os programas" (Werebe, 2004, p. 192). Isto tudo não significou, porém, o fim do ensino privado e confessional na França.

Em 1989, como se sabe, o tema da laicidade voltou com força na sociedade francesa, associado ao desenvolvimento do islã e, mais particularmente, ao uso do véu islâmico (*"l'affaire du voile"*) nas escolas públicas. Este tema reativou antigas oposições e tensões e, novamente, e durantes alguns anos, o embate se estabeleceu entre os "laicos" e os "religiosos", que culminou com o envio do Relatório Stasi, em 23 de dezembro de 2003, ao Presidente da República, propondo a adoção de uma lei que precisasse as regras do funcionamento dos serviços públicos e das empresas, mas também que garantisse o respeito à diversidade religiosa.

Na sequência do mencionado relatório ocorreu um importante debate público e em 15 de março de 2004, apesar da contestação por parte das autoridades das três religiões mais importantes da França: catolicismo, islamismo e judaísmo, foi criada uma lei que proíbe nas escolas, colégios e liceus públicos franceses, a exibição de sinais ou símbolos que manifestem ostensivamente o pertencimento religioso do aluno.

Essa lei gerou discussão na França,[3] o mesmo não ocorrendo nos demais países da Comunidade Econômica Européia, isto porque neles o uso dos símbolos religiosos nos estabelecimentos públicos escolares são tratados diferentemente. Assim, a título comparativo, na Grã-Bretanha cabe ao diretor dos liceus a regulamentação sobre o porte de símbolos religiosos, que geralmente são autorizados. O mesmo ocorre nos países escandinavos, na Espanha, Grécia e Holanda. Pequenos incidentes semelhantes aos ocorridos na França se verificaram também na Bélgica, na Turquia e na Alemanha, com alunos muçulmanos. Na Itália, um incidente ocorreu em relação ao crucifixo nas escolas, denunciado por um pai muçulmano de um filho que freqüentava uma escola que ostentava aquele símbolo cristão (Werebe, 2004, p. 196).

---

[2] Este autor esclarece ainda que na França os edifícios de culto católicos construídos antes de 1905 pertencem às municipalidades e coletividades locais que as mantêm e entretêm. Já as catedrais são propriedades do Estado e a Igreja Católica se beneficia do uso gratuito e contínuo dos edifícios de culto construídos antes de 1905, sejam as igrejas locais sejam as catedrais (Ternisien, 2007, p. 38-39).

[3] Evidentemente, a promulgação da lei em questão não resolve o delicado problema do uso dos signos religiosos na escola pública francesa e as posições divergentes e antagônicas sobre o tema continuam em evidência. No fundo, o que está também em questão é a própria laicidade francesa, ou a sua abrangência na sociedade.

Voltando à França, considera-se que o fundamento jurídico - baseado na liberdade de consciência e no princípio de separação - sobre os quais foi construída a laicidade, deve ser preservado, embora não esteja isento de modificações (Bauberot, 2004; Oro e Ureta, 2007). Seja como for, nos dias atuais o tema da laicidade continua na ordem do dia na França, conduzindo os seus analistas a terem diferentes posições sobre ela. Assim, enquanto para Bressler e Simard "a laicidade não parece mais poder ser posta profundamente em questão, apesar dos discursos alarmistas sobre o aumento do Islã" (Bressler e Simard, 2006, p. 124), Gauchet alerta que "a laicidade é um dos centros de inquietude de uma França inquieta" (Gauchet, 1998, p. 9) e Werebe afirma que "o laicismo constitui um dos problemas polêmicos do ensino francês...", mas "ele está presente também em hospitais e em várias administrações públicas" (Werebe, 2004, p. 192, 194).

Além da França, Bressler e Simard chamam a atenção para o fato de que existe também uma importante laicidade legalmente afirmada na Constituição Federal dos Estados Unidos (17 setembro de 1787), bem como no *Bill of Rights* que a completa. Assim, no artigo VI (3) está escrito: "Nenhuma profissão de fé religiosa será exigida como condição de aptidão às funções e cargos públicos sob a autoridade dos Estados Unidos". Mais à frente, a propósito das responsabilidades do Congresso, está claramente dito que ele "não poderá outorgar nenhuma lei tendo como objeto estabelecer uma religião ou proibir o livre exercício". Desta forma, são explicitamente postos os dois princípios fundamentais da laicidade: o estado federal americano se separa de todas as religiões e garante aos cidadãos a plenitude de sua liberdade religiosa (Bressler e Simard, 2006, p. 42-43).

No entanto, os Estados Unidos acordam um lugar importante à religião. Recorda Tersinien que neste país, "o pertencimento religioso faz parte da identidade pública do indivíduo. Ela não é fechada no segredo das consciências. Ela é também considerada como um cimento do corpo social, como um pedestal de valores comuns que unem as pessoas de diferentes confissões ou religiões diferentes".

Mesmo assim, continua o Autor, "isto não significa que os Estados Unidos não respeitam a liberdade de consciência, ao contrário. O respeito da liberdade de consciência passa pelo fato de não atentar, antes de tudo, a liberdade religiosa" (Ternisien, 2007, p. 31-32).

Essa breve descrição da diversidade de percepções da laicidade e suas distintas aplicabilidades nos países "do Norte" revela, portanto, que as relações entre igrejas e Estado podem tomar formas bastante diferentes, tanto do ponto de vista legal quanto da representatividade da religião nas culturas e nas sociedades nacionais.

Isto posto, veremos agora a situação da América latina. Iniciemos com os posicionamentos legais dos diversos países acerca das relações Igreja-Estado.

2. Regimes de relações Estado-Igreja na América Latina

A América Latina é composta de 20 países, a saber: Argentina, Bolívia, Brasil, Chile, Colômbia, Costa Rica, Cuba, Haiti, Honduras, Guatemala, El

Salvador, Equador, México, Nicarágua, Panamá, Paraguai, Peru, República Dominicana, Uruguai e Venezuela. Vale assinalar, de saída, que 13 deles - menos Cuba, Haiti, Uruguai, República Dominicana, Chile, Colômbia, e México - fazem referência a Deus nos preâmbulos das respectivas constituições nacionais.

Este fato revela que se, por um lado, inexiste um alinhamento legal compartilhado por todos os países latino-americanos acerca da invocação legal do Transcendente no texto fundante das nações, por outro lado, já que dois terços dos países inserem a figura de Deus na abertura das suas cartas-magnas, expressa o reconhecimento legal da tradição e dos valores cristãos na América Latina.

Também não há homogeneidade na América Latina acerca dos regimes legais adotados nas relações entre Igreja e Estado. De forma semelhante ao observado nos países do Norte, também nesta parte do continente americano pode-se perceber três diferentes situações legais, sintetizadas na tabela a seguir.

Tabela I - Regimes de relações Estado-Igreja na América Latina

Igrejas de Estado	Separação Igreja-Estado com privilégio para a Igreja Católica	Separação Igreja-Estado
Argentina	Guatemala	Venezuela
Bolívia	El Salvador	Equador
Costa Rica	Panamá	Honduras
	Peru	Nicarágua
	Paraguai	Brasil
	República Dominicana	Colômbia
		Chile
		Cuba
		México
		Haiti
		Uruguai
Total 3	Total 6	Total 11

Esta tabela mostra, portanto, a existência de três diferentes ordenamentos jurídicos nos países latino-americanos acerca das relações entre Estado e religiões. Três países adotam o regime de igrejas de Estado. São eles: Argentina, Bolívia e Costa Rica, que sustentam a religião católica.[4] Seis países adotam o regime de separação igrejas e estado, com dispositivos particulares em relação à igreja ca-

---

[4] Assim, a Constituição Federal Argentina, de 1994, diz, em seu artigo segundo: *"El Gobierno federal sostiene el culto católico apostólico romano"*. Quanto à Bolívia, o artigo 3 da Constituição de 1967, reformulada em 1999, reza o seguinte: *"El Estado reconoce y sostiene la religión católica, apostolica y romana"*. Enfim, Constituição Federal da Costa Rica de 1949, revista em 2003, afirma, no artigo 75: *"La Religión Católica, Apostólica, Romana, es la del Estado, el cual contribuye a su mantenimiento..."*.

tólica. São eles: Guatemala, El Salvador, Panamá, República Dominicana, Peru e Paraguai.[5] Enfim, onze países mantém um regime de separação Estado-Igreja: México, Haiti, Honduras, Nicarágua, Cuba, Colômbia, Venezuela, Equador, Brasil, Chile e Uruguai.

Nas Cartas Magnas dos vinte países, porém, figuram dispositivos legais que asseguram a liberdade de cultos para todos os seus cidadãos.

Como se pode notar, portanto, a maioria dos países latino-americanos se apresentam legalmente como sendo estados laicos, modernos e liberais, caracterizados pela separação entre Igreja e Estado, e pela atribuição de um mesmo *status* jurídico a todos os grupos religiosos, que, do ponto de vista legal, recebem um mesmo tratamento isonômico.

Vale assinalar, porém, que isto é mais um ideal projetado, quase uma utopia, acerca das relações entre Estado-Igrejas, do que uma realidade observável. Diz, por exemplo, Ricardo Mariano: "nas mais diferentes experiências históricas, tal neutralidade inexiste", porque o Estado tende a dispensar um tratamento não igualitário, portanto discriminativo, na sua forma positiva ou negativa, em relação às religiões, o que significa um tratamento estatal desigual (Mariano, 2006, p. 227-228).

Inútil dizer que em se tratando da América Latina, é a igreja católica que, em razão da sua importância histórica e cultural, se afirma como interlocutora religiosa privilegiada junto ao Estado, chegando a amealhar e obter para si, em diferentes domínios (educacional, assistencial, político), um tratamento privilegiado, sendo isto, em alguns países, motivo de críticas de parte de outras denominações religiosas, sobretudo evangélicas, que competem com a Igreja Católica no mercado religioso.

Da mesma forma, e mais amplamente, o Estado não é neutro nem na América Latina e nem em nenhum outro lugar. Como diz Blancarte, "o Estado laico não é neutro e nem pode ser neutro. Está ligado aos valores da República, da

---

[5] Vejamos alguns exemplos de alguns países mencionados. O artigo 37 da Constituição da Guatemala reconhece a personalidade jurídica da Igreja Católica, diferentemente de outras igrejas que terão que solicitar e obter o mencionado reconhecimento. Diz o mencionado artigo: *"Se reconoce la personalidad jurídica de la Iglesia Católica. Las otras iglesias, cultos, entidades y asociaciones de carácter religioso obtendrán el reconocimiento de su personalidad jurídica conforme las reglas de su institución y el Gobierno no podrá negarlo si no fuese por razones de orden público".*

Igualmente o artigo 26 da constituição de El salvador, reconhece a personalidade jurídica da Igreja Católica, em detrimento de outras igrejas que poderão obtê-lo mediante demanda judicial. Diz o mencionado artigo: *"Se reconoce la personalidad jurídica de la Iglesia Católica. Las demás iglesias podrán obtener, conforme a la ley, el reconocimiento de su personalidad."*

Já o artigo 103 da constituição do Panamá prevê o ensino da religião católica nas escolas públicas: *"Se enseñará la religión católica en las escuelas públicas, pero su aprendizaje y la asistencia a los cultos religiosos no serán obligatorios cuando lo soliciten sus padres o tutores".*

Enfim, o artigo 24 da constituição do Paraguai prevê uma relação de independência e de cooperação entre o Estado e a Igreja Católica: *"Las relaciones del Estado con la iglesia católica se basan en la independencia, cooperación y autonomía".*

democracia, da tolerância, da liberdade e da pluralidade, que a soberania popular o tem encarregado de respeitar e fazer respeitar" (Blancarte, 2000, p. 11).

Olhando agora mais de perto o campo religioso latino-americano nota-se que este não se apresenta como sendo unicamente católico. Até certo ponto, configura-se como um campo religioso plural.

3. Diversidade religiosa latino-americana?

Uma visão geral do campo religioso latino-americano pode ser observada na tabela a seguir.

Tabela II – quadro religioso dos países latino-americanos

País	Católicos (%)	Evangélicos (%)	Outros (%)	Não-religiosos (%)
Argentina	92	2	6	
Bolívia	95	5		
Brasil	73,6	15,4	3,6	7,4
Chile	89	11		
Colômbia	81,7	15	1.4	1.9
Costa Rica	76,3	15,7	4,8	3,2
Cuba	40	3	7	50
El Salvador	83	17		
Equador	94	3	3	
Guatemala	60	39	1	
Haiti	80	16	3	1
Honduras	60,3	28,7	11	
México	88	7	5	
Nicarágua	72,9	16,7	1,9	8,5
Panamá	85	15		
Paraguai	90	10		
Peru	88	8-10	1-2	
República Dominicana	95		5	
Uruguai	52	16	19	13
Venezuela	96	2	2	

Fontes
Ministère des Affaires Etrangères - France
http://www.diplomatie.gouv.fr/
CIA – The World Fact Book
https://www.cia.gov/cia/publications/factbook/fields/2122.html
US Department of State
http://www.state.gov/g/drl/rls/irf/2001/5594.htm

Em que pese a relatividade dos números apresentados, nota-se a importância ocupada pelo catolicismo na grande maioria dos países latino-americanos. Trata-se, com efeito, não somente de uma importância numérica, mas também cultural, política e social, como atestam alguns autores (Smith, 1998; Brett, 1993). A Venezuela constitui o país mais católico da América Latina, com 96% dos seus habitantes expressando seu vínculo religioso a essa religião. Já o Uruguai, com 52%, e Cuba, com 40%, são os países menos católicos da América Latina. Não por acaso são os países onde predominam os sem-religião: 50% da população cubana e 13% da uruguaia.

Porém, a América Latina não é mais - e, a bem da verdade, nunca foi - uma região de uma única cultura religiosa, leia-se católica - muitas vezes associada às identidades nacionais. O campo evangélico está crescendo a passos largos e recolhe hoje uma considerável fatia de identidades religiosas. Hoje a Guatemala, com 39% da população, e Honduras, com 28,7%, despontam como sendo os países mais evangélicos do continente latino-americano. Os países menos evangélicos são a Argentina e a Venezuela.

O aumento evangélico na América Latina consiste, na realidade, no crescimento do segmento pentecostal. Sua "explosão" é tal que levou um sociólogo norte-americano a se indagar se não está ocorrendo uma "pentecostalização da América Latina" (Stoll, 1990) e outro, britânico, a avançar a hipótese de estar ocorrendo nesta parte do continente americano uma "nova reforma protestante" (Martin, 1990).

As religiões *outras* que constam em vários países latino-americanos referem-se ao judaísmo, às religiões indígenas, às religiões orientais, às religiões afro-americanas (Candomblé, Umbanda, Santeria, Vodu, etc), às espíritas, e a um conjunto de religiosidades que a literatura denomina de "místico-esotéricas" ou de "novos movimentos religiosos".

Toda essa "diversidade" religiosa, porém, não é tão ampla como se poderia supor, pois se somarmos as identificações católicas e evangélicas veremos quão cristã continua sendo a América Latina. Em verdade, 90,97% dos indivíduos latino-americanos expressam seu pertencimento religioso ao cristianismo.

Assim sendo, mais do que nunca, pode-se extrapolar para toda a América Latina a pergunta formulada pelo sociólogo da USP Antonio Flavio Pierucci, em relação ao Brasil. Indagava ele: "'Cadê a diversidade religiosa?'... Costumo falar, de brincadeira, que o destino (religioso) do cidadão brasileiro não é nada invejável – é converter-se de católico em protestante" (Pierucci, 1997a, p. 259-260).

Resumindo, observamos na América Latina a reprodução de um modelo de relações entre Igreja e Estado que, em grande medida, se assemelha ao que vimos existir na Europa. Ou seja, aqui, como lá, constatamos a existência de três regimes de relações Igreja e Estado. Igualmente, notamos em ambos os continentes a tendência do campo político se autonomizar e dispensar a legitimação religiosa. No entanto, a América Latina é predominantemente muito mais católica do que os países europeus, onde, alguns deles, lá, como vimos, adotam legalmente religiões não-católicas, como a anglicana e a luterana, enquanto religiões de estado, além da importante presença muçulmana lá existente, que chega a ser, na atualidade, por exemplo na França, a segunda religião daquele país. Na América Latina, ao contrário, o islamismo é praticamente inexistente em muitos países e em outros sua presença é bastante reduzida. Conseqüentemente, problemas associados à religiosidade muçulmana como os verificados na França e em outros países - refiro-me à exposição em espaços públicos de símbolos religiosos - praticamente inexistem em nosso meio. O que não significa que esteja resolvida a questão da ostentação de símbolos religiosos nos espaços públicos na América Latina. Ao contrário, como mostramos em outro lugar, apesar da separação Igreja-Estado que vigora na maioria dos países latino-americanos, em certos deles a preferência simbólica pelas religiões cristãs, o catolicismo sobretudo, se expressa justamente na exposição pública de seus símbolos, especialmente o crucifixo, em lugares públicos como escolas, hospitais, prisões, parlamentos, e, até mesmo, em tribunais, tendo isto sido motivo de polêmicas e controvérsias (Oro e Ureta, 2007).[6]

Tudo isto nos faz retomar agora o tema da laicidade e da secularização na América Latina.

---

[6] Como mencionamos em outro texto (Oro e Ureta, 2007), no Brasil, este debate tomou importância em 2005, quando o Jornal Folha de São Paulo veiculou um debate em sua coluna Tendências/Debates, indagando: "a exposição da cruz em prédios públicos fere a separação entre igreja e Estado?" (Folha de São Paulo, 24/09/2005).

Defendeu a resposta positiva à questão, especialmente em se tratando do uso do crucifixo nas dependências do Poder Judiciário, o Dr. Roberto Arriada Lorea, juiz de direito de Porto Alegre, RS, argumentando, entre outros pontos, o seguinte:

"a ostentação de um crucifixo no plenário do STF é inconstitucional porque viola a separação entre o Estado e a igreja, ferindo o direito à inviolabilidade de crença religiosa que é assegurado a todos os brasileiros (...). O uso do crucifixo no Supremo Tribunal Federal, além de violar a liberdade religiosa de milhões de brasileiros, reproduz, no plano simbólico, a aliança entre o Estado e a igreja, vigente durante a Monarquia, mas abolida com a proclamação da República (...). Ao ostentar um crucifico, o Judiciário está, implicitamente, aderindo a um conjunto de valores que não são compartilhados por milhões de brasileiros que não se vêem contemplados nessa tomada de posição do Estado, aí incluídos muitos que professam a religião da maioria" (Lorea, 2005).

O Dr. José Renato Nalini, desembargador do Tribunal de Justiça de São Paulo, se posicionou contrário à retirada dos crucifixos dos tribunais, mediante os seguintes argumentos:

"A separação entre igreja e Estado não significa o banimento de toda a simbologia que integra o caráter brasileiro (...) A nação brasileira nasceu sob a invocação da cruz (...). O Brasil não pode renegar a sua condição de país de maioria católica (...).Nada mais representativo do que o amor desinteressado às criaturas do que a imagem de Jesus Cristo. Entregou-se para a salvação de toda a humanidade, não apenas dos católicos (...). A presença física do Cristo crucificado nos ambientes da justiça em nada prejudicou a realização do justo concreto. Ao contrário, confere uma aura de respeitabilidade de que a Justiça não pode prescindir (...).Qual o malefício que a presença do crucifixo oferece à realização da justiça? As demais confissões religiosas não se sentem agredidas" (Nalini, 2005).

Esses dois artigos, provocaram um editorial do mencionado Jornal, que se posicionou pela abolição das cruzes nas cortes, considerando oportuno esse debate, e um artigo do jornalista da Folha Helio Schwartsman, o qual revela que os artigos e o editorial "provocaram uma enxurrada de cartas de leitores (ao jornal)". Este jornalista, por sua vez, também se posicionou pela abolição das cruzes nas cortes, sob o argumento de que "O Estado democrático é laico. Espaços públicos que não museus e assemelhados não devem ostentar nenhuma espécie de adorno religioso, sob pena de violar o inciso VI do artigo 5. da Constituição, que estabelece a plena liberdade de culto. A sociedade brasileira não é composta apenas por católicos e cristãos. Representantes de outras religiões, agnósticos e ateus podem sentir-se constrangidos com a exibição ostensiva de cruzes em locais de julgamento" (Schwartsman, 2005).

4. A laicidade e a secularização na América Latina

Os temas da separação legal entre igreja/estado (laicidade) e da autonomia das esferas sociais em relação à religião que se retira para a esfera da subjetividade (secularização), têm ensejado diferentes e controversas abordagens entre os estudiosos da América Latina.

Assim, há autores, como Antonio Flavio Pierucci, que defendem para o caso do Brasil, mas certamente extensivo para a América Latina, a noção de secularização (e obviamente de laicização) "irrefreável e irreversível". Segundo suas palavras: "doa a quem doer a secularização é irrefreável e irreversível" (Pierucci, 1997a, p. 259). Em outro lugar, afirma o mesmo autor: "o pouco que sobrou para a religião na moderna civilização ocidental (...) (é) a esfera privada, íntima, e olhe lá" (Pierucci, 1997b, p. 103).

Outros autores, porém, sustentam posição em sentido contrário. É o caso do uruguaio Nestor da Costa, para quem "há evidências empíricas da vitalidade do religioso em Montevidéu" (Da Costa, 2004, p. 65); de Lísias Negrão, para quem "... é inegável que a religião aí (Brasil, Terceiro Mundo) se revitalizou, paralelamente ao reencantamento primeiro-mundista" (Negrão, 1994, p. 134); de José Jorge de Carvalho, para quem no Brasil assiste-se a "uma luta para ampliar a dimensão religiosa do espaço público e não por laicizá-lo" (Carvalho, 1999:16); e de Joanildo Burity, para quem nos últimos anos ocorreu o aprofundamento da experiência religiosa como algo pessoal, individual, íntimo, e simultaneamente uma desprivatização ou publicização do religioso como força social e política (Burity, 2000).

Roberto Blancarte, por seu turno, percebe na atualidade, por outro viés, "uma re-colonização confessional da esfera pública", ou uma "crise da laicidade", na medida em que "as instituições políticas que em seu conjunto configuram o Estado (no México, mas também em outras partes do mundo) voltam-se novamente e cada vez mais à religião como elemento de legitimação e de integração social, apesar de que é evidente que esta não pode ser mais um fator de unidade nacional, nem muito menos a expressão da soberania" (Blancarte, 2000, p. 13). Assim sendo, continua este autor, "curiosamente, a ameaça à laicidade não vem das Igrejas, mas do próprio Estado que recorre crescentemente, nos últimos anos, às organizações religiosas em busca de legitimidade, sem ter clareza do que se está provocando" (Id. Ibid., p. 14).

Enfim, outros autores se posicionam numa situação intermediária entre uma perspectiva que enterrou o sagrado, a religião e as religiões, e outra que, ao contrário, proclama o fracasso da política, da racionalidade, da ciência e da técnica. Essa espécie de "terceira via" percebe a existência de forças conjuntas, opostas, mas interligadas, de desencantamento e de reencantamento coexistindo nas mesmas sociedades. Para Pierre Sanchis, tais forças não podem ser percebidas enquanto "duas dinâmicas contrárias", dois processos contraditoriamente justapostos, mas como dois movimentos conjuntos. Diz ele: "os movimentos aparentemente contrários que levam desencanto e reencantamento às formas contemporâneas do religioso são assim tão intrinsecamente articulados..." (Sanchis, 2001, p. 41-42). Ou seja, o desencanto religioso pode se articular e se confundir com o reencantamento religioso.

Esta última perspectiva, porém, não é homogênea e unívoca. Ela se desdobra ao menos em três, complementares entre si, cada uma delas sendo detentora de nuances específicos. Tais posições podem ser sintetizadas nos ditos de três atentos analistas do campo religioso brasileiro, latino-americano e mundial. O primeiro deles é Pierre Sanchis, para quem

> Ao mesmo tempo em que a secularização tende a debilitar a presença da religião, ela incentiva a força desta presença. Não como dois movimentos civilizacionais que coexistiriam lado a lado, numa contradição extrínseca, mas como dois vetores de transformação entrelaçados e interdependentes na sua lógica (Sanchis, 2007, inédito).

O segundo é Renato Ortiz, que afirma:

> O advento da sociedade industrial não implica o desaparecimento da religião, mas o declínio de sua centralidade enquanto forma e instrumento homogêneo de organização social. Ou seja, o processo de secularização confina a esfera de sua atuação a limites mais restritos, mas não a apaga enquanto fenômeno social (Ortiz, 2001, p. 62).

Enfim, Reginaldo Prandi, quando sustenta:

> se enganam os que imaginam que vivemos um momento de grande reflorescimento religioso, que nega a secularização e leva a sociedade, de novo, a entregar os pontos ao sagrado. A velha religião fonte de transcendência para a sociedade como um todo foi estilhaçada, perdeu toda a utilidade. A religião que tomou o seu lugar é uma religião para causas localizadas, reparos específicos (Prandi, 1996, p. 273).

Como se vê, o tema da secularização que, repetimos, subentende a laicidade, é complexo e controverso, tanto nas análises realizadas pelos cientistas sociais acerca do fenômeno na América Latina quanto nos países europeus. Uma explicação para tais desencontros é sugerida por autores que evidenciam o caráter ideológico nas análises da laicidade. É o caso de Jeffrey Hadden, para quem o tema da laicização e da secularização mexem com elementos profundos dos intérpretes sociais que, desta forma, não os percebem como teoria, e sim, como uma doutrina e mesmo como uma ideologia (Hadden, 1987). Pierre Sanchis também destaca que a secularização consiste num projeto e, até mesmo, em desejos pessoais, a tal ponto, prossegue, que "talvez não haja nas Ciências Sociais outro campo em que os analistas invistam com mais intensidade os desejos frutos de histórias de vida conflituais – nos sentidos, aliás, os mais inesperados" (Sanchis, 2001, p. 31).

Outro importante analista do cenário religioso ocidental sugere que o impasse acerca da secularização e da laicidade reside na situação paradoxal em que nos encontramos na atualidade de aceleramento da saída da religião, de um lado, e do retorno do discurso religioso no espaço público, de outro lado.

Essa reabilitação e redignificação das convicções religiosas no espaço público, pondera Marcel Gauchet, deve-se à "implosão" das religiosidades seculares (o ideal/espiritual republicano e a versão comunista da realização da história), que quiseram se constituir enquanto substitutos laicos das religiões. Ora, o recuo das religiões seculares é acompanhado do ressurgimento das crenças religiosas clássicas, as quais, porém, não se constituem mais em fontes últimas de sentido. Ou seja, "o "retorno" das religiões não implica em nada uma renovação de continuidade com sua antiga função" (Gauchet, 2003, p. 57). Se há "retorno", continua Gauchet, "é a partir de um lugar e de um emprego inteiramente novo" (Id. Ibid.,), a saber: enquanto opções privadas que participam de identidades sociais. É desta forma que as religiões são admitidas no espaço público: enquanto identidades religiosas que participam da sociedade civil ao lado de outras possíveis. Isto porque "entra-se (hoje) na esfera pública a partir do que se é privadamente" (Id. Ibid.). Em outras palavras, "não estamos mais na idade onde a lei das comunidades se impunham do alto aos indivíduos. São os indivíduos que se reclamam de suas comunidades de pertencimento escolhidas..." (Id., Ibid., p. 58).

Além disso, continua Gauchet, há uma outra tendência na qual as religiões encontram hoje sua dignidade, ao menos em parte. Elas são chamadas a contar de uma maneira particular na esfera política, alem de deter um lugar na esfera civil.

Ocorre que o Estado doravante inteiramente *neutro*, pois ele não consagra e nem oficializa nenhuma doutrina metafísica última, tem, porém, necessidade, de alguma maneira, dessas convicções, doutrinas e pensamentos das quais ele originariamente se separou. Sua neutralidade não o impede de ser o lugar onde se operam as arbitragens entre os diversos fins supremos que os membros da comunidade política são suscetíveis de se propor, o centro a partir do qual eles se aplicam ao real e se encarnam (Id., Ibid., p. 59).

Por isso mesmo, continua o autor,

a decisão coletiva mais prosaica engaja necessariamente fins superiores, e as escolhas públicas ocorrem raramente sem implicações éticas. Também a linguagem das justificações últimas e das razões supremas não podem estar ausentes da esfera do poder, mesmo se está excluído que ela a comanda (Id. Ibid.).

Assim, governar em nossas democracias liberais atuais consiste numa arte, posto que as autoridades políticas precisam manter rigorosa independência ao mesmo tempo em que reconhecem que "o Estado neutro não é cego à dimensão ética e espiritual que reveste fatalmente sua ação..." (Id., ibid., p. 59-60).

Esta é a nova arquitetura do espaço público: liquidando a religião na sua forma tradicional o triunfo da autonomia (autonomização das esferas) lhe restitui "um estatuto de dimensão constitutiva da identidade pessoal e da deliberação coletiva" (Id, Ibid., p. 60).

E finaliza sua análise Gauchet dizendo:

As religiões não detém mais vocação de comando, mas elas permanecem pólos privilegiados em relação aos quais se definir, seja privadamente seja publicamente. Não é forçosamente o estatuto que seus adeptos gostariam para elas, mas é um estatuto notável que é doravante impossível de ignorar (Id. Ibid.,).

Toda essa multiplicidade e diversidade de perspectivas e enfoques acerca da secularização (e da laicidade) não significa incompetência das Ciências Sociais. Aponta, antes, para a polissemia destes termos e para a complexidade do social que, sobretudo a Antropologia, congruente com sua vocação, apontada na introdução deste texto, tende a valorizar, ao preconizar não a redução ao uno, mas o enaltecimento do múltiplo, não a opção pela singularidade mas a preferência pela pluralidade. O preço desta posição epistemológica é a dificuldade, por vezes a impossibilidade, mas por certo a relativização, de conclusões generalizantes.

Mesmo assim, para além das controvérsias e polêmicas vistas, os estudiosos do tema aqui analisado parecem expressar quase um consenso ao sustentarem, como mostra Maria José Werebe, que

> O laicismo se define pela tolerância, pela aceitação, pelo respeito ao outro, diferente e ao mesmo tempo igual em deveres e direitos. O verdadeiro laicismo garante a liberdade de crença. Ele protege contra o fanatismo dos radicais. Protege a mulher contra as medidas de repressão e de submissão. São os extremistas de todas as religiões que combatem o laicismo e temem a democracia (Werebe, 2004, p. 196).

Bibliografia

BAUBEROT, Jean. *Histoire de la laïcité française*. Paris, PUF, 2000.

―――. Interview "Etat, laïcité, religions". In: *Regards sur l'actualité*. Paris, N. 298, 2004

BLANCARTE, Roberto. "la laicidad mexicana; retos y perspectivas". In: *Colóquio Laicidad y Valores em um Estado Democrático*. México, 6 de abril de 2000, 16 p.

BRESSLER, Sonia e SEMARD, David. *La laïcité*. Rosny: Bréal, 2006.

BRETT, Edward. "The impact of religion in Central America: a bibliographical essay". In: *The Americas*. V. XLIX, N. 3, Washington, Academy of American Franciscan History, janeiro 1993.

BURITY, Joanildo. *Religião e Política na Fronteira: desinstitucionalização e deslocamento numa relação historicamente polêmica*. Paper apresentado no VIII Congresso Latino-americano de Religião e Etnicidade, promovido pela Associação Latino-americana para o Estudo das Religiões, em Pádua, Itália, de 27/06 a 05/07/2000.

CARVALHO, José Jorge de, "Um espaço público encantado. Pluralidade Religiosa e Modernidade no Brasil". In: *Série Antropologia*, Brasília, UNB, N. 249, 1999, 22 p.

DA COSTA, Néstor. Lo religioso en la sociedad uruguaya. In: GEYMONAT, Roger (Org). *Las religiones en el Uruguay. Algunas aproximaciones*. Montevidéu, Ediciones La Gotera, 2004, p. 62-70.

GAUCHET, Marcel. *La religion dans la démocracie*. Paris: Gallimard, 1998.

―――. Neutralité, pluralisme, identités: les religions dans l'espace public démocratique. In: FERENCZI, Thomas (Org.). *Religion et politique: une liaison dangereuse?* Paris: Editions Complexe, 2003, p. 53-60.

HADDEN, Jeffrey. Toward desacralizing secularization theory. In: *Social Forces, N. 65*, 1987, p. 587-611.

LOREA, Roberto Arriada. O Poder Judiciário é laico. In: *Jornal Folha de São Paulo, Tendências/Debates*, São Paulo, 24/09/2005.

MARIANO, Ricardo. Secularização na Argentina, no Brasil e no Uruguai: suas lutas no passado e no presente. In: ORO, Ari Pedro. *Religião e Política no Cone-Sul: Argentina, Brasil e Uruguai*. São Paulo, Attar editorial, CNPq/Pronex, 2006, p. 223-252.

MARTIN, David. *Tongues of Fire: the explosion of Protestantism in Latin America*. Oxford: Basil Blackwell, 1990.

NALINI, José Renato. A cruz e a Justiça. In: *Jornal Folha de São Paulo, Tendências/Debates*, São Paulo, 24/09/2005.

NEGRÃO, Lísias. "Intervenção". In: MOREIRA, Alberto e ZICMAN, R. (org). *Misticismo e novas religiões*. Petrópolis: Vozes, USF/FAN, 1994, p. 130-135.

ORO, Ari Pedro e URETA, Marcela. "Religião e política na América latina: uma análise da legislação dos países". In: *Horizontes Antropológicos*. N. 27. PPGAS/UFRGS, Porto Alegre, 2007.

PENA-RUIZ, Henri. *Qu´est-ce que la laicité?* Paris: Gallimard, 2003.

PIERUCCI, Antonio Flavio. Interesses religiosos dos sociólogos da religião. In: ORO, Ari Pedro e STEIL, Carlos Alberto (Orgs). Globalização e Religião. Petrópolis, Vozes, 1997, p. 249-262.

PRANDI, Reginaldo. Religião paga, conversão e serviço. In: PIERUCCI, Antonio Flavio e PRANDI, Reginaldo. *A realidade social das religiões no Brasil*. São Paulo: Hucitec, 1996, p. 257-274.

REVISTA *Problèmes Politiques et Sociaux*. N. 917, outubro 2005, Paris.

SANCHIS, Pierre. Desencanto e formas contemporâneas do religioso. In: *Ciencias Sociales y Religión*, Porto Alegre, Ano. 3, 2001, p. 27-44.

———. *Problemas na análise do campo religioso contemporâneo*. 2007 (inédito).

SCHWARTSMAN, Hélio. Carregando a cruz. In: *Jornal Folha de São Paulo*, São Paulo, 06/10/2005.

SMITH, Brian H. *Religious Politics in Latin America. Pentecostal vs. Catholic*. Notre Dame: University of Notre Dame Press, 1998.

STOLL, David. *Is Latin America turning Protestant? The politics of Evangelical growth*. Berkeley: University of California Press, 1990.

TERNISIEN, Xavier. *Etat et Religions*. Paris, Odile Jacob/La Documentation Française. 2007.

WEREBE, Maria José Garcia. A laicidade do Ensino Público na França. In: *Revista Brasileira de Educação*, set-dez. 2004, N. 27, p. 192-197.

— 4 —

Apontamentos sobre a liberdade religiosa e a formação do Estado Laico

MARIA EMÍLIA CORRÊA DA COSTA[1]

Sumário: Introdução; 1. Desenvolvimento Teórico da Idéia de Estado e as Confissões Religiosas; 2. Liberdade Religiosa e Laicidade – Constitucionalização ; 3. Liberdade Religiosa no Contexto Histórico Brasileiro; 4. A secularização no Ocidente; Conclusão; Referências bibliográficas.

Introdução

O presente artigo tem por finalidade abordar o delineamento do Estado laico no ocidente, com destaque ao contexto histórico brasileiro e à proteção jurídica conferida à liberdade religiosa neste cenário.

A idéia de laicidade ou de separação entre Igreja e Estado, ainda que não seja pressuposto da liberdade religiosa, é elemento que fortalece a preservação desse direito fundamental. O próprio grau de liberdade religiosa em uma sociedade pode ser medido levando-se em conta, entre outras características, o tratamento dispensado pelo Estado às atividades religiosas e o grau de identificação entre as instituições governamentais e religiosas.

Esse grau de separação entre Estado e Igreja vai desde a identificação total com uma confissão religiosa até o outro extremo, marcado pelo enfrentamento e perseguição às confissões religiosas. Pode-se dizer, de outro modo, que a garantia da liberdade religiosa em uma sociedade será, em muito, pautada pelo grau de identificação entre Estado e as instituições religiosas.

O próprio reconhecimento e fortalecimento da liberdade religiosa, no âmbito da sociedade ocidental, deu-se, em grande parte, no bojo das relações entre Igreja e Estado. Pode-se se dizer que a liberdade religiosa floresceu a partir das guerras religiosas e solidificou-se na transição do Estado moderno e monárquico para o Estado constitucional e republicano. As mudanças culturais ocorridas no Estado moderno, acompanhadas de uma teorização do poder político e de for-

---
[1] Procuradora Regional da República. Mestre em Direito pela Pontifícia Universidade Católica do Rio Grande do Sul, PUC/RS.

mulações em torno da liberdade religiosa, implicaram uma ruptura gradual com o modelo de Estado até então existente e passaram a compreender as idéias de neutralidade estatal e de pluralismo ideológico e religioso.

Todo esse processo político culminou com a consagração da liberdade religiosa nos textos das principais declarações de direitos, de tratados e convenções internacionais, e das Constituições da maioria dos países democráticos ocidentais, ainda que, nesse caso, guardando características próprias da tradição de cada Estado no que tange a sua relação com as confissões religiosas, de modo a distinguir-se Estados confessionais, Estados separatistas, com ou sem cooperação, e Estados de inspiração laicista.

1. Desenvolvimento Teórico da Idéia de Estado e as Confissões Religiosas

O desenvolvimento da idéia de tolerância religiosa – e depois, de liberdade religiosa –, bem como da noção de separação entre Igreja e Estado, deu-se de forma gradual e concomitante com a fundamentação teórica do Estado e de sua relação com as confissões religiosas. Essas formulações, como já referido, ocorreram no período de transição entre o Estado moderno e monárquico para o Estado constitucional e republicano, vindo, posteriormente, a culminar com a constitucionalização do direito fundamental de liberdade religiosa e da laicidade do Estado.

As teorias políticas dominantes no Estado moderno concebiam o monarca identificado-o com o Estado, como proprietário de tudo dentro dos limites de seu território, pelo que teria o governo sobre os súditos, o domínio dos bens e também controle da religião.[2]

Nesse contexto, desenvolveu-se uma fundamentação teórica do poder político que culminou com a idéia de contrato social.[3] O modelo de fundamentação política do Estado denominado jusnaturalismo contratualista buscava superar as teorias anteriores que legitimavam o poder teocrática ou patriarcalmente, "erigindo o discurso legitimador sobre bases de natureza imanente, universalmente válidas, racionalmente acessíveis a todos".[4]

---

[2] Os grandes teóricos do Estado moderno, como Nicolau Maquiavel (1469-1527), Jean Bodin (1529-1596) e Thomas Hobbes (1588-1679), começavam a apontar, ainda que em sentidos diversos, para termos como Estado e soberania. Maquiavel propunha a atuação do poder político em coordenação com a Igreja, na medida em que esta pudesse ser manipulada para a consecução dos fins estatais. Bodin apresentava o Estado como um poder soberano que se sobrepunha a quaisquer facções religiosas, as quais deveria sujeitar e pacificar. Já Hobbes propunha um modelo contratualista de poder centralizado na figura do monarca. Contudo, certo é que, tanto Bodin quanto Hobbes, mesmo que buscassem distinguir o político do religioso, ainda fundamentavam seu pensamento em teorias influenciadas pela religião. Jónatas Eduardo Mendes Machado. *Liberdade Religiosa numa Comunidade Constitucional Inclusiva*, p. 62-63.

[3] Jónatas Machado, trazendo à colação a doutrina contratualista moderna, refere que se partiu do fato de que o homem, no estado de natureza, submetido à lei do mais forte, não conseguiria suprir suas necessidades de forma satisfatória, pelo que, restar-lhe-ia celebrar um contrato social com outros indivíduos e formar uma comunidade política, passando ao estado civil. Jónatas Eduardo Mendes Machado. *Liberdade Religiosa numa...*, p. 68 e ss

[4] Jónatas Eduardo Mendes Machado, *Liberdade Religiosa numa...*, p. 69.

A justificação do poder político seguiu duas diferentes linhas, de difícil conciliação. Para uns, o Estado derivava de um pacto livremente estabelecido entre os indivíduos, cabendo ao monarca garantir a paz e a segurança dos súditos.[5] Para outros, o poder do monarca fundamentava-se no poder de Deus, perante o qual deve-se prestar contas.[6] Daí decorreu que as diferentes concepções de justificação do poder político implicaram diferentes formas de relação entre as confissões religiosas e o Estado, que foram da relativa secularização do Estado à glorificação da pessoa do monarca como representante de Deus.

As fórmulas adotadas pelo "Estado crente" levaram às seguintes conseqüências, ambas próximas: o Estado confessional católico seguiu os fins e as regras da Igreja de Roma, sem chegar a uma confusão entre sociedade política e sociedade religiosa; já o Estado protestante alcançou uma união muito mais estreita, onde os magistrados civis detinham autoridade religiosa.[7]

De qualquer modo, por essa época a adoção de uma visão mais corporativa das Igrejas permitiu que estas viessem a integrar os quadros jurídico-estatais como corporações de direito público, passando a ter alguma autonomia jurídica e poder de coerção, bem como, a ser objeto de fiscalização do Estado.[8]

A liberdade religiosa coletiva, todavia, restava restringida, uma vez que a idéia da corporação implicava controle do Estado sobre as confissões religiosas. De outro lado, o reconhecimento jurídico das confissões religiosas já apontava para a consideração da consciência individual como limite para atuação do Estado. Assim, uma vez reconhecida a confissão religiosa como ente público, também seu membro passava a ter tutelada sua liberdade de consciência e de religião enquanto direito de defesa perante o Estado.[9]

Como se viu, o contratualismo jusnaturalista lançou as bases sobre as quais o direito à liberdade religiosa viria a ser edificado posteriormente. Por suposto, não se tratava ainda do reconhecimento de tal direito como integrante da esfera jurídica do indivíduo – como entendido na atualidade.

As formulações teóricas de Thomas Hobbes(1588-1679), Bento Spinoza (1632-1677) e John Locke (1632-1704) efetuaram-se ainda no plano da tolerância religiosa, qual seja, "uma concessão graciosa reversível do Monarca, do Estado,

---

[5] De referir o entendimento de Jean Jacques Rousseau (1712-1788), segundo o qual no contrato social o homem perde parte de sua liberdade natural e de seus direitos ilimitados, para ganhar a liberdade civil, limitada pela vontade geral, que lhe garante a proteção do Estado. A concepção de liberdade, nessa linha de pensamento, é abstrata e comum a todos os homens.

[6] Thomas Hobbes afirma que "a missão do Soberano (seja ele um Monarca ou uma Assembléia) consiste no fim para o qual foi investido com o Soberano Poder, que não é outro senão o de obter a *segurança do Povo*; a isso está ele obrigado pela Lei da Natureza, assim como a prestar contas a Deus, o autor dessa Lei, a mais ninguém além dele". Thomas Hobbes, *Leviatã, ou A matéria, forma e poder de um estado eclesiástico e civil*. 2.ed. São Paulo: Ícone, 2000, p. 239.

[7] Gregório Peces–Barba Martinez e Eusébio Fernandez Garcia, *História de Los Derechos Fundamentales*, Madrid: Dykinson, 2001, Tomo I, p. 269.

[8] Jónatas Eduardo Mendes Machado, *Liberdade Religiosa...*, p. 72.

[9] *Idem*.

ou de uma maioria política ou religiosa",[10] pois não implicavam a luta contra o modelo de relação entre Estado e Igreja então existente, mas, "mais modestamente, uma luta para lograr parcelas de liberdade em favor dos credos minoritários".[11] Tratava-se de uma fase transitória para o reconhecimento constitucional do direito à liberdade religiosa.

Com efeito, tanto Hobbes quanto Spinoza distinguiram a religião pública - conformada às determinações do Estado - da religião privada, de foro íntimo.[12] Locke, por sua vez, avançou no entendimento de que política e religião são questões distintas, estando a última subordinada à autodeterminação individual. Entendeu ser necessário demarcar a distinção entre o governo civil e a religião, bem como as verdadeiras fronteiras entre a Igreja e a comunidade.[13]

Ao analisar o surgimento dessa corrente de pensamento que privilegia o privado sobre o público, Celestino Pardo leciona que:

> a partir da Reforma, o culto religioso havia passado a organizar-se em igrejas nacionais, porque se impôs o pensamento de que a religião não podia ser assunto privado. Os rebatizados e os puritanos romperam com esse delineamento e, situando-se em outro plano, deram ao problema uma resposta nova.
>
> A religião é certamente privada frente ao Estado, porém isso não significa que perca seu valor, senão o contrário: uma relativização e inclusive uma desvalorização do Estado. A religião, como coisa suprema e absoluta, se transforma em problema do indivíduo e todo o resto, toda espécie de formações sociais, tanto Igreja como Estado, se converte em algo relativo que só pode derivar seu valor como meio auxiliar daquele único valor absoluto. Com efeito, *se a religião, o assunto supremo e decisivo, é assunto só do indivíduo, é porque os problemas que dizem com o indivíduo são mais importantes que os que ocupam os Estado.*[14]

Assim é que tais mudanças culturais ocorridas ao longo dos séculos XVII e XVIII, acompanhadas de uma teorização do poder político, que culminaram com a Revolução Americana e com a Revolução Francesa, implicaram uma ruptura gradual com o modelo de Estado até então existente e passaram a compreender a idéias de neutralidade estatal e de pluralismo ideológico e religioso.

---

[10] Idem, ibidem, p.73.

[11] Gregório Peces–Barba Martinez e Eusébio Fernandez Garcia, *História de Los Derechos Fundamentales*, Tomo I, p. 269.

[12] Nesse sentido afirma Thomas Hobbes que "se um Rei, um Senado ou qualquer outra Pessoa Soberana nos proibisse de acreditar em Cristo? Essa proibição não teria qualquer efeito porque Crer ou Descrer nada tem a ver com as Ordens dos homens. A Fé é uma dádiva de Deus e não pode ser subtraída ao homem por meio de promessas, recompensas ou ameaças de tortura". *Leviatã...*, p. 349.

[13] A comunidade, para Locke, "é uma sociedade de homens constituída apenas para a preservação e melhoria dos bens civis de seus membros", pelo que "não cabe ao magistrado civil o cuidado das almas, nem tampouco a quaisquer outros homens. Isso não lhe foi outorgado por Deus, porque não parece que Deus jamais tenha delegado autoridade ao homem sobre outro para induzir outros homens a aceitar sua religião". John Locke, *A Letter Concerning Toleration*, New York: Prometheus Books, 1990, p. 18-19. É de se observar, porém, que a tolerância pregada por Locke não é ilimitada, visto que não se estendia a ateus e católicos.

[14] Celestino Pardo. Religión y política: uma perspectiva histórica de la libertad religiosa. In: Antonio Marzal. *Libertad religiosa y derechos humanos*. Barcelona: J. M. Bosch Editor, 2004, p. 42.

2. Liberdade Religiosa e Laicidade – Constitucionalização

O reconhecimento da liberdade religiosa na sociedade ocidental, como antes referido, implicou a sua inclusão nos textos constitucionais da maioria dos países ocidentais. Pode-se dizer que essa previsão constitucional é, na atualidade, a regra das democracias modernas.

Uma contribuição qualitativa para a constitucionalização da liberdade religiosa efetivou-se em território americano, tendo em vista que um grande número de puritanos, perseguidos na Europa por questões religiosas, migraram para a América do Norte em busca de espaço para fundar uma nova comunidade onde tivessem liberdade para a prática de sua religião.

Mas, ainda que a América tenha servido de berço para a constitucionalização da liberdade religiosa, o fato é que, contraditoriamente, o objetivo de uma boa parte dos colonizadores "consistia na edificação de uma república cristã, teocrática e fundamentalista, constitucionalmente subordinada à palavra de Deus revelada nas escrituras sagradas, sem qualquer margem, no plano dos princípios, para o pluralismo religioso".[15]

Em diversas colônias americanas prevalecia inicialmente a exclusividade de uma determinada crença religiosa, havendo com isso intolerância para com as demais. Mas em razão dos problemas enfrentados em sua pátria, os puritanos partilhavam a idéia de que o Estado deveria realizar em primeiro lugar a liberdade religiosa, que, no seu caso, coincidia com a idéia de liberdade do exercício de sua própria convicção religiosa.[16]

De outro lado, o entendimento de que o Estado e o governo se fundam sob um contrato se consolidou no novo mundo por força das circunstâncias. Inicialmente a conquista do oeste dos Estados Unidos foi obra de poucos homens, que viviam de forma livre e isolada, não se fazendo necessária e presente a idéia de uma representação, pois as decisões ocorriam dentro das reuniões promovidas pelas municipalidades. Desse modo, a soberania popular, como base da legislação e do governo, consolidou-se, fato que não correspondia ao antigo sistema inglês.

Essa organização política inicial é que fundamentou e animou, mais tarde, as opiniões políticas dos homens de 1776, sendo evidentes na Declaração de Independência dos Estados Unidos e da Declaração de Direitos da Virgínia.[17]

---

[15] Jónatas Eduardo Mendes Machado, *Liberdade Religiosa...*, p. 78-79.

[16] Giovanni Sartori, analisando o tolerância e o pluralismo, afirma que "a Reforma protestante pluraliza as igrejas, porém nessa ruptura e fragmentação não há nada de intrinsecamente pluralista. E quanto ao puritanismo, se referem em concreto à experiência das congregações e das comunidades puritanas, então o fato é que para os puritanos ingleses e americanos 'democracia' e 'liberdade' eram palavras e idéias desprezíveis. É verdade que os puritanos afirmavam a liberdade de consciência e de opinião, porém em realidade reivindicavam a liberdade de sua *própria* consciência e opinião, para depois ser intolerantes frente as opiniões e liberdades alheias. E, portanto, desafiar as autoridades constituídas em nome da liberdade de consciência não é pluralismo, porque o que reivindicamos para nós mesmos se nega aos outros". Giovanni Sartori, *La Sociedad multiétnica. Pluralismo, multiculturalismo y estranjeros*. Madrid: Taurus, 2001, p. 19-20.

[17] Que dispôs sobre a liberdade religiosa em seu artigo 18: "A religião ou o culto devido ao Criador, e a maneira de se desobrigar dele, devem ser dirigidos unicamente pela razão e pela convicção, e jamais pela força e pela

Apesar da intolerância religiosa demonstrada pela maior parte das colônias americanas, a influência do pensamento liberal de teóricos como, entre outros, James Madison e Thomas Jefferson[18] parece ter prevalecido. Foi a Constituição Americana de 1787, na primeira emenda que integra o *Bill of Rights* desde 1791, que garantiu o direito à liberdade religiosa *(free exercise clause)* prevendo ao mesmo tempo a neutralidade estatal e a separação das confissões religiosas do Estado *(establishment clause)*.[19]

São interessantes, nesse passo, as observações de Tocquevile, na sua narrativa sobre a viagem que fez à América, em 1831, sobretudo quando conclui que, ainda que parecesse contraditório, umas das razões para a influência da Igreja sobre a política e para o império pacífico da religião nos Estados Unidos seria exatamente a separação entre Igreja e Estado. Nesse sentido, entende o autor, que a diminuição da força aparente de uma religião, ao afastá-la da participação nas questões políticas, acabaria por aumentar sua força real; daí por que, na América, a religião, ainda que menos poderosa do que em outros tempos ou lugares, exerceria influência muito mais duradoura.[20]

Aliás, é de se referir que, para Jellinek, o princípio da liberdade religiosa que prevaleceu na América, profundamente ligado ao movimento político-religioso do qual nasceu a democracia americana, fundou-se na idéia de que existe um direito inato ao homem – não concedido ao cidadão – de manifestação da fé e de exteriorização da consciência religiosa. Esse direito se opõe de maneira intangível ao Estado, enquanto modo de exercitar um direito de superior importância. Tal direito não é herdado e nem ligado ao Estado, mas decorre da "proclamação do Evangelho". A idéia de consagrar legislativamente o direito inalienável do indivíduo não seria política, mas teria conotação religiosa.[21] Disso deriva que a liberdade religiosa, conforme defende o autor, teria sido a primeira das liberdades fundamentais, dela fluindo todas as demais.[22]

---

violência, donde se segue que todo homem deve gozar de inteira liberdade na forma do culto ditado por sua consciência e também da mais completa liberdade na forma do culto ditado pela consciência, e não deve ser embaraçado nem punido pelo magistrado, a menos que, sob pretexto de religião, ele perturbe a paz ou a segurança da sociedade. É dever recíproco de todos os cidadãos praticar a tolerância cristã, o amor à caridade uns com os outros". Disponível em: <http//www.dhnet.org.br>, acesso em: 30/06/2005.

[18] Nesse sentido, Michael Sandel, ao distinguir a concepção voluntarista de liberdade de escolha da concepção tradicional de liberdade de consciência em matéria religiosa, afirma que, para Madison e Jefferson, liberdade de consciência significava liberdade de exercitar a liberdade religiosa – de cultuar ou não, de apoiar uma igreja ou não, de professar uma crença ou uma descrença – sem sofrer penalidades civis ou limitações. Michael Sandel, *Religious Liberty – Freedom of Conscience or Freedom of Choice?* Utah: Law Review, 1989, p. 610).

[19] Assim dispõe a primeira das dez emendas (*Bill of Rights*) à Constituição Norte-Americana: *"Congress shall make no law respecting an estabilishment of religion, or prohibithing the free exercise thereof;"* (O Congresso não legislará no sentido de estabelecer uma religião, ou proibindo o livre exercício dos cultos;). Robert Tedeschi Jr. *The U.S. Constitution And Fascinating Facts About It.* Naperville: Oak Hill, 1998, p. 33.

[20] Aléxis de Tocquevile, *A democracia na América*. Livro I. Leis e Costumes. São Paulo: Martins Fontes, 2001, p. 351 e ss.

[21] *La dichiarazione...*, p. 92.

[22] Para Canotilho "parece, porém, que se tratava mais da idéia de tolerância religiosa para credos diferentes do que propriamente da concepção de liberdade de religião e crença, como direito inalienável do homem, tal como

Já a questão da constitucionalização da liberdade religiosa e da separação das confissões religiosas do Estado na Europa, ao contrário dos Estados Unidos, envolveu inúmeros fatores que dificultaram e retardaram seu processo de sedimentação.

Aliás, por envolver uma diversidade de culturas e valores, a difusão da liberdade religiosa não apresenta um progresso uniforme em todo o território europeu; nem se mostra solucionada de forma definitiva, como bem demonstram, por exemplo, os recentes conflitos na Irlanda do Norte e na Bósnia.[23] Ainda que a tutela do direito à liberdade religiosa e a garantia da neutralidade confessional do Estado sejam geralmente consideradas como elementos integrantes do tipo de Estado Constitucional,[24] há retrocessos.

Nesse contexto, releva mencionar também, ainda que brevemente, os exemplos de processo de constitucionalização da liberdade religiosa ocorridos na França e na Alemanha.

A França, palco do principal movimento revolucionário europeu moderno, teve papel de destaque na afirmação do constitucionalismo liberal daquele continente, pois sua revolução foi eco dos conflitos e revoltas que minavam a Europa e clamavam por igualdade e liberdade.

A liberdade proclamada pelos revolucionários, em muito inspirada no iluminismo e na Revolução Americana do século XVIII, estendia-se também à liberdade religiosa, como bem refere Jónatas Machado:

> Essa linha de pensamento trazia naturalmente subjacente uma reação contra a imposição autoritativa unilateral dos dogmas religiosos pelas Igrejas tradicionais, com particular relevo para a Igreja Católica, ou seja, ela contestava o que Spinoza havia descrito como o exercício do poder sobre os corações. É assim que a Declaração dos Direitos do Homem e do Cidadão, de 1789,[25] vem consagrar o direito à liberdade de opinião e de expressão, mesmo em questões religiosas, considerado como direito natural, inalienável, sagrado e irrenunciável.[26]

O reconhecimento de tal direito representou, na prática, a inclusão na esfera jurídica de grande número de cidadãos não-católicos, até então discriminados, com um alargamento que possibilitou o culto protestante, e, posteriormente, o culto judaico.

---

veio a ser proclamado nos modernos documentos constitucionais". J.J. Gomes Canotilho, *Direito Constitucional e Teoria da Constituição*, Coimbra: Almedina, 1998, p. 353.

[23] Rafael Navarro-Valls e Rafael Palomino referem que "o passado religioso, seguidamente, é tanto um elemento frente ao qual os Estados reagem como ao qual se voltam em oscilações muitas vezes imprevisíveis. Se a Reforma foi um formidável movimento de reação que alçou a quase toda a Europa contra seu passado, os movimentos que convulsionaram o Leste europeu ao final dos anos 80, foram movidos por fatores (nacionalismo e religião) que a inteligência européia acreditava enterrados para sempre em um passado anacrônico". Rafael Navarro-Valls e Rafael Palomino, *Estado e Religión*, p. 11.

[24] Jónatas Eduardo Mendes Machado. *Liberdade Religiosa...*, p. 322.

[25] Artigo 10. Ninguém deve ser molestado pelas suas opiniões, mesmo religiosas, desde que sua manifestação não perturbe a ordem pública, estabelecida pela lei. Disponível em: <http//www.dhnet.org.br>, acesso em: 30/06/2005.

[26] *Liberdade Religiosa*, p. 85-86.

Nesse passo, é de se atentar para a diversidade dos fundamentos ideológicos existentes nas sociedades francesa e americana pré-revolucionárias. A especificidade do modelo francês:

> prende suas raízes no humanismo laico, assim como no processo de secularização ideológica que levou os autores a criticar primeiro as instituições religiosas e depois a própria fé religiosa. Enquanto que na revolução norte-americana, de uma parte, a pluralidade tanto religiosa como ideológica e sua configuração como valores fundamentais serão os pilares que darão suporte ao novo Estado; e de outro lado, os revolucionários norte-americanos reivindicaram frente à Inglaterra a liberdade religiosa e o final da cruel opressão por motivos religiosos que caracterizou a época colonial, à diferença da França, onde a maioria da população era católica e o resto dos grupos religiosos desfrutava de um elevado nível de tolerância religiosa.[27]

Daí que, no período que se seguiu à Revolução, a França passou por acirrada disputa entre o Estado e a própria Igreja Católica, visto que esta buscou manter seus privilégios e aquele tentou submeter a organização eclesiástica ao seu poder. Tais conflitos permaneceram até a edição da Lei de Separação de 1905.

A propósito, a França veio a se transformar em um paradigma de Estado laico – leigo, independente de toda confissão religiosa – , e o art. 1° da Constituição da República Francesa de 1958 assim dispôs: "a França é uma República indivisível, *laica*, democrática e social que garante a igualdade ante a lei de todos os cidadãos sem distinção de origem, raça ou religião e respeita todas as crenças".[28]

Na Alemanha, por sua vez, a afirmação da liberdade religiosa não se deu sem conflitos, ainda que dentro de um cenário em que se mantinha a paridade entre as religiões dominantes, católica e protestante. É que diante dos princípios pregados pelas Revoluções Francesa e Americana, a paridade entre duas religiões já não satisfazia o ideal de liberdade religiosa, daí os conflitos.

De referir, neste ponto, que o processo de separação entre confissões religiosas e Estado e o reconhecimento da liberdade religiosa na Alemanha está intimamente ligado ao desenvolvimento da idéia de Estado de Direito, que conduzia à autonomização do Estado como pessoa jurídica de direito público distinta da pessoa do monarca, estruturado com base em normas jurídicas e subordinado à Constituição, pois:

> o Estado surge agora secularizado nos seus fundamentos de legitimação, sendo os direitos fundamentais concebidos não como realidades filosófico-morais, mas sim como direitos subjetivos públicos resultantes da relação jurídica que se estabelece entre o Estado e os cidadãos, em que o primeiro se auto-limita a fim de garantir um determinado status ao segundo. Mesmo o seu envolvimento financeiro com as confissões religiosas aparece agora explicado em termos de responsabilidade cultural e não com base em argumentos de tipo regalista.[29]

A consagração da liberdade religiosa e da autodeterminação das confissões religiosas deu-se, em verdade, com a Constituição de Weimar, de 1919, e,

---

[27] Gregório Peces–Barba Martinez, Eusébio Fernandez Garcia e Rafael de Asís Roig. *História de Los Derechos Fundamentales*, Tomo II, v. 2, p.79.
[28] Rafael Navarro-Valls e Rafael Palomino, *Estado e Religión*, p. 212.
[29] Jónatas Eduardo Mendes Machado, *Liberdade religiosa...*, p. 90.

depois, acompanhou a legislação democrática que se seguiu à queda do regime nazista.[30]

Durante o período totalitário nazista, todavia, ocorreu um completo rompimento com a ordem constitucional vigente, estabelecendo-se um regime eminentemente racista, onde se desconsideravam os direitos de liberdade, o qual levou ao extermínio de milhões judeus e de outros grupos raciais e sociais considerados de alguma forma "imperfeitos".[31]

Portanto, foi apenas em 1949 que a Lei Fundamental da República Federal da Alemanha passou a dispor, em seu art. 3.3, que "ninguém poderá ser prejudicado nem privilegiado por seu sexo, ascendência, raça, idioma, pátria ou origem, *crenças ou concepções religiosas* ou políticas. Ninguém poderá ser prejudicado por razão de impedimento".[32] Além disso, tal Lei Fundamental tratou de determinar a não-confessionalidade do Estado, mas previu várias medidas pelas quais se estabelece uma relação de cooperação com as diferentes confissões religiosas, o que inclui, até mesmo, o direito destas a receber parcela dos impostos com base na religião declarada na lista de contribuintes.[33]

Nos demais países da Europa, o reconhecimento da liberdade religiosa como direito de *status* constitucional também enfrentou dificuldades e foi retardado, visto que a maior parte dos Estados europeus manteve seu caráter confessional mesmo após o advento da Revolução Francesa. Daí por que o reconhecimento da liberdade religiosa ocorreu na medida em que o Estado confessional deu lugar ao Estado separatista (laico ou cooperativo).[34]

Também é importante mencionar a contribuição dada à constitucionalização da liberdade religiosa pela Declaração Universal dos Direitos do Homem, adotada pela Organização das Nações Unidas, em 10/12/1948, sobretudo em seu art. 18, que afirma:

---

[30] Para Konrad Hesse, os direitos fundamentais, dos quais faz parte a liberdade religiosa, não nasceram na Alemanha dentro de uma tradição que os tomasse como elementos inquestionáveis da vida em sociedade, pois tais direitos "que haviam iniciado sua carreira triunfal ao final do século XVIII com as magnas Declarações de Direitos Humanos, os *Bill of Rights* na América e as Declarações francesas de 1789 a 1795, só com titubeios foram admitidos, já iniciado o século XIX, nas Constituições dos Estados Alemães". Konrad Hesse, Significado de los derechos fundamentales. In: Ernst Benda *et al*, *Manual de Derecho Constitucional*, Madrid: Marcial Pons, 1996, p. 85.

[31] Konrad Hesse afirma ainda que "a experiência de um regime totalitário que desprezou o ser humano e sua liberdade e o fato de que a carência de tradição não permitia considerar humanidade e liberdade como óbvias bases naturais do Estado conduziram, depois de 1945, ao esforço por estabelecê-las e fortalecê-las em um novo ordenamento até o maior grau possível de garantia". Konrad Hesse, Significado de los derechos fundamentales. In: Ernst Benda et al, *Manual de Derecho Constitucional*, Madrid: Marcial Pons, 1996, p. 86.

[32] Rafael Navarro-Valls e Rafael Palomino, *Estado e Religião*, p. 204.

[33] José Antonio Souto Paz, *Comunidad Política...*, p. 228.

[34] Souto Paz refere ainda que, mesmo depois de 1965, com a Celebração do Concílio Vaticano II, a Igreja Católica não reconheceu a liberdade religiosa nem questionou a confessionalidade do Estado. A partir deste momento se produziu uma mudança paulatina, de maneira que se foi reconhecendo na maior parte dos Estados o direito de liberdade religiosa e substituindo a confessionalidade do Estado por um separatismo amistoso e cooperante. José Antonio Souto Paz, *Comunidad Política...*, p. 159.

todo homem tem direito à liberdade de pensamento, consciência e religião; esse direito inclui a liberdade de mudar de religião ou crença e a liberdade de manifestar essa religião ou crença, pelo ensino, pela prática, pelo culto e pela observância, isolada ou coletivamente, em público ou em particular.[35]

Além disso, a Declaração Universal veio a influenciar a produção de outros documentos pela comunidade internacional que estabeleceram liberdades fundamentais, dentre elas, a religiosa.

Na atualidade, portanto, a liberdade religiosa é prevista em quase todas as Constituições dos países europeus, assim como nos demais países democráticos ocidentais. Todavia, as tradições de cada Estado vêm refletidas em suas disposições constitucionais, pelo que se pode distinguir, ainda que de forma superficial, três grandes grupos, conforme sua relação com as confissões religiosas:[36]

a) Estados confessionais ou de confissão dominante, que declaram expressamente ou reconhecem existir uma confissão dominante, ainda que prevista a liberdade religiosa de professar e praticar outras religiões. Tem-se nesse grupo a Dinamarca,[37] a Finlândia (Igreja Evangélica Luterana), a Suécia (Igreja Evangélica Sueca), a Grã-Bretanha (Igreja Anglicana) e a Grécia (Igreja Ortodoxa Oriental);

b) Estados separatistas, com ou sem cooperação, em que vige o princípio da liberdade religiosa. Há a previsão de cooperação entre o Estado e as diferentes confissões religiosas, definida através de tratados ou acordos, nas Constituições da Alemanha, Espanha, Itália e Luxemburgo. Por outro lado, não prevêem cooperação com confissões religiosas as Constituições da Áustria, Bélgica, Holanda, Irlanda e Portugal;

c) Estados de inspiração laicista, de que é exemplo, como já referido, a França.

No âmbito da América Latina, por sua vez, países como a Argentina,[38] o Paraguai e a Bolívia declaram expressamente, em suas Constituições, sustentarem o culto à Igreja Católica.

No entanto, a maioria dos países nas Américas optou pelo modelo que reconhece a liberdade religiosa e separa a Igreja do Estado, como, por exemplo, Chile, Uruguai, Colômbia, Venezuela, Equador, Peru, Cuba, Honduras, Nicarágua, Haiti

---

[35] Aliás, o próprio art. 1º da Declaração Universal dos Direitos Humanos, ao dispor que "todos os homens nascem livres e iguais em dignidade e direitos. São dotados de razão e consciência e devem agir em relação uns aos outros com espírito de fraternidade", já deixava clara a intenção de respeito pelas liberdades fundamentais no cenário internacional do pós-guerra. Disponível em: <http//www.onu-brasil.org.br>, acesso em: 29/07/2004.

[36] José Antonio Souto Paz, *Comunidad Política*..., p. 219- 234 e Rafael Navarro-Valls e Rafael Palomino, *Estado e Religião*, p. 204-218.

[37] O art. 4º da Constituição da Dinamarca (1953), por exemplo, dispõe que: "A Igreja evangélica luterana é a Igreja nacional dinamarquesa e gozará, como tal, do apoio do Estado". Rafael Navarro-Valls e Rafael Palomino, *Estado e Religião*, p. 209.

[38] O art. 2º da Constituição da Argentina, por exemplo, dispõe que: "O Governo Federal sustenta o culto católico apostólico romano".

e México. Da mesma forma se dá com o Brasil, consoante veremos no ponto a seguir.

O Canadá[39] e a Austrália,[40] ainda que ligados à Inglaterra pelo sistema político que adotam, prevêem a liberdade religiosa em seus documentos constitucionais, e seus governos não se vinculam a qualquer confissão religiosa.

Cabe ressaltar, neste ponto, os documentos de caráter universal que prevêem expressamente a garantia da liberdade religiosa como direito de toda pessoa. Assim, o Pacto Internacional sobre Direitos Civis e Políticos, proclamado pela Assembléia Geral das Nações Unidas em 16 de dezembro de 1966 (ratificado pelo Brasil em 24/01/1992), estabelece, no do art. 18, que:

> 1. Toda pessoa terá direito à liberdade de pensamento, de consciência e de religião. Esse direito implicará a liberdade de ter ou adotar uma religião ou crença de sua escolha e a liberdade de professar sua religião ou crença, individual ou coletivamente, tanto pública como privadamente, por meio do culto, da celebração de ritos, de práticas e do ensino.
>
> 2. Ninguém poderá ser submetido a medidas coercitivas que possam restringir sua liberdade de ter ou de adotar uma religião ou crença de sua escolha.
>
> 3. A liberdade de manifestar a própria religião ou crença estará sujeita apenas às limitações previstas em lei e que se façam necessárias para proteger a segurança, a ordem, a saúde ou a moral públicas ou os direitos e as liberdades das demais pessoas.
>
> 4. Os estados-partes no presente Pacto comprometem-se a respeitar a liberdade dos pais – e, quando for o caso, dos tutores legais – de assegurar aos filhos a educação religiosa e moral que esteja de acordo com suas próprias convicções.

Também merece referência a Convenção Americana de Direitos Humanos – Pacto de San Jose da Costa Rica, de 1969 (ratificada pelo Brasil em 25/11/1992), que dispõe, em seu art. 12, sobre a liberdade de consciência e religião, nos seguintes termos:

> 1. Toda pessoa tem direito à liberdade de consciência e de religião. Esse direito implica a liberdade de conservar sua religião ou suas crenças, ou de mudar de religião ou de crenças, bem como a liberdade de professar e divulgar sua religião ou suas crenças, individual ou coletivamente, tanto em público como em privado.
>
> 2. Ninguém pode ser submetido a medidas restritivas que possam limitar sua liberdade de conservar sua religião ou suas crenças, ou de mudar de religião ou de crenças.
>
> 3. A liberdade de manifestar a própria religião e as próprias crenças está sujeita apenas às limitações previstas em lei e que se façam necessárias para proteger a segurança, a ordem, a saúde ou a moral públicas ou os direitos e as liberdades das demais pessoas.
>
> 4. Os pais e, quando for o caso, os tutores, têm direito a que seus filhos e pupilos recebam a educação religiosa e moral que esteja de acordo com suas próprias convicções.[41]

---

[39] O Ato Constitucional do Canadá (1982) – The Constitutional Act – Canadian Charter of Rights and Freedoms – prevê, dentre as liberdades fundamentais, a liberdade de consciência e religião. Disponível em <http://www.canadianlawsite.com>, acesso em: 23/07/2004.

[40] A Constituição da Austrália (emenda de 1993) dispõe, em seu art. 116, que: "O Estado não legislará no sentido de estabelecer qualquer religião, ou impor a observância de qualquer religião, ou proibir o livre exercício de qualquer religião, e nenhuma prova de cunho religioso poderá ser exigida para a qualificação para qualquer cargo ou ofício públicos".

[41] Disponível em <http://www.dhnet.org.br>, acesso em: 16/08/2005.

Por fim, a Declaração sobre a eliminação de todas as formas de intolerância e de discriminação baseadas em religião ou crença, proclamada pela Assembléia Geral das Nações Unidas em 25 de novembro de 1981 – Resolução 36/55, que, em seu artigo 1º, estipula:

> 1. Toda pessoa tem o direito de liberdade de pensamento, de consciência e de religião. Este direito inclui a liberdade de ter uma religião ou qualquer convicção a sua escolha, assim como a liberdade de manifestar sua religião ou suas convicções individuais ou coletivamente, tanto em público como em privado, mediante o culto, a observância, a prática e o ensino.
> 2. Ninguém será objeto de coação capaz de limitar a sua liberdade de ter uma religião ou convicções de sua escolha.
> 3. A liberdade de manifestar a própria religião ou as próprias convicções estará sujeita unicamente às limitações prescritas na lei e que sejam necessárias para proteger a segurança, a ordem, a saúde ou a moral pública ou os direitos e liberdades fundamentais dos demais.[42]

Essa gradativa inclusão da liberdade religiosa nos textos constitucionais de países ocidentais e das declarações de âmbito universal demonstra a sua adoção como um valor da sociedade ocidental, ainda que a sua afirmação prática não ocorra de modo uniforme.

3. Liberdade Religiosa no Contexto Histórico Brasileiro

A sedimentação do direito de liberdade religiosa e da separação entre Igreja e Estado no Brasil, por sua vez, também se deu de forma paulatina, conforme se depreende dos textos de suas primeiras legislações e das constituições que daí se seguiram.

As raízes históricas da relação Estado/Igreja, porém devem ser buscadas nos primórdios da ocupação do território brasileiro. Durante o período em que o país permaneceu colônia de Portugal, predominou na História do Brasil a hegemonia da religião católica, a mesma adotada em Portugal, em um contexto marcado pelas tendências da contra-reforma, perseguições aos que não professassem a fé católica, Inquisição e consolidação dos Estados Modernos.[43]

Conforme observa Gilberto Freyre, os colonizadores das terras brasileiras não importaram da metrópole separatismos políticos, grandes divergências religiosas ou preconceitos raciais. Contudo, não admitiam outra religião que não fosse a católica, pois:

> durante quase todo o século XVI a colônia esteve escancarada a estrangeiros, só importando às autoridades coloniais que fossem de fé ou religião Católica. (...) Temia-se no adventício acatólico o inimigo

---

[42] Disponível em <http://www.dhnet.org.br>, acesso em: 15/08/2005.
[43] A ação colonizadora do Brasil coincidiu com a definição das normas do Concílio de Trento, que logo foram aplicadas à colônia por Portugal (1564). Nesse período, ocorria também a chegada dos jesuítas às terras brasileiras, a instalação do primeiro governo-geral e a criação do primeiro bispado em Salvador. Aquino Fernando Gilberto Hiran, *Sociedade Brasileira: Uma História Através dos Movimentos Sociais*. Rio de Janeiro/São Paulo: Record, 2001, p. 243.

político capaz de quebrar ou de enfraquecer aquela solidariedade que em Portugal se desenvolvera junto com a religião católica.[44]

A colônia, portanto, seguia a legislação e a religião da coroa portuguesa. Daí que a Inquisição Portuguesa, criada em 1536, também veio a ser implantada no Brasil, sobretudo na forma da perseguição inquisitorial contra os descendentes de judeus – os chamados judeus novos.[45]

No mesmo período, chegava ao Brasil a Companhia de Jesus (ordem criada em 1540 por Inácio de Loyola), que atuou em diversas áreas, sobretudo na catequese dos índios, na educação e na produção artística e literária, tornando-se uma das ordens religiosas mais atuantes na colonização, com grande destaque para alguns de seus membros, como Padre Manoel da Nóbrega e Padre Antônio Vieira.

Os jesuítas destacaram-se, sobretudo, pela catequese. Aprendiam a língua dos nativos e os reuniam em aldeamentos. Os índios, em troca da proteção contra a escravidão, submetiam-se à disciplina jesuítica, que, no mais das vezes, não levava em conta suas tradições. De outro lado, em razão de suas posições firmes, os jesuítas, em várias ocasiões, entraram em choque tanto com os colonos, em decorrência da causa indígena, quanto com o Santo Ofício, em função do apoio que manifestavam aos cristãos-novos perseguidos pela Inquisição.

De fazer referência, ainda que breve, ao período de ocupação holandesa no nordeste brasileiro, entre os anos de 1630 e 1654,[46] durante o qual aquela região viveu uma ampliação da tolerância religiosa, pois, como refere Aquino Hiran:

> No campo religioso, as atitudes de Nassau são geralmente consideradas um exemplo expressivo de tolerância. O governador concedeu liberdade de culto para os católicos, o que muitas vezes irritava os calvinistas menos tolerantes, como os *predikants*. Os jesuítas, entretanto, não obtiveram permissão para instalar-se no Brasil holandês, tendo sido expulsos nos primórdios da ocupação flamenga, aspecto não alterado durante a fase nassoviana.[47]

Veio a independência do Estado brasileiro, e mesmo durante o período imperial, a liberdade religiosa manteve-se restrita conforme os ditames legais, visto que a Constituição de 1824 estabelecia, em seu art. 5°, que "a Religião Católica Apostólica Romana continuará a ser a Religião do Império. Todas as outras religiões serão permitidas com seu culto doméstico, ou particular em casas para isso destinadas, sem forma alguma exterior de templo".[48] Ou seja: permitia-se a liberdade de crença, mas limitava-se a liberdade de culto.

Nesse sentido, ensina Milton Ribeiro que:

---

[44] *Casa Grande e Senzala*. São Paulo:Record, 1992. p. 28 e ss.

[45] O Brasil, ao contrário da América espanhola, não possuía tribunais inquisitoriais, mas ficava vinculado ao Tribunal de Lisboa, para onde eram transferidos os réus para o seu julgamento. Aquino Fernando Gilberto Hiran, *Sociedade Brasileira...*p. 258.

[46] Tal ocupação deu-se através da Companhia das Índias Ocidentais e teve como principal expoente Maurício de Nassau - governador-geral da Nova Holanda.

[47] *Sociedade Brasileira...*p. 145.

[48] Arnaldo Moraes Godoy, A liberdade Religiosa nas Constituições do Brasil. *Rev. de Dir. Constitucional e Internacional*. São Paulo: Revista dos Tribunais. Janeiro-Março 2001 – n° 34, p. 162.

a Constituição do Império buscou cuidar da questão religiosa de forma clara, adotando um certo tom liberal no tratamento da individualidade, na medida em que o seu foro íntimo encontrar-se-ia livre para a escolha religiosa, o que não se verifica no espaço público, na medida em que a manifestação exterior ainda é proibida e o próprio Estado, por sua vez, encontrava-se atrelado a uma religião oficial, a católica.[49]

Foi somente com o advento da República que se firmou as linhas gerais da liberdade religiosa no Brasil. O art. 72, § 3°, da Constituição de 1891 dispunha que "todos os indivíduos e confissões religiosas podem exercer pública e livremente o seu culto, associando-se para esse fim e adquirindo bens, observadas as disposições do direito comum".[50] Ainda, conforme José Scampini, a carta republicana "declarou a separação da igreja e do Estado, sobretudo através da instituição do casamento civil, a introdução do ensino leigo, a secularização dos cemitérios e a abolição de qualquer subvenção ao culto religioso".[51] *O Brasil tornou-se um Estado laico, desvinculando-se da Igreja Católica e passando reconhecer as demais igrejas e confissões religiosas.*

Aliás, antes mesmo da promulgação da Constituição de 1891, foi editado o Decreto n° 119-A, de 07/01/1890, que determinava a separação entre Igreja e Estado. Tal medida teve como mentor Rui Barbosa, que pregava a separação entre Igreja e Estado nos moldes do sistema norte-americano.

A Constituição de 1934 manteve a disposição sobre a liberdade religiosa e a separação entre Igreja e Estado. Ainda assim, a liberdade religiosa poderia ser limitada em função da ordem pública e dos bons costumes. Tais conceitos se prestaram a interpretações várias e só foram abandonados no texto constitucional de 1988. Outra inovação foi o fato de as associações religiosas passarem a ter personalidade jurídica regida pela lei civil.

Já a Constituição de 1937, outorgada durante um golpe de Estado, dispunha sobre a vedação de subvenção estatal a cultos religiosos e previa, em seu art. 122, § 4°, que "todos os indivíduos e confissões religiosas podem exercer pública e livremente seu culto, associando-se para esse fim e adquirindo bens, observadas as disposições do direito comum, as exigências da ordem pública e dos bons costumes".[52] Não há nessa Constituição qualquer menção à liberdade de consciência e de crença.

O texto constitucional de 1946, por seu turno, voltou a dispor sobre liberdade religiosa no rol de direitos e garantias individuais. Determinava, em seu art. 141, § 7°, ser "inviolável a liberdade de consciência e de crença e assegurado o livre exercício dos cultos religiosos, salvo o dos que contrariem a ordem pública ou os bons costumes. As associações religiosas adquirirão personalidade jurídica

---

[49] Milton Ribeiro, *Liberdade Religiosa: uma proposta para debate*. São Paulo: Mackenzie, 2002, p. 61-62.
[50] Arnaldo Moraes Godoy, A liberdade Religiosa nas Constituições do Brasil..., p. 163.
[51] *Liberdade Religiosa nas Constituições Brasileiras*, Rev. de Informação Legislativa, Jan a Mar 1974 – n° 41, p. 124.
[52] Arnaldo Moraes Godoy, A liberdade Religiosa nas Constituições do Brasil, p. 164.

na forma da lei civil".[53] Da mesma forma, restou prevista a independência religiosa do Estado, ainda que possibilitada a colaboração com cultos ou Igrejas em prol do interesse coletivo.

A Constituição de 1967/69, em vigor durante a ditadura militar, dispôs sobre a liberdade religiosa, em seu art. 153, § 5°, no sentido de que "é plena a liberdade de consciência e fica assegurado aos crentes o exercício dos cultos religiosos, que não contrariem a ordem pública e os bons costumes".[54] Na prática, assim como no período de vigência da Constituição de 1937, a liberdade religiosa poderia ser restringida nos casos em que fosse caracterizada como manifestação de caráter ideologicamente contrário ao poder vigente.

Como já referido, no cenário internacional do período posterior à II Guerra Mundial foi se delineando o perfil da liberdade religiosa como direito fundamental através da sua inclusão nos textos das declarações de direito de caráter internacional e nos textos constitucionais dos países ocidentais.

A Constituição Federal de 1988,[55] acompanhando essas transformações ocorridas no Estado contemporâneo, tratou de dispor sobre a liberdade religiosa no rol de direitos e garantias fundamentais, assim declarou ser *inviolável a liberdade de consciência e de crença, sendo assegurado o livre exercício dos cultos religiosos e garantida, na forma da lei, a proteção aos locais de culto e a suas liturgias* (art. 5°,VI), garantindo ainda que *ninguém será privado de direitos por motivo de crença religiosa ou de convicção filosófica ou política, salvo se as invocar para eximir-se de obrigação legal a todos imposta e recusar-se a cumprir prestação alternativa, fixada em lei* (art. 5°, VIII), além de outras determinações examinadas mais detidamente no Capítulo II do presente trabalho.

O texto constitucional atualmente vigente veda, ainda, aos seus entes federativos (União, Estados, Distrito Federal e Municípios) que possam *estabelecer cultos religiosos ou igrejas, subvencioná-los, embaraçar-lhes o funcionamento ou manter com eles ou seus representantes relações de dependência ou aliança, ressalvada, na forma da lei, a colaboração de interesse público* (art. 19, I),[56] no que reafirma o princípio da separação entre Igreja e Estado.

4. A secularização no Ocidente

Depois de vários séculos de domínio da religião sobre quase todas as esferas da sociedade, chega-se aos dias de hoje em meio a um discurso que busca a secularização da vida social e a promoção da tolerância religiosa, como se conclui do próprio perfil adotado pelos Estados nos textos constitucionais antes referidos.

---

[53] Arnaldo Moraes Godoy, A liberdade Religiosa nas Constituições do Brasil, p. 165.
[54] *Idem, Ibidem.*
[55] BRASIL. *Constituição.* Brasília: Senado Federal, 2000.
[56] *Idem, Ibidem.*

Todavia, são vários os sinais que remanesceram no cotidiano da sociedade moderna e que denotam a influência exercida pela religião ao longo da história ocidental. De fato, como explica Jónatas Machado:

> a religião funcionava como um poderoso instrumento de coesão social, fornecendo aos valores sociais um escoramento transcendente e absoluto extremamente útil do ponto de vista da sua estabilidade e vinculatividade. [Isso não se deu sem prejuízo da consciência individual e da tolerância religiosa] na prática, assistia-se a um esforço por parte das diversas confissões religiosas no sentido de moldarem as instituições e as pessoas de acordo com as suas concepções teológicas particulares.[57]

Aliás, para além da influência exercida pela religião na civilização ocidental, verifica-se que o cristianismo, especificamente, traduziu-se em uma das características fundamentais do Ocidente, pois, na lição de Samuel P. Huntington:

> O Cristianismo ocidental, primeiro Catolicismo e depois Catolicismo e Protestantismo, é, do ponto de vista histórico, a característica isolada mais importante da civilização ocidental. De fato, durante a maior parte do primeiro milênio, o que é atualmente conhecido como civilização ocidental era chamado de Cristandade ocidental. Nela havia um sentimento bem desenvolvido de comunidade entre os povos cristãos ocidentais, que eram diferentes dos turcos, mouros, bizantinos e outros, e foi tanto por Deus como pelo ouro que os ocidentais partiram para conquistar o mundo no século XVI. A Reforma e a Contra-Reforma, bem como a divisão da Cristandade ocidental num norte protestante e num sul católico, são também aspectos característicos da história ocidental, inteiramente inexistentes na Ortodoxia oriental e em larga margem distanciados da experiência latino-americana.[58]

Na atualidade, contudo, a religião deixou de ser um instrumento de coesão social, conforme concebido pelo discurso teológico-confessional até então vigente, e passou a se constituir em um dos muitos subsistemas sociais existentes, dissociados da organização estatal.[59]

A sociologia da religião, por sua vez, entende haver um movimento de transformação no sentido do abandono da religião de caráter institucional para a adoção da religião de caráter individual, mas que certamente não implicaria o desaparecimento do fenômeno religioso. Nesse sentido, aduz Jose Maria Mardones que:

> a religião na sociedade moderna, a religião institucionalizada, ainda segue sendo a forma social predominante de expressão do religioso, mas perdeu capacidade normativa e interpretativa. Nem a cosmovisão, nem os valores vêm determinados pela religião institucional. Neste sentido, a sociedade se secularizou e o mundo se "desencantou". A religião, ao perder o peso social, torna-se invisível (em suas funções tradicionais de integração social, sentido, etc.) e se refugia no indivíduo. A religião se

---

[57] Jónatas Eduardo Mendes Machado, *Liberdade Religiosa...*, p. 93.

[58] *O choque de civilizações e a recomposição da ordem mundial*. Rio de Janeiro: Objetiva, 1997, p. 83.

[59] É interessante a análise de Celestino Pardo sobre o que denomina de religião do progresso técnico, surgida no séc. XIX. Nesse contexto "ao repudiar a Religião, os juristas pretendiam formar uma tradição própria separada da teológica para poder evitar o problema da guerra justa. Contudo, o que obtiveram não foi a busca da autonomia, senão comprometimento do racionalismo, e as novas religiões profanas. Liberdade de consciência e êxito terreno foram passos intermediários do processo: liberdade de valores. Estado neutro agnóstico e fé na técnica são o termo final em que nos encontramos. A religião da tecnicidade considera cada nova invenção como uma passo a mais no caminho que leva ao Paraíso, agora *exclusivamente terrestre,* que promete o gozo, sem limites nem preocupações, no puro consumo". Celestino Pardo. Religión y política: una perspectiva histórica de la libertad religiosa. In: Antonio Marzal. *Libertad religiosa y derechos humanos*. Barcelona: J. M. Bosch Editor, 2004, p. 45.

privatiza (mais do que se secular iza a sociedade) e a pessoa e a religião parecem estar separadas da sociedade. A manifestação mais real desta privatização não é uma total ausência das dimensões sociais na religião, mas a fragmentação e instabilidade do sentido. E, clara está a marginalidade social das igrejas e instituições religiosas. Porém, isso não quer dizer que haja uma redução do religioso, senão um crescimento da religiosidade pessoal, não oficial.[60]

Certo é que o processo de secularização pelo qual passa o ocidente na atualidade não se dá sem questionamentos e críticas, sobretudo no sentido de que poderia constituir o declínio moral da sociedade ou a perda de uma identidade comum entre os indivíduos na sociedade.[61]

Tal secularização, como mencionado, não deve se traduzir no desaparecimento da crença religiosa ou das confissões religiosas,[62] mas tão-somente na sua separação do Estado, ou, pelo menos, na sua readaptação aos moldes das sociedades constitucionalmente regradas.[63] A demonstrar isso está o crescimento do número de religiões, igrejas, seitas etc, pelo mundo contemporâneo.

Já Marilena Chauí[64] vai mais longe quando, ao analisar a força das crenças religiosas sobre a política, chama atenção para a necessidade de criação de modelos políticos que captem as manifestações religiosas como atores políticos que são, visto que as religiões, ao não serem enfrentadas em seu campo próprio, falseariam o discurso secular. A autora adverte para o fato de que a sufocação ou a simples desconsideração do fenômeno religioso na modernidade provoca o que logra chamar de o retorno do reprimido sob a figura do fundamentalismo:

---

[60] Jose Maria Mardones. Sociologia del hecho religioso. In: Manuel Fraijó. *Filosofia de la religión: estúdios y textos*. Madrid: Trotta, 1994, p. 147-148.

[61] Os Estados Unidos, nesse aspecto, representam uma exceção, no que se refere às formações religiosas de caráter institucional, visto que se apresentam como um país, dentro da realidade ocidental, em que o aumento e a propagação da religiosidade, das mais variadas confissões, continua a ocorrer de forma intensa. Aliás, essa já era a realidade descrita por Tocqueville, em sua viagem à América em 1831, quando observa que as crenças religiosas exercem também influência indireta sobre a sociedade política nos Estados Unidos, pois que, diante de um grande número de seitas que lá existiam e que professavam diferentes cultos, a moral do cristianismo seria a mesma em toda parte. E como em termos de sociedade, para o autor, importaria mais que todos professassem uma religião e não que os cidadãos seguissem a verdadeira religião, todos acabavam por ter o mesmo entendimento sobre os deveres dos homens uns para com os outros. Aléxis de Tocqueville, *A democracia na América*. Livro I..., p. 342.

[62] De fato, muitos são os que apontam para o ressurgimento religioso global como reação contra o secularismo e o relativismo moral. Exemplar é a afirmação de Samuel P. Huntington no sentido de que "essa revitalização religiosa envolveu em parte a expansão de algumas religiões, que conquistaram novos recrutas em sociedades nas quais não os tinham tido anteriormente. Entretanto, num grau muito maior, o ressurgimento religioso redundou em que as pessoas voltassem para as religiões tradicionais de suas comunidades, revigorando e dando novo significado a essas mesmas religiões. O Cristianismo, o Islamismo, o Judaísmo, o Hinduísmo, o Budismo, a Ortodoxia, todos tiveram novos surtos de engajamento, de relevância e de prática por fiéis que, até então, eram apenas praticantes ocasionais". Samuel P. Huntington, *O choque de civilizações*..., p. 116-117

[63] E, na lição de Rafael Navarro-Valls e Rafael Palomino, "as relações entre a Igreja e o Estado – depois de mil peripécias históricas – se centram hoje na liberdade religiosa, o primeiro dos direitos humanos. Precisamente porque alguns dos grandes problemas que se debatem nas civilizações ocidental, islâmica, árabe-israelita, hindu ou africana é o da consciência religiosa majoritária *versus* consciência minoritária. Encontrar o equilíbrio entre ambas será um dos temas chaves do século XXI. E para isso convém que a Igreja e os Estados redescubram suas próprias naturezas e o marco de suas relações". Rafael Navarro-Valls e Rafael Palomino, *Estado e Religião*, p. 13.

[64] Marilena Chaui, *O retorno do teológico-político*. Disponível em: <http//www.ces.uc.pt/bss/documentos/o_retorno_do_teologico.pdf >, acesso em: 05/05/2007.

Por haver imaginado o oposto, isto é, que a religião poderia ser suprimida imediatamente, a modernidade parece não ter como explicar a avalanche religiosa que inunda as sociedades contemporâneas. O retorno à superfície do fundo religioso assemelha-se ao que a psicanálise designa com a expressão *retorno do reprimido*, uma repetição do recalcado pela cultura porque esta, não tendo sabido lidar com ele, não fez mais do preparar a sua repetição.

Há que se reconhecer que, nesse contexto secularizado e de religiosidade renovada, o princípio da liberdade religiosa toma relevo e passa a se identificar com um conjunto de condições que, genericamente, na lição de Emerson Giumbelli, incluem:

separação entre Estado e igrejas, não intervenção do Estado em assuntos religiosos e restrição dos grupos confessionais ao espaço privado, igualdade das associações religiosas perante a lei, garantia de pluralismo confessional e de escolha individual.[65]

Conclusão

Tal conjunto de elementos que caracterizam a liberdade religiosa na modernidade, como se viu, vêm comumente explicitados nos textos constitucionais das sociedades ocidentais e nos textos de declarações de direitos de cunho internacional. Mas essa previsão constitucional da liberdade religiosa como direito fundamental, ainda que consagre expressamente a inviolabilidade da crença religiosa, a liberdade de culto e a liberdade de organização das confissões religiosas, além de outros direitos correlatos, não garante por si só a sua concretização, fazendo-se necessário o desenvolvimento de um discurso interpretativo à luz da ordem jurídica vigente e a sedimentação de conceitos condizentes com o Estado Democrático de Direito, no âmbito da aplicação do direito.

A importância da inclusão da liberdade religiosa no catálogo de direitos fundamentais dos Estados democráticos e do reconhecimento da separação entre Igreja e Estado é inegável. Mas o cenário ocidental ainda parece não ter solidificado por completo a idéia da liberdade religiosa como elemento necessário para a sobrevivência de uma sociedade pluralista.

O que se classifica como a secularização do ocidente, ao contrário de fazer desaparecer a fé e a religiosidade do povo, pode ser o caminho para o debate e para a aceitação da diversidade de crenças religiosa e para o fortalecimento de um Estado laico que garanta de forma igualitária o mais pleno exercício da liberdade religiosa.

O caminho de transição da tolerância religiosa para o pluralismo religioso é longo e tortuoso. Passa por inúmeras medidas estatais e pela mudança de posturas na própria sociedade, tais como: o reconhecimento e o respeito às minorias religiosas e às suas práticas religiosas; a desvinculação simbólica do Estado das confissões religiosas, seja pela não-exposição de símbolos religiosos nos recin-

---

[65] Emerson Giumbelli, Liberdade religiosa no brasil contemporâneo: uma discussão a partir do caso da igreja universal do reino de deus. In: Roberto Kant de Lima (org.). *Antropologia e direitos humanos*. Niterói: Eduff, 2003, p. 76.

tos públicos, seja pela não-utilização de ritos religiosos em cerimônias oficiais ou, ainda, pela não-fundamentação de cunho religioso em decisões ou medidas oficiais; o respeito aos diferentes dias de guarda e de descanso semanal das confissões religiosas; a garantia de ensino religioso nas escolas públicas adequado às diferentes crenças das crianças e adolescentes; a adequação, na medida do possível, da fixação de datas e horários para realização de provas e concursos, em função de crença religiosa, dentre outros.

Todavia, ainda que sejam muitas as medidas a serem tomadas no cotidiano da sociedade ocidental para a preservação, na prática, da liberdade religiosa, essa é um luta que merece ser travada. Não é por acaso que o reconhecimento de inúmeros direitos de liberdade deu-se no seio de questões religiosas. O respeito à diversidade religiosa, o fortalecimento da laicidade, a garantia plena do direito fundamental de liberdade religiosa são pilares para a real formação de uma sociedade democrática. O respeito pela pluralidade passa obrigatoriamente pelo reconhecimento da liberdade religiosa.

Referências bibliográficas

BRASIL. Constituição. Brasília: Senado Federal, 2000.

CANOTILHO, J. J. Gomes. *Direito Constitucional e Teoria da Constituição.* 2.ed. Coimbra: Livraria Almedina, 1998.

———. *Direito Constitucional e Teoria da Constituição.* 4.ed. Coimbra: Livraria Almedina, 2000.

CHAUÍ, Marilena de Souza. *Convite à filosofia.*12.ed. São Paulo: Ática, 2001.

———. *O retorno do teológico político.* Disponível em: www.ces.uc.pt/bss/documentos/o_retorno_do_teologico.pdf

FRAIJÓ, Manuel (org). *Filosofia de la religión: estúdios y textos.* Madrid: Trotta, 1994.

FREYRE, Gilberto. *Casa-Grande e Senzala.* 32.ed. Rio de Janeiro: Record, 1992.

GODOY, Arnaldo Moraes. A liberdade Religiosa nas Constituições do Brasil. *Rev. de Dir. Constitucional e Internacional.* São Paulo: Revista dos Tribunais. Janeiro-Março 2001, n° 34.

HESSE, Konrad. *Elementos de direito constitucional da Alemanha.* Tradução (da 20ª edição alemã)do Dr. Luís Afonso Heck. Porto Alegre: Sergio Antonio Fabris Editor, 1998.

HIRAN, Aquino Fernando Gilberto. *Sociedade Brasileira: Uma história através dos movimentos sociais.* Rio de Janeiro/São Paulo: Record, 2001.

HUNTINGTON, Samuel P. *O choque de civilizações.* 2.ed. Rio de Janeiro: Objetiva, 1996.

JELLINEK, George. *La dichiarazione dei diriti dell'uomo e del cittadino.* Milano: Giufrè Editore, 2002.

LIMA, Roberto Kant de (org.). *Antropologia e direitos humanos.* Niterói: Eduff, 2003.

MACHADO, Jónatas Eduardo Mendes. *A liberdade religiosa numa comunidade constitucional inclusiva.* Coimbra: Coimbra Editora, 1996.

NAVARRO-VALS, Rafael; PALOMINO, Rafael. *Estado y Religión. Textos para una reflexión crítica.* Barcelona: Ariel, 2000.

ORGANIZAÇÃO DAS NAÇÕES UNIDAS – Brasil: www.onu-brasil.org.br.

PECES-BARBA MARTINEZ, Gregório; FERNANDEZ GARCIA, Eusébio (dir). *Historia de Los Derechos Fundamentales.* Madrid: Dykinson, 1998. Tomo I.

———. *Historia de Los Derechos Fundamentales.* Madrid: Dykinson, 2001. Tomo II, Volume II.

———. *Historia de Los Derechos Fundamentales.* Madrid: Dykinson, 2001. Tomo II, Volume III.

RIBEIRO, Milton. *Liberdade Religiosa: uma proposta para debate.* São Paulo: Mackenzie, 2002.

SANDEL, Michael. *Essay in Law. Religious Liberty – Freedom of Conscience or Freedom of Choise?* Utah: Law Review, 1989.

SARTORI, Giovanni. *La Sociedad multiétnica. Pluralismo, multiculturalismo y estranjeros.* Madrid: Taurus, 2001.

SCAMPINI, José. A liberdade religiosa nas constituições brasileiras. A liberdade religiosa no Brasil Império. *Revista de Informação Legislativa.* Brasília: Janeiro a Março 1974, ano XI, n°41.

——. A liberdade religiosa na Republica. *Revista de Informação Legislativa*. Brasília: Abril a Junho 1974, ano XI, n°42.
——. A liberdade religiosa na Segunda República. *Revista de Informação Legislativa*. Brasília: Julho a Setembro 1974, ano XI, n°43.
SOUTO PAZ, José Antonio. *Comunidad Política y Libertad de Creencias*. Madrid: Marcial Pons, 1999.
TEDESCHI JR., Robert. *The U.S. Constitution and fascinating facts about it*. Naperville: Oak Hill, 1998.
TOCQUEVILLE, Aléxis de. *A democracia na América. Livro I. Leis e Costumes*. São Paulo: Martins Fontes, 2001.

— 5 —

A marca católica na legislação argentina. O caso da assistência religiosa nas Forças Armadas

JUAN CRUZ ESQUIVEL[1]

Sumário: 1. Introdução; 2. História e presente da assistência religiosa nas Forças Armadas; 3. A especificidade do caso argentino; 4. Laicidade às margens das políticas públicas; 5. Bibliografía.

1. Introdução

A legislação que regula o atendimento espiritual às forças armadas na Argentina, e em grande parte da América Latina, é uma fiel demonstração da supremacia que detém a Igreja Católica em outros planos, tais como a educação, a manutenção do culto, a moral familiar etc.

Por isso, é de nosso interesse nos determos neste caso paradigmático, indicador da influência do catolicismo na configuração institucional da maioria dos países da região. Marca que se traduz em peculiares e concretas regulamentações e políticas públicas.

Se nos concentrarmos na situação argentina, uma análise geral sobre o atendimento religioso aos militares permitirá detectar certo grau de contradição com os princípios do Estado laico e, em alguns contextos, com a vigente liberdade religiosa, devido ao monopólio católico da atenção espiritual aos homens de armas.

Por último, voltaremos nosso olhar aos componentes de uma cultura política hegemônica, que levou os regentes políticos a reconhecer na voz da igreja uma opinião fundamental que influencia as tomadas de decisão e as próprias práticas políticas.

---

[1] Doutor em Sociologia (USP). Professor da Universidade de Buenos Aires e Pesquisador do Conselho Nacional de Pesquisas Científicas e Técnicas, CONICET, Argentina.

2. História e presente da assistência religiosa nas Forças Armadas

Os fundamentos do auxílio religioso dado aos militares no mundo estiveram ligados com a transmissão de valores para ajudá-los e assessorá-los, principalmente em épocas de conflito e situações extremas. Devemos nos remontar aos primeiros séculos para encontrar a gênese da presença de religiosos em contextos guerreiros. O clero acompanhava os exércitos dos imperadores já no tempo de Constantino e de Carlos Magno. Na reconquista da Europa e na época medieval, a Igreja participou das milícias através de seus padres-capelães.

Até o século XIX, o sacerdócio castrense esteve regulado através das Breves papais, que atribuíam uma jurisdição especial a um prelado com poderes e capacidades renováveis. Estas normativas adquiriram outro *status* à medida que a Santa Sé e os Estados foram estabelecendo tratados e acordos.

Já no século XX, a Instrução *Sollemne Semper* de 1951 outorgou um caráter universal às disposições sobre o vicariato castrense. A regulamentação, referida especificamente ao serviço religioso das forças militares, supôs um esquema geral para todos os países, e contemplava a existência de um vigário castrense, o qual seria responsável pela estrutura institucional formada. Tratava-se de uma jurisdição pessoal, ainda que acumulativa com a dos sacerdotes diocesanos. Os religiosos destinados a tais tarefas estavam sujeitos ao eclesiástico do lugar. Em outras palavras, o capelão militar exercia suas funções dentro dos limites territoriais da diocese.

O Concílio Vaticano II deu uma nova forma doutrinal ao tratamento canônico dos vicariatos castrenses. Ainda mantendo o princípio tradicional da territorialidade das dioceses, as consideravam "*parcela do Povo de Deus que se confia a um bispo para ser pastoreada com a cooperação de seu presbitério*", sem mencionar o território como seu elemento constitutivo. De igual modo, fez referência à necessidade de facilitar as tarefas pastorais peculiares, quando houver necessidade, por uma razão de apostolado em favor de diversos setores sociais. Os documentos conciliares viam os militares como um dos grupos que requeria assistência e cuidado especial, em função de suas particulares condições de vida. Por isto, previu a eleição de um vicariato castrense em cada nação.

A Constituição Apostólica *Spirituali Militum Curae,* de 1986, reformulou a legislação eclesiástica em vigência sobre a assistência aos militares e estabeleceu a figura do Ordinariado Militar – mais conhecido como bispado castrense. Estabeleceu uma norma geral, mas deixou aberta a possibilidade de disposições específicas em cada país, atendendo à diversidade de particularidades nacionais. De qualquer modo, estabeleceu que os ordinariados estivessem igualados juridicamente a uma diocese, mas com jurisdição privada, não-territorial – exercendo sua ação pastoral sobre os fiéis militares, inclusive se se encontram fora do país de sua sede – e acumulativa com a dos ordinários locais.[2]

A passagem de vicariato a ordinariado teve que ver com o *status* da jurisdição. O titular deixava de ser um vigário do Sumo Pontífice para desempenhar sua responsabilidade em nome próprio. Sendo assim, passou a dispor de um presbitério – os bispos e religiosos superiores são exortados a conceder sacerdotes e diáconos para a missão religiosa militar – e de um seminário religioso – os graduados são incorporados ao ordinariado. Por outro lado, à frente da estrutura eclesiástica castrense encontra-se um bispo, titular de dignidade episcopal, com os direitos e deveres dos prelados diocesanos. Pertence, por direito próprio, à Conferência Episcopal da nação onde o ordinariado tem sua sede. Subordina-se diretamente à Congregação para os Bispos do Vaticano e está obrigado a cumprir com a visita *ad limina*.[3] Seu trabalho é dirigido aos militares e civis que estejam a serviço das Forças Armadas, aos seus familiares, aos alunos de escolas militares, aos internados em hospitais militares e aos trabalhadores destes estabelecimentos e aos que desempenham funções no ordinariado.

Atualmente, existem 35 ordinariados militares com diferentes características: 13 localizam-se na América: Argentina, Brasil, Canadá, Chile, Colômbia, Equador, El Salvador, Estados Unidos, Paraguai, Peru, República Dominicana e Venezuela.

Nota-se que, com exceção do Uruguai, os outros países da América do Sul dispõem de uma estrutura religiosa dedicada à assistência espiritual dos homens de armas. Destaca-se também o caso mexicano, pela inexistência de uma jurisdição católica militar.

Quatorze países europeus possuem um ordinariado militar: Alemanha, Áustria, Bélgica, Croácia, Eslováquia, Espanha, França, Grã-Bretanha, Holanda, Hungria, Itália, Lituânia, Polônia e Portugal.

Na Ásia, encontram-se na mesma situação a Coréia, as Filipinas e a Indonésia. Na África, Quênia, África do Sul e Uganda. E por último, na Oceania, Austrália e Nova Zelândia.

---

[2] Entretanto, nos redutos militares prevalece o bispo militar, cabendo ao sacerdote diocesano uma função secundária.

[3] A cada cinco anos os bispos vão ao Vaticano para apresentar um relatório sobre a situação das dioceses nas quais desempenham suas funções. Reúnem-se com o Papa e com os titulares dos dicastérios romanos.

Ordinariados Militares por continente

Europa	14	40%
América	13	37%
Ásia	3	8,5%
África	3	8,5%
Oceania	2	6%
Total	35	100%

Fonte: Elaboração própria com base no Anuário Pontifício 2006.

Apesar da existência de certos denominadores comuns a todos os bispados castrenses do mundo, as divergências se concentram principalmente em torno a dois pontos:

> A condição dos integrantes do clero castrense: o grau militar que possuem os capelães em quase todos os países latino-americanos[4] contrasta com a categorização de pessoal civil a serviço dos militares que se observa nos casos europeus e no Peru. Como exemplo, podemos citar o acordo da Santa Sé com o Estado do Peru, que ilustra claramente o status do clero castrense: "(...) nem o Vigário Castrense, nem os capelães dependentes dele, terão semelhança a grau militar nem à hierarquia policial (...), de maneira que os capelães se assemelham ao pessoal civil das Forças Armadas" (Enchiridion dei concordati, EDB, 2003: 1224).
>
> A contemplação – ou não – de um serviço religioso diversificado: alguns explicitam que sua missão se limita à atenção espiritual dos fiéis militares católicos, deixando em aberto a presença de outros credos; outros fazem referência às Forças Armadas em sua totalidade, como se se tratasse de um corpo católico íntegro. Em outras palavras, em determinados países a assistência religiosa é proporcionada não somente por capelães católicos, mas também por agentes religiosos de outras crenças (por exemplo: Brasil, Venezuela, Estados Unidos, Grã-Bretanha, França e Alemanha); em outros, o catolicismo conta com a exclusividade do serviço pastoral (Argentina, Bolívia, Peru e Colômbia, entre outros).

No entanto, a inserção do bispo castrense no organograma estatal acarreta em um cenário confuso, que se acentua ainda mais nos países que explicitam constitucionalmente a separação entre o Estado e a Igreja (Brasil, Chile e França, por exemplo). Mesmo assim, o sustento econômico das estruturas religiosas castrenses com fundos públicos abre um campo de controvérsias nos países que defendem a igualdade religiosa.

3. A especificidade do caso argentino

Na Argentina, a atenção sacerdotal dos militares, provida pela Santa Sé, tem suas longínquas origens no Patriarca das Índias Ocidentais, enquanto capelão-chefe ou vigário dos exércitos do Reino da Espanha. Posteriormente, re-

---

[4] É relevante esclarecer que os capelães estão equiparados, em termos protocolares e salariais, ao pessoal militar.

gistra-se a presença de clérigos nas batalhas pela sua independência, assistindo espiritualmente aos combatentes. Mesmo que este acompanhamento não tenha tido interrupções, seu caráter era claramente inorgânico. Sacerdotes e religiosos prestavam seus serviços às Forças Armadas e, ao mesmo tempo, respondiam a seus respectivos bispos e superiores religiosos.

Como já foi ressaltado, a Instrução *Solemne Semper*, promulgada por Pio XII em 1951, deu origem à criação dos ordinariados militares. Sua regulamentação foi produto do acordo entre os diferentes Estados e a Santa Sé que, na Argentina, foi implementado em 1957.

O vicariato tinha como função principal o cuidado espiritual dos militares de terra, mar e ar, e de suas famílias. Com o passar do tempo, a estrutura burocrática castrense argentina foi tornando-se mais complexa, ao incorporar a missão pastoral às Forças de Segurança. Se, na década de sessenta, o então ordinariado era formado por três capelanias maiores (Exército, Armada e Força Aérea), atualmente, além das citadas, existem outras capelanias maiores – Força de Segurança Nacional e Guarda Naval.

Uma série de especificidades, incluindo situações irregulares, foram se acumulando nesta jurisdição eclesiástica, como conseqüência do citado acordo entre o Estado Argentino e a Santa Sé em 1957, e da troca de cartas reversais de 1992.

Em primeiro lugar, os membros do clero castrense da Argentina são integrados historicamente ao regime militar. Atualmente – apesar de ser um tema em discussão – alguns capelães conservam patente e uniforme militar, restringindo sua atuação à própria órbita militar.

Tanto a Constituição Nacional da Argentina (artigo 14), como diversos tratados internacionais que gozam de hierarquia constitucional, fazem referência explícita à liberdade religiosa. Contudo, outra particularidade do bispado castrense é que ele contempla uma assistência espiritual católica para todos os integrantes das Forças Armadas, como se se tratasse de um corpo uniforme em termos de religião. Desta forma, muitos deles se viram obrigados, direta ou indiretamente, a assistir a cerimônias de um culto que não professam e nem comungam. Sendo assim, impera nos quartéis uma única religião oficial, o que compromete a liberdade religiosa no âmbito militar.

Em conformidade com estas disposições, não surpreende o perfil de subtenentes que fomenta o Colégio Militar da Nação. Em sua página institucional, enumera-se como qualidade da vocação militar "a identificação com os valores e princípios cristãos". Caberia perguntar-se, então, se se contempla o ingresso de aspirantes com valores judaicos, islâmicos ou simplesmente cívicos. Por trás destas situações chamativas, manifesta-se uma cosmovisão que equipara a identidade católica com a identidade nacional.

Por outro lado, conforme os acordos firmados, o bispado castrense se insere no organograma estatal. Tal situação se traduz em uma dupla dependência: na ordem eclesiástica, o bispo castrense encontra sua máxima autoridade no Sumo Pontífice; na ordem administrativa, por caber-lhe a classe de subsecretário do Estado, depende do Presidente da Nação. Da mesma maneira, as capelanias maiores das Forças Armadas respondem administrativa e financeiramente ao Ministério da Defesa, e as capelanias das Forças de Segurança estão atreladas ao Ministério do Interior.

Segundo o artigo 4º do Acordo de 1957, a nomeação da máxima autoridade castrense depende do Vaticano, mas necessita de autorização prévia do Presidente da República. Nada foi regulamentado sobre o processo de destituição do prelado. Percebe-se nos textos regulamentares a inexistência de artigos que prevêem os procedimentos a seguir em caso de não haver aceitação entre as partes, ou se o governante, frente a um hipotético desacordo ou conflito, resolve prescindir dos serviços de dignitário.[5] Especifica-se como se nomeia um bispo castrense, mas não se estabelece os termos da sua remoção. O mesmo acontece com a nomeação dos capelães, sob responsabilidade da autoridade religiosa castrense, ainda que necessite do consenso da respectiva força. Esta "omissão" parecia estar associada a um *modus vivendi,* no qual os estreitos vínculos e as legitimidades recíprocas não permitiam prever cenários e situações diferentes. Estas particularidades em nada contribuem para a devida autonomia recíproca entre o Estado e a Igreja Católica.

De fato, em março de 2005, desencadeou-se uma série de controvérsias entre o Estado Argentino e a Igreja Católica, causadas pelas declarações do bispo castrense. Em reação à política de distribuição de preservativos para a prevenção de doenças sexualmente transmissíveis, o monsenhor Antonio Baseotto enviou uma carta, no dia 17 de fevereiro do mesmo ano, ao ministro da Saúde da Nação, Sr. Ginés González García, afirmando que "os que escandalizam aos pequenos merecem que se lhes pendurem uma pedra de moinho ao pescoço e se lhes atirem ao mar." A intervenção do prelado remeteu aos chamados "vôos da morte", utilizados pela ditadura militar para jogar ao mar os presos-desaparecidos. Em 18 de março, o Presidente Néstor Kirchner, através do Decreto nº 220, tornou sem efeito o acordo feito oportunamente pelo Estado Nacional para a designação do bispo e suspendeu sua remuneração. Esta decisão motivou uma série de discussões sobre as atribuições presidenciais sobre o tema e evidenciou uma lacuna legal em torno à remoção do religioso castrense. Na prática, Baseotto perdeu suas funções como autoridade pública, mas continuou frente ao ordinariado militar. No entanto, a Santa Sé não aceitou a unilateralidade da dissolução do acordo.

Em 4 de abril de 2007, Antonio Baseotto apresentou sua renúncia como bispo castrense por haver cumprido 75 anos, idade limite estabelecida pela Igreja Católica para que os prelados renunciem a seus cargos. O posto, atualmente vago, da sede castrense trouxe à tona a discussão sobre se é realmente necessária

---

[5] Não devemos esquecer que o bispo castrense está inserido administrativa e economicamente na estrutura estatal.

uma estrutura eclesiástica para a assistência espiritual das Forças Armadas e de Segurança.

Por outro lado, os processos históricos revelam outras controvérsias. Muitos testemunhos e procedimentos demonstraram que o trabalho do clero castrense argentino colaborou para a desestabilização da ordem constitucional e a legitimação do terrorismo do Estado, por cima de sua missão específica.[6] A relação imbricada entre determinados setores da Igreja Católica e as Forças Armadas reforçou o papel de protagonista desempenhado pelos responsáveis das estruturas castrenses em momentos de rompimento do regime democrático.[7]

Através do conjunto de singularidades apontadas – nem todas vigentes em bispados de outros lugares – torna-se imprescindível repensar a assistência religiosa das Forças Armadas.

O processo de reformulação das Forças Armadas que se está implementando na Argentina tem a inserção social como um dos eixos principais: procura-se que os militares estudem em colégios e universidades públicas, aceitem civis em seus próprios institutos de formação, vivam em bairros não-militares e abram os bairros militares para a participação de vizinhos em atividades sociais e culturais.

Assim sendo, não existiria nenhum impedimento para que os integrantes das Forças Armadas e de Segurança que praticam uma determinada religião freqüentem uma paróquia ou um templo fora do âmbito militar, junto com os demais fiéis, como em muitas ocasiões o fazem. Deste modo, estaríamos frente a uma estratégia correta, no empenho de integrar as citadas forças com a sociedade argentina e de desestimular a formação de guetos ou seções especiais dentro de uma mesma sociedade.

Os argumentos aqui expostos resultam mais que suficientes para sustentar a reestruturação da assistência religiosa nas Forças Armadas através da dissolução do bispado castrense e seu regimento por meio de organismos pastorais diocesanos católicos e de outros cultos. Longe de atentar contra a liberdade religiosa, esta decisão garantiria plenamente este direito, pois respeita a independência dos homens de armas para decidir sobre suas convicções religiosas e a prática das mesmas.

---

[6] Compilamos aqui alguns dos pronunciamentos mais ilustrativos: "Os militares foram purificados no Jordão de sangue para se colocarem à frente de todo o país" (Victorio Bonamín, Vigário Geral do Exército, 23 de setembro de 1975). "A Providência colocou à disposição do Exército o dever de governar, desde a presidência até a intervenção de um sindicato" (Victorio Bonamín, 10 de outubro de 1976). "Eu não conheço, não tenho provas fidedignas de que os direitos humanos sejam violados em nosso país. Ouço, escuto, existem vozes, mas não é de meu conhecimento" (Adolfo Tortolo, Vigário Castrense e presidente da Conferência Episcopal Argentina, 14 de outubro de 1976). "O mundo está dividido por duas filosofias incompatíveis, perfiladas por duas fronteiras ideológicas: o materialismo ateu e o humanismo cristão. As Forças Armadas, em representação da civilização ocidental e cristã, devem utilizar todos os seus meios para combater o inimigo" (Victorio Bonamín, 5 de dezembro de 1977). "Os membros da Junta Militar serão glorificados pelas gerações futuras" (Victorio Bonamín, março de 1981).

[7] Durante a última ditadura militar, o secretário privado do vicariato castrense, Emílio Graselli, possuía um arquivo com a lista de pelo menos 2500 presos desaparecidos.

4. Laicidade às margens das políticas públicas

A análise da legislação que regula a assistência religiosa às Forças Armadas nos remete, necessariamente, à reflexão sobre as fronteiras existentes entre o campo religioso e o campo político, as estratégias de influência da Igreja Católica e os níveis de receptividade da classe política para com as demandas eclesiásticas.

O desenvolvimento histórico do catolicismo na Argentina refletiu um interesse constante de igualar uma presença pública. A Igreja não renunciou à batalha pela manipulação simbólica da vida privada e pela determinação dos valores que orientam as pautas do comportamento coletivo. Apoiada sobre uma ética intramundana, ela se propõe a ditar as máximas que regulam diversas áreas da vida social.

A educação, as relações familiares e sexuais, a participação política, os limites da intervenção estatal, a assistência religiosa nas Forças Armadas, são todas temáticas sobre as quais a instituição eclesiástica não somente tem postura definida, como também procura que a sociedade no seu todo as incorpore como sua. Seus homens agem como se a cultura da população fosse integralmente católica e, a partir desta posição de poder, interpelou ao Estado. A afirmação de Flávio Pierucci sobre a igreja brasileira também pode ser extensiva à da argentina. "A Igreja (...) se vê como um povo, e em seu nome fala e coage" (Pierucci 1986: 79). A sua participação no momento da conformação da Nação e a herança de um *modus vivendi* definido por um esquema de legitimações recíprocas garantiram historicamente a atenção dos dirigentes políticos às requisições católicas.

Desde sua consolidação institucional, na década de 30 do século XX,[8] a Igreja Católica desenvolveu uma séria de estratégias para catequizar o Estado e a sociedade civil. A ascensão às altas esferas do governo, a forte presença no campo social e as tentativas de criação de partidos católicos foram projetados como três engrenagens primordiais para disseminar os valores cristãos em todos os âmbitos da vida social.

A persistência e a continuidade ao longo do tempo foram "neutralizando" o papel que a entidade religiosa possuía como ator relevante no cenário público nacional. Por sua vez, os sucessivos governantes de turno reconheceram permanentemente em seus discursos a marca católica que conformou a nação argentina e a legitimidade moral e espiritual da Igreja Católica. Esta retórica se traduzia na prática sob forma de uma incidência concreta da elite eclesiástica na hora de eleger os ministros da Educação,[9] de definir as políticas em matéria de saúde reprodutiva ou de redigir as leis educativas, para citar somente alguns exemplos.

A presença pública da Igreja Católica se operacionaliza também através de duas maneiras atualmente vigentes: por um lado, no papel da mediação que a ins-

---

[8] Entre 1933 e 1939 foram criadas onze dioceses, tantas quantas existiam até este momento. Em outras palavras, em seis anos foram fundadas tantas jurisdições eclesiásticas quanto de 1570 a 1933.
[9] Como exemplo, podemos mencionar Oscar Ivanissevich, Atílio Dell'Oro Maini, Antonio Salonia e Juan Llach, entre outros.

tituição eclesiástica assume e é interpelada a assumir perante os conflitos sociais; por outro lado, na "naturalizada" presença de sacerdotes no campo eleitoral.

Perante conflitos sociais e/ou diplomáticos com dificuldades para ser julgados, os bispados tornam-se lugares de negociação entre as partes envolvidas, seja pela predisposição de suas autoridades máximas, pela solicitação de dirigentes políticos, ou por ambas as razões.[10] Porém, apesar da admirável atitude da Igreja de ocupar o papel de mediadora ou facilitadora para resolver tais tensões sociais ou diplomáticas, o certo é que a entidade religiosa transita por um campo que é, ou deveria ser, de incumbência da política partidária. E é no terreno político onde deveriam se desfazer as contrariedades que possam surgir na sociedade ou entre governos. A negociação é o músculo mais exercitado por aqueles que escolheram a política como profissão. A renúncia a esta condição e o oferecimento para que a instituição religiosa intervenha em um campo que não lhe é próprio não é nada além de outra demonstração da debilidade estrutural do sistema político.

O atual bispo emérito de Porto Iguazú, Joaquin Pina, saiu vitorioso de sua candidatura a convencional constituinte da província das Missões em 2006. Sua candidatura foi motivada – e apoiada pelos partidos de oposição – por ser contra a reeleição indefinida que buscava o governador Carlos Rovira. Os mesmo passos – ainda que sem o mesmo êxito – seguiu o sacerdote Luis Niella na província de Corrientes. O religioso Luis Maria Ocampo não descarta a possibilidade de ser candidato a intendente de Mar del Plata. A presença de religiosos na política é de longa data, inclusive no período independentista houve uma significativa presença de agentes religiosos. O que chama a atenção é a perdurabilidade do vínculo, o qual sobreviveu apesar dos processos de secularização pelos quais passa a sociedade argentina desde o final do século XX.

Na verdade, são diversos os mecanismos utilizados pela instituição católica para não perder seu protagonismo na cena pública. Assumir-se como mediadora social e inserir-se na arena político-partidária levam à preservação de uma presença pública extensa e à conservação do poder institucional da Igreja Católica. Cenário que não é novidade na Argentina: apesar de algumas tentativas de católicos laicos, a entidade eclesiástica desprezou historicamente a formação de um partido religioso e optou por penetrar nas estruturas políticas existentes.

As virgens entronizadas no Congresso Nacional ou que percorrem escritórios na Casa Rosada,[11] líderes partidários que se sentem representados por dignitários religiosos, visitas periódicas a membros eclesiásticos para discutir questões de agenda política, governantes que consultam bispos para indicar ministros, candidatos que procuram sacerdotes como companheiros políticos e a perdurabilidade do Tedéum,[12] são claros exemplos que revelam como desde o interior da própria esfera política, surgem ações e propostas que buscam fortalecer suas bases de legitimação, abrindo um campo para a confessionalização do espaço público.

---

[10] Entre os casos mais recentes, destacam-se as intervenções dos bispos Marcelo Melani na província de Neuquén, Juan Carlos Romanín em Santa Cruz e Jorge Lozano em Gualeguaychú.

[11] A Virgem Maria foi entronizada no Palácio Legislativo pela irmã do vice-presidente Víctor Martinez durante o governo de Raúl Alfonsín (1983-1989). A Virgem Desatadora dos Nós transitou pelos escritórios da Casa do Governo quando De la Rua exerceu a presidência (1999-2001). Também podemos citar o presépio colocado na entrada da Casa Rosada pela esposa do próprio De la Rua. Os três episódios aconteceram durante a administração do partido radical, o qual alguns especialistas associam aos ideais da laicidade.

[12] Trata-se de uma cerimônia que marca a "consagração sagrada" do poder democrático, solicitada pelos sucessivos presidentes, apesar de não estar prescrita em nenhuma legislação.

A exclusiva tensão que se manifesta desde o campo da política e dos meios de comunicação aos pronunciamentos episcopais – as declarações dos bispos revelam mais do que as de um dirigente de outro partido político -, evidencia o peso real ou imaginário – para o caso, pouco importa – que exercem as advertências da igreja na construção da opinião pública.

O estado de dissolução – ou, para ser mais preciso, de insuficiente delimitação – de fronteiras entre o político e o religioso na Argentina se baseia, então, na configuração de um mapa institucional complexo, onde o político e o religioso se misturam, gerando um cenário com limites porosos entre ambas esferas.

Levando em conta as diferentes lógicas que regulam o funcionamento de cada esfera, é indiscutível que em vários períodos históricos houve manipulação da igreja por parte do estado, e vice-versa. Em inúmeras oportunidades, a instituição católica utilizou as estruturas estatais para reproduzir seu aparato burocrático e estender seu programa pastoral ao conjunto da sociedade. Por outro lado, quando os processos políticos revelaram debilidades em sua base de sustentação, a busca de outras fontes de legitimidade se tornou uma modalidade normal e corriqueira. Considerada pelas autoridades do governo como um inestimável apoio, a Igreja Católica foi requerida para bendizer os regimes políticos.

A permanência desta lógica política contribui para a reprodução e consolidação da igreja como ator institucional. É desde a esfera da política que se interpelam e se escutam os bispos, não em sua condição de altos membros religiosos, mas como integrantes de um poder institucional. O cerne da questão gira principalmente em torno da cultura política que permeia um repertório de práticas políticas que visam à confessionalidade.

Definitivamente, a história argentina é testemunha das múltiplas estratégias instrumentadas pela instituição católica para influenciar a elaboração e a implementação de determinadas políticas públicas, assim como a notória receptividade dos dirigentes políticos às demandas eclesiásticas. É por essa "ida e volta" de influência e receptividade que não se conseguiu estabelecer uma autonomia recíproca entre Estado e Igreja Católica.

Por outro lado, a consolidação da democracia resulta em uma maior visibilidade dos direitos dos cidadãos e em um reconhecimento e apropriação social dos mesmos, em termos de reivindicações. A liberdade do indivíduo de decidir sobre as crenças e práticas de ordem religiosa, familiar e pessoal, para citar somente algumas dimensões, obriga aos estados a contemplar os requerimentos de ampliação dos direitos à cidadania. Crentes e não-crentes tomam liberdade para apreciar uma exposição de arte mesmo que alguém a classifique como blasfêmia, ou para tomar um anticoncepcional, mesmo que um membro religioso o condene.

Assim, nenhuma instituição se encontra hoje em condição de monopolizar a produção e transmissão de valores e pautas de conduta que regulam os comportamentos sociais, porque, justamente esses comportamentos, transgridem cada vez mais os marcos normativos institucionais. Quando, mesmo assim, estes católicos têm relações pré-matrimoniais, se divorciam, estão a favor da eutanásia, não vão à missa todos os domingos e aprovam a pena de morte, entre outras posturas, percebe-se que as normativas oficiais perdem cada vez mais sua eficácia, em relação às condutas que os indivíduos adotam por conta própria.

Como conseqüência, restaram poucas margens para reivindicar e reclamar a imposição de um corpo doutrinário como princípio organizador da sociedade, pois é a própria comunidade quem o desafia na vida cotidiana.

Para concluir, os novos formatos da cultura contemporânea e os processos de democratização propõem uma tensão entre a maior demanda, visibilidade e conscientização social dos direitos como cidadãos e a preservação do poder institucional. O qual a igreja possui, sustentada a partir de sua ampla presença nos meios de comunicação e da permanência de uma cultura política que a coloca como um dos pilares da governabilidade. Apesar de registrar certos avanços, fundamentalmente em matéria de saúde reprodutiva e educação sexual,[13] os sintomas de uma secularização societária ainda não repercutiram plenamente na cultura política hegemônica.

Não se trata de negar ou deixar de reconhecer a presença histórica da Igreja Católica, tampouco de impedir a divulgação de seus princípios normativos. Porém, trata-se de ressaltar que, em um regime democrático, os assuntos públicos não podem definir-se pelos postulados de um credo, independentemente de seu caráter majoritário ou minoritário, mas sim pelo exercício amplo dos direitos civis. Ainda mais em uma sociedade como a argentina, onde a pluralidade cultural e religiosa é cada vez mais evidente e valorizada. É o Estado laico, por sua condição de insubordinação a qualquer doutrina filosófica ou religiosa em particular, quem garante que possamos conviver com nossas diferenças, respeitando nossas liberdades, inclusive a religiosa (Blancarte, 2006).

Torna-se necessário, então, redefinir a relação entre o Estado e a Igreja Católica – incluído o bispado castrense -, para adequar-la à configuração social e cultural dos nossos tempos. Seria acertado consolidar um vínculo institucional mais maduro, a partir do reconhecimento da autonomia recíproca.

A consolidação do processo de laicidade necessitará uma transformação profunda no arraigado *modus operandi* dos dirigentes políticos e da aceitação por parte da igreja da nova conformação da sociedade. Ao mesmo tempo, supõem deixar para trás o modelo histórico de compenetração eclesiástico-estatal. Nesse contexto ficará pendente a discussão sobre o papel que deve desempenhar a Igreja Católica em um regime democrático e plural.

---

[13] Durante a presidência de Néstor Kirchner, certos programas de governo marcaram um ponto de inflexão, no sentido de que as políticas públicas não passaram pelo tamis da condução eclesiástica para sua formulação e implementação.

5. Bibliografía

AA.VV. *500 años de cristianismo en la Argentina*. Buenos Aires: CEHILA/Centro Nueva Tierra, 1992.

AMESTOY, Norman. Orígenes del integralismo católico argentino. *Revista Cristianismo y Sociedad nº 108*. 1991.

BIANCHI, Susana. Catolicismo y peronismo: La religión como campo de conflicto (Argentina, 1945-1955). *Boletín Americanista*, año XXXIV, nº 44. Universidad de Barcelona, 1994.

――――. "La conformación de la Iglesia Católica como actor político-social: El Episcopado argentino (1930-1960)". In: BIANCHI, Susana e SPINELLI, María Estela. *Actores, ideas y proyectos políticos en la Argentina contemporánea*. Tandil: Instituto de Estudios Históricos Sociales, Universidad Nacional del Centro, 1997.

BLANCARTE, Roberto. "Principios de la laicidad". Conferencia Magistral en el Curso "Fomentando el conocimiento de las libertades laicas", El Colegio de México, 2006.

BOURDIEU, Pierre. Genèse et structure du champ religieux. *Revue Française de sociologie*, vol. XII, nº 3. Paris, 1971a.

――――. Une interprétation de la théorie de la religion selon Max Weber. *Archives européennes de sociologie*, vol. XII, nº 1. Paris, 1971b.

――――.*Cosas Dichas*. Paris: Gedisa, 1987.

CAIMARI, Lila. *Perón y la Iglesia Católica. Religión, Estado y Sociedad en la Argentina (1943-1955)*. Buenos Aires: Ariel, 1994.

CARREGAL PUGA, Joaquín. Aproximaciones a una lectura social de la historia eclesiástica argentina. *Revista Mexicana de Sociología, año XLIII, vol. XLIII*, 1981.

CASANOVA, José. *Public Religions in the Modern Word*. Chicago, University of Chicago Press, 1994.

――――."Religiones públicas y privadas". In: AUYERO, Javier. *Caja de Herramientas. El lugar de la cultura en la sociología norteamericana*. Buenos Aires, Universidad de Quilmes, 1999.

DRI, Rubén. 1987. *Teología y dominación*. Buenos Aires: Roblanco.

――――. *Proceso a la Iglesia argentina*. Buenos Aires: Editorial Biblos. 1997.

ENCHIRIDION dei concordati, EDB, 2003.

ESQUIVEL, Juan Cruz. Notas sobre las esferas diferenciadas de valor en Max Weber. *Revista Ciências Sociais e Religião nº 1*. 2000.

――――. *Detrás de los muros. La Iglesia Católica en tiempos de Alfonsín y Menem (1983-1999)*. Bernal, Editorial de la Universidad de Quilmes, 2004.

HABEGGER, MAYOL e ARMADA. *Los católicos post-conciliares en la Argentina*. Buenos Aires: Granica, 1970.

MALLIMACI, Fortunato. *El Catolicismo integral en la Argentina (1930-1946)*. Buenos Aires: Editorial Biblos, 1988.

MIGNONE, Emilio. *Iglesia y Dictadura. El papel de la Iglesia a la luz de sus relaciones con el régimen militar*. Buenos Aires: Ediciones del Pensamiento Nacional, 1986.

NAVARRO FLORIA, Juan. "Precisiones jurídicas en torno al Obispo Castrense de la Argentina" (mimeo).

PIERUCCI, Antônio Flavio. O povo visto do altar: democracia ou demofilia. *Revista Novos Estudos CEBRAP N° 16*. 1986.

POULAT, Emile. *Intégrisme et Catholicisme Intégral*. Paris: Casterman, 1969.

――――.*Eglise contre bourgeoisie. Introduction au devenir du catholicisme actuel*. Paris: Casterman, 1977.

ROMANO, Roberto. *Brasil: Igreja contra Estado*. São Paulo: Kairos, 1979.

WEBER, Max. *Economía y Sociedad*. México DF: Fondo de Cultura Económica, 1944.

――――. *Ensayos sobre sociología de la religión*. Madrid: Taurus, 1984.

ZANATTA, Loris. *Del Estado liberal a la Nación católica. Iglesia y ejército en los orígenes del peronismo (1930-1943)*. Buenos Aires: Universidad Nacional de Quilmes, 1996.

Fontes:

Boletim da Agência Informativa Católica Argentina (1989-1999).
Documentos da Conferência Episcopal Argentina (1989-1999).
Jornais: Clarín, La Nación, Página/12, Ámbito Financiero, El Cronista.

— 6 —

A garantia das liberdades laicas na Suprema Corte do Canadá

MICHELINE MILOT[1]

Sumário: Introdução sobre o Canadá; A laicidade: algumas reflexões preliminares sobre a separação e a neutralidade; A laicidade canadense; As garantias constitucionais das liberdades laicas; Igualdade perante a lei, igualdade de benefício e proteção igual da lei; Programas de promoção social; O multiculturalismo; Os julgamentos da Suprema Corte do Canadá; O caráter não neutro e discriminatório de certas leis seculares; Casamento entre pessoas de mesmo sexo; As famílias homoparentais nos manuais escolares; Reflexões teóricas para concluir;

Introdução sobre o Canadá

O Canadá é um Estado federal cujo território é cerca de 10% maior que o Brasil e que possui apenas 32 milhões de habitantes.

O território, ocupado primeiramente pelas Primeiras Nações, teve o estabelecimento de uma colônia francesa em 1508. A Nouvelle-France foi conquistada pela Inglaterra em 1753, o que pôs fim à política do Antigo Regime no qual a igreja católica era muito intolerante quanto à diversidade religiosa. O Canadá de hoje foi oficialmente fundado pela Constituição de 1867.

No mundo inteiro, é o país que acolhe a maior porcentagem de imigrantes em relação a sua população: 16% da população canadense não nasceram no Canadá. A religião que conta com o maior número de adeptos, segundo o censo, é o catolicismo.

Nessa apresentação, gostaria de mostrar o tipo de laicidade que é adotada no Canadá, e os fundamentos jurídicos a partir dos quais ela adquire uma significação.

Logo após, procurarei dar exemplos de julgamentos da Suprema Corte a respeito da garantia das liberdades laicas.

Mas antes, permito-me apresentar algumas observações preliminares sobre os elementos constitutivos da laicidade.

---
[1] Ph.D. Professora no Departamento de Sociologia Université du Québec à Montréal - Montreal (Quebec) Canadá.

A laicidade: algumas reflexões preliminares sobre a separação e a neutralidade

A laicidade supõe, fundamentalmente, que a *legitimidade* do Estado e das normas coletivas que ele elabora não é baseada nas doutrinas religiosas ou na aprovação de uma igreja, mas na soberania dos cidadãos, livres e iguais. Essa *separação dos poderes* é o fato da maioria dos Estados democráticos, esteja ou não inscrita na Constituição. No entanto, esse princípio de laicidade não significa necessariamente que a concepção dominante da cidadania esteja livre de uma *influência da religião majoritária*. Essa influência pode ser exercida diretamente pela governança política ou por minorias da população que estão em posição de poder. Para manter sua legitimidade, o Estado pode ficar tentado a calcar algumas de suas leis em modelos cristãos, apresentando-os como seculares e universais.

Assim, na minha opinião, a *neutralidade* é um componente essencial da laicidade, pois representa o indicador maior da separação que pode existir entre a laicidade formal e sua aplicação concreta. A neutralidade supõe que o Estado não favoreça ou desfavoreça nenhuma religião ou convicção moral. Mas a essa exigência restritiva é preciso acrescentar uma exigência positiva: o Estado *não pode se contentar em afirmar* a importância dos direitos e liberdades religiosas sem cuidar para que as condições institucionais garantam aos cidadãos a possibilidade de vivê-las no dia a dia. Ele deve também *cuidar ativamente para que nenhuma discriminação* seja exercida nesse domínio. Por isso, há necessidade de uma vigilância constante do Estado para que os direitos formais se tornem direitos reais para cada cidadão, sem discriminação.

Penso que a laicidade no século 21 é mais do que nunca uma questão de *ética política*. Hoje, a mais profunda justificativa da laicidade encontra-se menos na proclamação da separação do que no *reconhecimento da diversidade* moral e religiosa e na *justiça política* que deve garantir que *nenhuma discriminação* seja exercida no exercício das liberdades fundamentais. Há aqui um desafio que se apresenta diante da neutralidade política.

A laicidade canadense

O Estado canadense nunca proclamou oficialmente a laicidade, mas seus elementos constitutivos, descritos anteriormente, enraizaram-se desde o século XVIII.

A constituição canadense não contém qualquer referência sobre as relações entre as religiões e o Estado. Os termos de separação ou de laicidade não aparecem na Constituição. Esse silêncio constitucional é surpreendente, já que a construção do Estado ocorreu, após a *Conquista de 1759*, sob o governo da Inglaterra, que se inscreve até hoje na tradição da Igreja estabelecida, o Anglicanismo.

Mas o Canadá não conheceu nenhum acontecimento de maior conflito referente à organização das relações entre as esferas religiosa e política. A separação e a neutralidade tomaram lugar na ação política como componentes *efetivos* da prática da governança política em meio a duas tradições de Igrejas estabelecidas: Católica (presente na Nouvelle-France) depois Anglicana, após a Conquista britânica de 1759. *Nenhuma religião pôde se impor na colônia*, e a Igreja católica, influente no nível social e moral entre os *Canadiens-français*, permaneceu sendo uma Igreja sobre a dominação da Grã-Bretanha. Ela não podia pretender permanecer sendo uma religião de Estado como no Antigo Regime francês. Por sua vez, as Igrejas protestantes contribuíram para esta autonomia recíproca do Estado e das Igrejas. Em um tal contexto sócio-religioso, o Estado não precisou garantir constitucionalmente sua própria autonomia.

De fato, a laicidade e a neutralidade aparecem como construções jurisprudenciais no Canadá.[2] Como se trata de um regime de *Common Law*[3] (ou de direito de costume), as jurisprudências têm um peso muito importante. Trata-se de uma laicidade "de fato", afirmada nos julgamentos de tribunais, e não de um princípio abstrato que já estaria enunciado no direito formal. Desde a metade do século XX, explicitamente, os julgamentos reiteram que *"Em nosso país, não existe religião de Estado"*,[4] apoiando-se em uma tradição jurídica que data do século XVIII.

A laicidade não aparece como uma filosofia política combativa de "separação", mas como um princípio de *"organização e de reconhecimento da diversidade"*. As liberdades de cultos foram reconhecidas desde 1763, depois da Conquista Britânica, *como um meio de garantir a lealdade e a paz social*, a fim de não prejudicar a prosperidade da colônia. Pensa-se aqui na fórmula de Émile Poulat que afirma que a laicidade não consiste simplesmente em uma autonomia dos casos temporais em relação à transcendência, mas também em uma política de pacificação do direito.[5]

As garantias constitucionais das liberdades laicas

Apesar do fato da laicidade ser uma construção jurisprudencial, essa laicidade do Estado está baseada em pontos de apoio jurídicos importantes que guiam a conduta do Estado e a interpretação jurídica da Suprema Corte a respeito dos direitos e liberdades dos indivíduos.

A Carta dos direitos e liberdades faz parte da *Constituição* canadense de 1982,[6] o que coloca o *indivíduo enquanto sujeito do direito* no primeiro plano da

---

[2] M. Milot, "Les principes de laïcité politique au Québec et au Canada", *Bulletin d'histoire politique*, 13, 3, 2005, 13-27; M. Milot, *Laïcité dans le Nouveau Monde. Le cas du Québec*, coll. Bibliothèque de l'École des Hautes Études, Turnhout, Brepols Publishers, 2002.

[3] Ainda que o Quebec tenha podido conservar um código civil herdado do regime francês.

[4] *Chaput v. Romain*, [1955], Supreme Court of Canada (SCC), 834, 840.

[5] Émile Poulat, *Notre laïcité publique*. « *La France est une République laïque* », Paris, Berg International Éditeurs, 2003, p. 14.

[6] O Preâmbulo da Constituição comporta pela primeira vez uma referência à Supremacia de Deus. Mas os juízes jamais o utilizaram e os juristas consideram que seria impossível fazê-lo, pois a "primazia do direito" afirmada

interpretação jurídica. Este componente constitucional é bastante excepcional: essa Carta é *supralegislativa*, não é uma simples lei ou declaração. Nenhuma lei ou iniciativa política pode ir de encontro com os direitos e liberdades ali formulados. Essa Carta jurídica confere um *peso muito importante à magistratura*. No mundo anglo-saxão, somente no Canadá e nos EUA a mais alta magistratura tem tamanha importância em relação à política em matéria de proteção dos direitos e liberdades. No Canadá, os juízes têm o *poder supremo de invalidar as leis julgadas não conformes à Carta* e, portanto, inconstitucionais. (Comparativamente à Grã-Bretanha, existe uma lei promulgada em 2000 sobre os direitos humanos, mas ela não possui valor constitucional. Se uma lei se contrapõe, os tribunais não podem invalidá-la, mas somente emitir uma "declaração de incompatibilidade", e o Parlamento expõe-se eventualmente a uma contestação diante das instâncias européias).

Destaco o conteúdo de dois artigos da Carta que têm uma importância para meu propósito. *O artigo 2* afirma que cada um tem as seguintes liberdades fundamentais: *a*) liberdade de consciência e de religião; *b*) liberdade de pensamento, de crença, de opinião e de expressão, inclusive a liberdade de imprensa e dos outros meios de comunicação; *c*) liberdade de reunião pacífica; *d*) liberdade de associação.

A Constituição garante a igualdade dos cidadãos que ela protege contra um tratamento discriminatório por um grande número de *motivos explicitamente inaceitáveis*, como a raça, a religião, a idade ou o sexo. Essa lista é *aberta*; assim, no momento de sua adoção, *a orientação sexual não estava inscrita* como motivo de discriminação. Foram os juízes da Suprema Corte que interpretaram que se tratava de uma *característica pessoal importante* que merecia ser protegida contra a discriminação tanto quanto a raça ou o sexo.

O título do *artigo 15* sobre os direitos à igualdade e os dois parágrafos que ele contém mostram a *complementaridade* da *igualdade* e a exigência *de promovê-la*, mesmo por meios *corretivos* para aqueles que não têm os mesmos recursos para ter acesso à igualdade.

Igualdade perante a lei, igualdade de benefício e proteção igual da lei

A lei não faz acepção de ninguém e se aplica de forma igual a todos, e todos têm direito à mesma proteção e ao mesmo benefício da lei, independentemente de qualquer discriminação, particularmente discriminações fundadas na raça, na origem nacional ou étnica, na cor, na religião, no sexo, na idade ou nas deficiências mentais ou físicas.

---

no mesmo preâmbulo torna caduco seu alcance interpretativo.

Programas de promoção social

O parágrafo (1) não tem o efeito de proibir leis, programas ou atividades destinadas a melhorar a situação dos indivíduos ou de grupos desfavorecidos, particularmente em razão de sua raça, de sua origem nacional ou étnica, de sua cor, de sua religião, de seu sexo, de sua idade ou de suas deficiências mentais ou físicas.

Quando leis ou medidas não permitem a todos realizar a igualdade ou quando elas têm um efeito indireto de discriminação sobre certos segmentos da população, o Estado *deve providenciar medidas corretivas específicas* para os indivíduos ou grupos em questão para conservar sua neutralidade.

A Suprema Corte lembrou em várias ocasiões que *"proteger uma religião sem conceder a mesma proteção as outras religiões ocasiona a criação de uma desigualdade destruidora da liberdade de religião na sociedade"*.[7]

Os juízes confirmam que o *Parlamento Federal não tem qualquer competência*, em virtude da Constituição, para adotar uma lei que privilegia uma concepção moral ou religiosa em detrimento de uma outra (por exemplo, sobre a concepção do *casamento, do aborto ou da homossexualidade*). De acordo com a interpretação jurídica compatível com a *Carta dos direitos e liberdades,* cada canadense tem o direito de determinar a natureza de suas obrigações religiosas e morais e nenhuma prescrição do Estado a esse respeito é admissível. *Cada cidadão pode também se dirigir às instâncias judiciais para fazer valer seus direitos.* A Suprema Corte é um fórum onde minorias têm voz e suas reivindicações podem ser ouvidas.

O multiculturalismo

Outro pilar importante no estabelecimento da laicidade no Canadá é o multiculturalismo.

O multiculturalismo foi primeiramente uma política antes de ser uma lei. A política sobre o multiculturalismo no Canadá emergiu no centro das *tensões* cada vez mais vivas *entre os francófonos e os anglófonos* nos anos sessenta. Uma *Comissão Real de Investigação* foi instaurada em *1963* sobre o *bilingüismo e o biculturalismo* para propor soluções para esse problema de longa data. Fato inesperado, o debate estabeleceu-se além da polarização entre dois grupos historicamente dominantes: os canadenses franceses e os canadenses ingleses.

Representantes de *diferentes grupos étnicos comunicaram aos comissários que o modelo assimilacionista era ao mesmo tempo um fracasso e uma injustiça.* Esses imigrantes, muito freqüentemente estabelecidos há várias gerações, destacaram-se participando de guerras e na construção do país. Além disso, o *biculturalismo fazia cair no esquecimento as Primeiras Nações. A aceitação oficial das diferenças* culturais e o apoio à pluralidade surgiram como *uma melhor garantia da participação democrática*, da integração e da não discriminação.

---

[7] *Big Drug Mart Ltd* v. *La Reine* (1985, 134, 135).

A *política do multiculturalismo* (revelada em 1971) afirma que o francês e o inglês são as *duas línguas oficiais* do Canadá, mas, sobretudo, que a *pluralidade étnica constitui uma característica da sociedade canadense* e que ela merece ser promovida e preservada.[8] Entretanto, contrariamente à Inglaterra, as instituições separadas não são favorecidas para garantir a preservação das identidades. Pode-se até afirmar que, de um ponto de vista sociológico, quando os cidadãos são aceitos nas instituições públicas com suas diferenças, os traços distintivos se tornam para eles menos significativos para afirmar sua identidade diante da maioria. Uma das apostas da tolerância é que a integração é mais rápida, sem que para tanto as diferenças sejam assimiladas.

A *Lei sobre o Multiculturalismo canadense,* adotada em 1988, apresenta-se como a expressão oficial da política do multiculturalismo formulada em 1971.[9] Ela enuncia uma longa lista de obrigações que incumbem ao Estado e às instituições públicas, obrigações que giram em torno do *reconhecimento e da estima recíproca* das diversas culturas do país, e a *promoção da participação inteira e eqüitativa dos indivíduos* e das coletividades de qualquer origem para a evolução da nação e para a formação de todos os setores da sociedade, e para ajudá-los a eliminar qualquer obstáculo para uma tal participação (c).

Finalmente, no *plano constitucional, o artigo 27* da *Carta canadense dos direitos e liberdades* tem seus reflexos *no multiculturalismo*, como por exemplo:

Manutenção do patrimônio cultural

Toda interpretação da presente Carta deve concordar com o objetivo de promover a manutenção e a valorização do patrimônio multicultural dos canadenses.

Os julgamentos da Suprema Corte do Canadá

Julgamentos da Suprema Corte tratam especificamente da neutralidade ou da laicidade como uma experiência política e jurídica para promover os valores do pluralismo e da tolerância pra preservar as liberdades fundamentais e a não-discriminação. Cito alguns exemplos:

O caráter não-neutro e discriminatório de certas leis seculares

As diversas legislações nacionais trazem necessariamente a marca da herança religiosa e de hábitos adquiridos no decorrer da história. Assim, *mesmo em um*

---

[8] A política não foi poupada pelas críticas por razões ideológicas. Alguns quebequenses viram nisso uma tática para reduzir suas aspirações nacionalistas ao nível da etnicidade, enquanto que os canadenses ingleses temiam a diluição do patrimônio britânico e uma ameaça à unidade canadense. Os efeitos empíricos desses temores não se concretizaram.

[9] http://www.pch.gc.ca/progs/multi/what-multi_f.cfm

Estado oficialmente laico, leis ou regulamentos aparentemente seculares podem atingir o princípio fundamental da igualdade de todos. Pensa-se, por exemplo, nos feriados, nos códigos vestimentares em algumas instituições públicas ou ainda nas leis sobre o casamento que são definidas segundo uma concepção cristã, logo, heterossexual.

As decisões da Suprema Corte do Canadá várias vezes detectaram esse entrave à neutralidade exigida pelo Estado. Por exemplo, muito antes da adoção da Carta canadense dos direitos e liberdades, um célebre causa ilustra essa atitude da Corte. Trata-se do recurso de um membro de Testemunhas de Jeová a quem a cidade de Quebec, no início dos anos 1950, proibia distribuir panfletos em virtude de um regulamento relativo à *ordem pública*. Na ocasião desse julgamento,[10] a Suprema Corte lembrou à Coroa o *dever formal de neutralidade* que cabe ao Estado e *rejeitou as construções a posteriori de secularização de leis* cujo objeto era, na origem, claramente confessional e ajustado às expectativas da maioria católica. Assim, o julgamento afirma claramente, a respeito desse regulamento, que o objetivo real desse regulamento não é prevenir as desordens públicas, mas impedir a difusão de visões religiosas que não são as mesmas que as da maioria católica.

A mesma lógica jurídica foi aplicada na ocasião de recursos judiciários impetrados por comerciantes judeus[11] que não podiam abrir seus comércios nos domingos. Os juízes da Suprema Corte julgaram que a medida judiciária que era a Lei sobre o domingo e que visava a "preservar a ordem e a moralidade públicas", tinha um alcance que criminalizava os atos provenientes da diversidade religiosa não cristã, como abrir os comércios aos domingos (ao passo que eles devem fechá-los no dia do Sabá, privando-se assim de um dia de comércio em relação aos não judeus). O julgamento da Corte é firme: *"não é possível concluir que a Lei sobre o domingo tenha um objeto laico em razão de uma mudança das condições sociais. O objeto de uma lei é função da intenção daqueles que a redigiram e a adotaram na época, e não um fator qualquer sujeito a variações"*.[12]

Esse julgamento salienta também o fato que uma *cultura religiosa dominante*, no caso a cultura cristã, tem outros *efeitos não negligenciáveis* sobre os não cristãos por seu teor *universalmente aplicável*. Dessa forma, uma tal lei "impõe ao conjunto da população *um ideal cristão sectário*", "exerce uma forma de coerção contrária à (...) dignidade de todos os não cristãos", criando um "clima hostil" para com eles e uma *discriminação* concreta.

---

[10] Processo *Saumur* contra *Ville de Québec*, 1953.

[11] O julgamento Sua Majestade a Rainha *contra* Big M Drug Mart Ltd [1985] 1 R.C.S. 295 trata sobre o direito à liberdade de religião e de consciência. Um comerciante judeu, depois de ter sido acusado de ter ilegalmente vendido mercadorias no domingo, Big M Drug Mart Ltd, foi inocentado em primeira e segunda instância, mas a Coroa apelou quanto a essas decisões diante da Suprema Corte. O objeto de litígio foi a constitucionalidade da Lei sobre o domingo: ela se ampara na liberdade de consciência e de religião? Ela se justifica no âmbito dos limites de uma tal liberdade estabelecida pelo artigo 1 da Carta? A Suprema Corte decidiu majoritariamente rejeitar o recurso, declarando inconstitucional a Lei sobre o domingo.

[12] Big M Drug Mart, p. 296.

Casamento entre pessoas de mesmo sexo

Um outro exemplo típico é o do anteprojeto de lei submetido à Suprema Corte do Canadá pelo Ministro da Justiça, em julho de 2003, com o objetivo de revisar a definição jurídica do *casamento para que sejam incluídas as uniões entre pessoas de mesmo sexo*. Vários Estados da província já tinham reconhecido a validade jurídica desses casamentos. O Ministro da Justiça solicitou à Suprema Corte testar a constitucionalidade dessa redefinição.

Apesar da oposição de vários grupos religiosos cristãos e até do Vaticano, o ministério afirmou claramente que em virtude da *Carta canadense de direitos e liberdades*, não se pode *pedir ao Estado que apóie uma certa visão religiosa do casamento nem que assegure a conformidade religiosa das práticas sociais*. Em nove de dezembro de 2004, a Suprema Corte estabeleceu que o reconhecimento do *direito ao casamento civil entre pessoas de mesmo sexo* (e as vantagens jurídicas que a ele são associadas) era proveniente do *direito à igualdade inscrito na Carta canadense*.

As famílias homoparentais nos manuais escolares

Na Columbia Britânica (uma das 10 províncias canadenses), um professor do maternal e do primeiro ano pediu ao conselho escolar de Surrey para *aprovar três manuais* como fontes para o ensino do programa Educação para a vida familiar. *Os livros ilustram famílias homoparentais*. O conselho escolar recusou aprovar os manuais, entre outras razões, porque o conteúdo entrava supostamente em conflito com as convicções dos pais que consideram como imorais as uniões homossexuais, e que as crianças dessa idade eram muito jovens para serem expostas à realidade das famílias homoparentais. A Suprema Corte[13] não aceitou nenhum desses argumentos.

A maioria dos juízes da Suprema Corte confirma, referindo-se aos princípios afirmados na lei escolar da Columbia Britânica (*School Act*), que exige que a laicidade faça com que *nada possa invocar as convicções religiosas de alguns para pôr de lado os valores dos outros*. Segundo os juízes, "esse princípio é justo para com os dois grupos, pois garante a cada um deles o mesmo reconhecimento. De forma que um pode logicamente tudo exigir à condição que se acorde aos outros o mesmo reconhecimento".[14] Os juízes consideram que "o destaque dado pela lei escolar (da Columbia Britânica) sobre a *laicidade* reflete a *diversidade* da sociedade canadense e seu caráter *multicultural*, assim como o envolvimento dos canadenses com os *valores de acomodamento,* de *tolerância* e de *respeito pela diversidade*. Esses valores se traduzem na proteção constitucional do *direito à igualdade* e dos *direitos das minorias*".[15]

---

[13] No julgamento *Chamberlain* v. *Surrey School District* [2002], CSC

[14] *Chamberlain* v. *Surrey School District* [2002], SCC, 19.

[15] *Chamberlain*, 21.

A Suprema Corte entende que o regime constitucional deve garantir que *certas disposições sejam efetivamente tomadas para encorajar as virtudes de tolerância e de confiança mútua,* opondo-se, por exemplo, às diversas formas de discriminação religiosa ou racial.

As medidas tomadas pelas instituições públicas para combater a discriminação, direta ou indireta, e para acomodar as práticas da diversidade não são apreciadas de forma igual por todos os membros da maioria. O fato de que as minorias não sejam incitadas a se reagruparem em instituições separadas, como é o caso na Holanda e, em certos casos, na Inglaterra, coloca *mais diretamente em contato os indivíduos de culturas diferentes com os outros cidadãos nas instituições oficiais.* Os efeitos da afirmação identitária repercutem, portanto, mais diretamente nas relações sociais. As *expressões públicas* de aparência religiosa nas instituições comuns *irritam* às vezes, sobretudo no Quebec. O Quebec é a única província francófona, e a população francófona é *minoritária* no Canadá e na América do Norte. O Quebec considera frágil sua identidade nacional (com ou sem motivos). Sem dúvida, é um dos elementos que explicam que, mais do que nunca, no Canadá, a presença cada vez mais visível de sinais religiosos, os pedidos de locais para cultos ou de horas de trabalho adaptadas aos horários religiosos não cristãos são *vistos como uma ameaça à identidade da maioria* (católica), no entanto *muito secularizada.* Essa maioria no Quebec vê-se de certa forma como uma minoria *sitiada.*

Além disso, há vozes que se fazem escutar no Quebec para que a laicidade seja não um espaço que garanta a livre expressão religiosa, mas *uma laicidade anti-religiosa,* segundo um modelo francês, amplamente fantasiado! Portanto, às vezes, há *uma distância entre a razão jurídica e a razão pública:* as interpretações muito liberais de liberdade de religião e de igualdade pela Suprema Corte podem encontrar resistências, *de acordo com quem se beneficia dos julgamentos.* Alguns chegam até a afirmar que as minorias fazem a lei em detrimento da maioria. Essa percepção é amplamente exagerada. No meu ponto de vista, acho muito pertinente, em uma democracia, que *os tribunais constituam um fórum* onde problemas vivenciados por membros de minorias possam ser debatidos, ao abrigo do que Tocqueville designava "a *tirania da maioria*".

Reflexões teóricas para concluir

No pensamento político contemporâneo, vários autores se debruçaram sobre a questão do reconhecimento e da justiça. John *Rawls* abriu a via à *questão da justiça* como condição fundamental para a igualdade dos cidadãos em uma sociedade pluralista. N. *Fraser* formalizou logo depois uma nova maneira de pensar o reconhecimento, afirmando a necessidade de passar da redistribuição (de bens econômicos e sociais) ao *reconhecimento da dignidade pessoal.*

Axel Honneth[16] defende, nesta linha, que a noção de reconhecimento (e seus contrários como a falta de *respeito ou a humilhação*) constitui sem dúvida um dos melhores meios de analisar os *sentimentos de injustiça* nas sociedades multiculturais. Segundo Honneth, as premissas normativas da interação social repousam em princípios recíprocos de reconhecimento mútuo que contribuem para a formação de uma *imagem positiva de si*. Essa tese não deixa de estar ligada àquela do canadense C. Taylor que insiste sobre o fato "que nossa identidade é parcialmente formada pelo reconhecimento ou pela sua ausência, ou ainda pela má percepção que os outros têm dela: uma pessoa ou um grupo de pessoas podem sofrer um dano (...) se as pessoas ou a sociedade que os cercam lhes enviam uma imagem limitada, abjeta ou depreciativa deles mesmos." (p.41).[17]

Definitivamente, a laicidade é decididamente um *princípio de justiça política*, que deve constituir a *garantia do reconhecimento e da igualdade para a neutralidade* do Estado.

---

[16] Honneth, Axel, *La lutte pour la reconnaissance*, traduzido do alemão por P. Rusch, Paris, Les Éditions du Cerf, c2000.

[17] Charles Taylor, *Le multiculturalisme*, p.41.

A Justiça e a Laicidade

MARIA BERENICE DIAS[1]

Não sei se vocês leram o artigo do Roberto Lorea "Segurança pública e liberdades laicas" publicado no jornal Zero Hora no dia 26 de abril. Se não leram, é uma pena, deveriam ter lido, pois trata exatamente do tema deste evento. Ele usa uma expressão que me chamou muito a atenção: "assédio religioso". Como estava preocupada com minha participação neste seminário, a partir de seu artigo, tomei consciência de um fato e confesso que fiquei muito surpresa: se nos dermos conta, a humanidade sempre foi vítima do assédio religioso.

Todas as religiões, que professam qualquer credo, independentemente do nome que atribuem a seu deus, todas, de uma maneira oportunista, usam o medo para angariar seguidores. O homem tem medo da solidão, do desconhecido, tem medo da morte. Por isso as religiões prometem uma vida extraterrena. Sempre uma vida melhor com grandes recompensas. Para assegurar a vida eterna, só é preciso ser uma boa pessoa, arrepender-se de seus pecados e, é claro, contribuir para a igreja, mediante o pagamento de um percentual de seus ganhos.

De um modo geral, todas as religiões também colocam uma divindade de plantão à disposição de seus fiéis. É um interlocutor presente, disposto a ouvir a qualquer hora, em todas as horas do dia ou da noite e durante todos os dias. Está sempre disponível, ouve de modo atento as queixas, as lamúrias e os desejos de todos os fiéis, e cada um lhe cobra o dever de atender a todos os seus pedidos. Trata-se de uma divindade que além de ouvir, também vê seu interlocutor, tornando-se um acompanhante unipresente.

Também a este deus se atribui a responsabilidade por todas as desgraças que se abatem sobre as pessoas. Com isso ninguém sequer assume as conseqüências de suas ações ou omissões, pois atribui a um ser superior o poder de reger sua vida. Assim, as coisas que lhe acontecem não são fruto de sua desídia ou irresponsabilidade, ocorrem por vontade divida. De modo que, todos se autojustificam, se absolvem. Em contrapartida, as vitórias e as conquistas também são atribuídas a um ser superior. Tudo o que acontece de bom não é por mérito próprio, mas por

---
[1] Desembargadora do Tribunal de Justiça do Rio Grande do Sul. Vice-Presidente Nacional do Instituto Brasileiro de Direito de Família - IBDFAM. www.mariaberenice.com.br

vontade do deus que a pessoa acredita. Méritos pessoais não existem, mas vale a pena pois, afinal, as derrotas não são de responsabilidade própria.

Este ser todo-poderoso também é um grande juiz, protege os bons e pune os maus. Se a punição não acontece nesta vida, a condenação virá depois da morte. Porém, de uma maneira que ninguém sabe explicar, às vezes são impostas algumas punições aos bons, aos inocentes. As desgraças são recebidas como provações, para testar a fé. A recompensa por não questionar o critério celestial, se não vier na vida terrena, certamente virá na vida eterna.

Estes preceitos, com ligeiras variantes, são comuns a todas as religiões. Nenhuma escapa disso. E todas elas, por óbvio, querem aumentar o número de seus seguidores. A força de uma igreja é medida pelo tamanho de seu rebanho, e a maneira de tornarem-se poderosas é ter o maior número possível de fiéis. Este é o motivo que leva as religiões a se apropriarem de um fato natural, a busca da felicidade que leva as pessoas a se unirem. Seja em face do desejo de ordem sexual, seja em decorrência do instinto de perpetuação da espécie, o fato é que todo mundo embala o sonho da completude que deposita no acasalamento.

Assim, todas as religiões solenizam o casamento e transformam os filhos, frutos desta união, em seguidores da mesma fé. Esta é a maneira mais fácil das igrejas se expandirem. É por isso que a sacralização das uniões afetivos acaba interessando tanto à religião. A tendência é transformar o vínculo em eterno para que os cônjuges cumpram o dever de "crescei-vos e multiplicai-vos até que a morte os separe". Cabe lembrar que a Igreja Católica não admite o casamento de pessoas que não tenham capacidade procriativa. Quem for estéril não pode casar. Se houve o casamento, cabe ser anulado. Inclusive, quando o motivo do pedido de anulação é a impossibilidade de procriar, é mais fácil desfazer o casamento religioso do que anular o casamento civil.

Em face da finalidade reprodutiva atribuída ao casamento é que se chega a falar em "débito conjugal", como se a mantença das relações sexuais fosse uma obrigação. Aliás, costuma-se dizer que o casamento se consuma na noite de núpcias, e não quando da celebração do matrimônio.

A grande maioria das religiões tem restrições a qualquer tipo de controle de natalidade. O judaísmo, por exemplo, proíbe a mantença de relações sexuais com uma mulher durante a menstruação, pelo só-fato de que nesse período ela não pode procriar. Não é por outro motivo que a Igreja Católica não admite qualquer método contraceptivo. Aliás, a proibição do uso da camisinha, na época de AIDS, é um descalabro em termos de saúde pública. Os fiéis não deixam de fazer sexo, mas para não desobedecer aos preceitos religiosos, apenas não utilizam qualquer cautela contraceptiva. A gravidez precoce é outra grave conseqüência desta proibição irresponsável.

Da aproximação entre igreja e Estado é que a este interessa a mantença do casamento. Ao menos até entrar em vigor a atual lei que permite a separação e o divórcio extrajudicial, havia a necessidade da intervenção do Poder Judiciário para o desfazimento do casamento. Ainda assim, para separar é exigido o adimplemento do prazo de um ano de vigência do casamento ou a identificação da culpa de um dos cônjuges. Mas o culpado não tem legitimidade para ingressar com a ação de separação, somente o cônjuge inocente pode buscar o desfazimento do casamento, mas para isso é preciso provar a culpa do réu. Depois da separação é preciso aguardar um ano para converter a separação em divórcio. Também para a obtenção do chamado divórcio direto é necessário o decurso de longos prazos: dois anos após a separação de fato ou um ano depois da separação judicial.

Claro que todas essas restrições e limitações estão muito arraigadas à origem sacralizada da família.

Mas há um outro dogma que impõe limitações à prática sexual que só pode ocorrer dentro do casamento e unicamente para fins de reprodução. Não é admitido o prazer nos contatos sexuais. Assim, pelo jeito, se o casal não deseja mais filhos não pode mais transar. Também depois da menopausa é proibida a vida sexual. Aliás, confesso que nunca entendi direito a tal da "tabelinha". Se é um método natural de controle da natalidade, acaba por admitir sexo sem procriação, ou seja, sexo por prazer.

O repúdio das igrejas – particularmente da Igreja Católica – à prática da sexualidade fora do casamento bem como à busca do prazer sexual, leva à rejeição aos vínculos afetivos não-procriativos. Esta é a causa da absoluta aversão às uniões de pessoas do mesmo sexo. Com o nome de "sodomia", a homossexualidade é rotulada como uma aberração, uma ignomínia. O simples fato de o par não poder ter filhos é considerada uma união antinatural, absolutamente inaceitável. Isso porque o relacionamento homossexual, como não dispõe da capacidade procriativa, fica escancarada a busca do prazer, o que se afigura de todo inaceitável.

Esta visão discriminatória dos homossexuais acabou por impregnar a sociedade, que tem a tendência de aceitar a mesmice do igual. A dificuldade de conviver com a diferença leva à rejeição de tudo o que foge ao modelo reconhecido como normal, pelo simples fato de não ser a expressão da maioria.

É muito mais confortável acreditar no que todos acreditam, reproduzir o comportamento majoritário. Aliás, a prova disso é a moda, que acaba impondo padrões homogêneos. Basta lembrar que temos a tendência de ir às festas com roupas iguais aos dos outros convidados. Se todos estão de gravata, certamente o que comparece sem este acessório sente-se desconfortável. Também as mulheres se atrapalham com o comprimento das saias. Parece que todas precisam estar com o mesmo tipo de vestimenta. Certamente, todas nós já passamos por alguma situação constrangedora de estar numa festa com muito brilho ou sem brilho algum, quando a maioria estava vestida deste ou daquele jeito. Ou seja, todos precisamos estar parecidos para nos sentirmos bem.

Talvez seja por isso que, de forma absolutamente ridícula, os convites mais finos indicam a roupa que as pessoas devem trajar. Quando recebemos um convite imaginamos que fomos lembrados porque o anfitrião quer dividir com a gente um momento feliz. Mas, no entanto, nossa presença está condicionada ao fato de dispormos do traje adequado à ocasião. Caso contrário, seremos *persona non grata*. Assim o importante é a vestimenta, não a pessoa. Tal prova que só nos sentindo seguros quando estamos iguais a todos. Com isso passamos desapercebidos, ficamos quase invisíveis. É a mesmice do igual.

Este mesmo fundamento é que leva a sociedade – que se quer democrática, se quer livre – a assumir posturas perversas. Todos querem ser aceitos, mas se negam a aceitar quem foge ao modelo identificado como sendo o certo. Daí a não-aceitação das uniões formadas por pessoas do mesmo sexo. Elas existem, sempre existiram, mas a tendência geral é rejeitá-las, dizer que é feio, que é pecado que é crime. E o pior, parece que é um mal até contagioso, pois todos rejeitam conviver com homossexuais, ser amigo deles.

Para não serem alvo do repúdio de todos, pois não são aceitos pela família, na escola, pelos vizinhos e no ambiente de trabalho, a tendência é ficarem "dentro do armário", ou seja, omitem sua orientação sexual. Com isso acabam condenados à exclusão social.

A postura discriminatória da sociedade, encharcada de preconceito, acaba se refletindo no legislador. Claro que ele não vai se manifestar a favor de um segmento que é alvo do repúdio da maioria. Como referendar o interesse de uma minoria? Como votar a favor de uma lei que atende a uma parcela de excluídos? Ao depois, há o risco de quem abraça a causa dos homossexuais ser identificado como um deles. Parece impossível que alguém defenda interesse de outros. Como a sociedade é muito individualista parece que todos só agem em causa própria, buscam o seu interesse direto. Assim, o parlamentar que votar a fator do reconhecimento dos direitos dos *gays*, além de ficar com o estigma de homossexual, vai desagradar a maioria do seu eleitorado que é heterossexual. Então não há interesse ou vontade política de atender a uma parcela minoritária da população. O resultado é a omissão legislativa.

Diante da postura omissiva do legislador, existe um vácuo no sistema jurídico. Batendo essas uniões às portas do Judiciário, o que encontram? Também uma justiça conservadora e permeada de preconceito.

Diante de uma situação posta a julgamento, a primeira atitude do juiz é buscar a lei aplicável ao caso concreto. Quando não há lei, a tendência é reconhecer que não existe direito a ser tutelado. O juiz parte do pressuposto de que, se não há lei é porque o Estado não quer emprestar conseqüências jurídicas à situação trazida a julgamento. A postura acaba sendo punitiva, ou seja, como a pessoa se comportou fora do modelo legal, não pode ter qualquer direito reconhecido.

Esta situação gera um círculo vicioso. Senadores e deputados não legislam por medo de comprometer sua reeleição. O magistrado nada concede porque acha que a vontade do Estado é não reconhecer direitos. Mas não é essa a intenção do parlamentar. Simplesmente se omite por absoluta covardia de enfrentar uma situação que pode excluí-lo do poder.

A ausência de norma jurídica não significa inexistência de direito. Porém, para os conservadores de plantão justificativas não faltam para negar reconhecimento às uniões homossexuais, que prefiro chamar homoafetivas, porque a origem do vínculo é a afetividade. Começam invocando a Constituição Federal, que reconhece como família a união estável entre um homem e uma mulher. Ao depois, como há a recomendação de promover a transformação da união estável em casamento, seria inconcebível admitir tal possibilidade, até porque o casamento de pessoas do mesmo sexo é considerado inexistente, hipótese que sequer está prevista na lei.

De qualquer forma, a recomendação para que seja facilitada a transformação da união estável em casamento é uma das mais inúteis regras constitucionais. Ora, se as pessoas querem casar, em vez de converter a união estável em casamento, é só casar. Não precisa o Estado promover esta alteração. Até porque casar, além de grátis, é bem mais romântico.

Por tudo isso há uma enorme resistência em reconhecer as uniões homoafetivas como união estável. A saída encontrada pela justiça para evitar o enriquecimento sem causa foi identificar essas uniões como uma sociedade de fato. Mas esta é uma solução muito preconceituosa, porque não enxerga o vínculo da afetividade que marca esses relacionamentos.

No momento em que esses vínculos não são visualizados como uma entidade familiar, as ações são julgadas nas varas cíveis. Identificados os parceiros como sócios, cabe tão-só a dissolução da sociedade mediante a divisão de lucros, ou seja, dos bens que foram amealhados durante o período de convívio. Ainda assim é exigida prova da efetiva participação de cada sócio. É conferido ao parceiro sobrevivente somente a parcela do patrimônio que ele conseguir provar que ajudou a adquirir. O restante vai para os parentes. Com isso se faz meia justiça, justiça de meia-sola. Como sócios não são parentes, estão alijados do direito das famílias e, via de conseqüência, do direito sucessório. Assim, não se garante direito a alimentos, direito de habitação ou direito à herança.

A dificuldade de enxergar a realidade leva a essas perversas distorções. O patrimônio formado ao longo de uma vida acaba em mãos de familiares distantes, que normalmente rejeitavam sua orientação sexual, mas aceitam de bom grado sua herança.

Ora, se a legislação que existe não regula as uniões de pessoas do mesmo sexo, o juiz não pode omitir-se. A própria lei manda o juiz julgar, determina que aplique a analogia, ou seja, invoque o instituto que mais se assemelha à situação posta em julgamento. E ninguém duvida que as uniões homoafetivas são uma sociedade de afeto, e não há como fazer analogia com a sociedade de fato.

O Poder Judiciário, ainda encharcado com preconceitos de ordens religiosas, acaba descumprindo com o seu papel de fazer justiça. Todos nos omitimos na hora de cumprir com a missão que assumimos e que nos levou a sermos juízes, promotores, advogados.

Mas a responsabilidade é nossa. Se o legislador não consegue romper a barreira do medo, são os operadores do direito que precisam fazer justiça. Afinal, quando ingressamos na faculdade de Direito queríamos um mundo melhor, uma sociedade mais justa. Cabe a nós arrancar o véu do preconceito para fazer uma sociedade melhor, mais justa. É necessário atentar que vivemos em um país laico e na hora de se julgar é necessário que nos afastemos dos dogmas da religião que cada um professa. Precisamos estar atentos para assegurar direitos iguais a todos. Esta é a única forma de fazer justiça. Como diz Roberto Lorea, o direito de ser igual nada mais é do que o dever de respeitar a diferença.

A atuação dos evangélicos na política institucional e a ameaça às liberdades laicas no Brasil

MARIA DAS DORES CAMPOS MACHADO[1]

Sumário: I - Introdução; II - Novos atores religiosos e sujeitos políticos; III - As esferas de poder que interessam os coletivos evangélicos e católicos; IV - Conclusão; Referência Bibliográfica.

I - Introdução

O debate contemporâneo sobre a presença das religiões na esfera pública brasileira se organiza em torno de dois eixos: o princípio legal da separação entre o Estado e a Igreja e a tese da privatização da moralidade e da religião.[2] O processo de diferenciação funcional das esferas econômica, política e religiosa tem uma relação seminal com a modernização das sociedades ocidentais e constitui o núcleo do paradigma da secularização. A pertinência e os limites deste paradigma têm sido amplamente debatidos na literatura especializada (Casanova, 2002 e 1997; Giumbelli, 2002; Montero, 2002; Pierucci, 1998b; Hervieu-Leger, 1997; Oro, 2001a) permitindo-nos concentrar nos pontos centrais para a análise das conseqüências da participação de atores religiosos individuais e coletivos na política institucional.

O primeiro deles diz respeito à equivalência freqüentemente estabelecida entre os fenômenos heterogêneos que compõem o processo de secularização. Autores como Casanova e Montero têm procurado demonstrar que, embora se tratem de processos conexos, a laicização do Estado e a privatização da religião são fenômenos distintos e só uma análise que reconheça esta distinção poderá explicar a presença pública das religiões nas sociedades contemporâneas. Para

---
[1] Doutora em Sociologia pelo Instituto Universitário de Pesquisas do Rio de Janeiro – IUPERJ. Professora da Universidade Federal do Rio de Janeiro. É pesquisadora do CNPq e coordenadora do Núcleo de Pesquisa Religião, Ações Sociais e Política da Escola de Serviço Social da UFRJ. www.ess.ufrj.br/nucleoreligiao

[2] Luis Werneck Viana(2001a), por exemplo, argumenta que a "emergência das denominações evangélicas no terreno sans phrase da política republicana é [...] além de surpreendente, paradoxal[...]porque não apenas contraria a tradição republicana de apartar a esfera da religião da esfera da política, como, principalmente, por adotar um crente (cujo comportamento tem sido o de um pastor missionário) como candidato presidencial, após o vertiginoso ciclo de modernização vivenciado pelo país nessas últimas três décadas, circunstância que, na interpretação sociológica dominante, teria aprofundado, em todas as camadas da população, uma atitude em favor de valores secularizados."

Casanova, enquanto a separação do Estado em relação às religiões expressa um processo histórico identificado nas sociedades cristãs ocidentais, o apartamento da religião da esfera pública tem um caráter mais normativo e prescritivo, ainda que tenha jogado um papel fundamental na constituição da ordem liberal. Exemplar neste sentido é a atuação da Igreja Católica que, embora tenha aceitado a separação em relação ao Estado, reluta até os dias atuais em admitir o princípio da absoluta privatização da religião e da moralidade.

O caminho para uma compreensão do estatuto da religião no mundo moderno seria abandonar o viés ideológico que caracteriza como ilegítima toda e qualquer atuação pública das religiões e verificar as diferentes possibilidades de articulação dos grupos confessionais com a sociedade política. Num primeiro cenário, poder-se-ia pensar a entrada da religião na esfera pública para proteger não só sua própria liberdade religiosa, mas todas as liberdades e direitos modernos e o próprio direito de existência de uma sociedade civil e democrática. E neste caso a religião estaria ajudando a constituir e/ou manter a ordem social e política liberal.

Outra possibilidade seria a presença da religião na esfera pública para questionar as pretensões de autonomia absoluta das esferas seculares de organizar-se de acordo com princípios de diferenciação funcional desconsiderando os valores éticos e morais. Nesta possibilidade, as religiões questionariam o armamentismo, a desigualdade social do capitalismo etc. e procurariam colocar limites a ordem social e política liberal. Num terceiro cenário, o objetivo da entrada religião na esfera pública seria proteger o mundo da vida tradicional da lógica administrativa ou jurídica do Estado, questionando a ética discursiva moderna no que se refere à formação de normas e de vontades. (Casanova, op. cit., p.147)

Emerson Giumbelli (2002) vai além das proposições de Casanova e questiona o valor analítico do próprio modelo liberal de separação do Estado em relação à religião. Segundo este autor, "não se pode confundir a extraordinária força histórica desse modelo com sua pertinência enquanto instrumento heurístico. Afinal, é muito provável que em nenhum lugar onde se tenha tentado a sua aplicação ele corresponda ao funcionamento efetivo das relações entre Estado e religião". Nesta perspectiva, o modelo liberal de separação das esferas passa a ser uma das várias modalidades possíveis de relação do Estado com as religiões e são as histórias nacionais que nos fornecerão os elementos fundamentais para a compreensão das controvérsias contemporâneas sobre a atuação pública dos grupos religiosos.

No caso específico do Brasil, a despeito da separação jurídica entre Estado e Igreja promulgada na Constituição republicana de 1891, o princípio de colaboração recíproca introduzido na Constituição de 1934 sugere que as linhas demarcatórias entre a religião e a política são por demais escorregadias e que existem diversas possibilidades de arranjos entre essas duas esferas. Afinal, para além do princípio assinalado, o país assistiu logo em seguida a organização da Liga

Eleitoral Católica, a criação do Partido Democrata Cristão, os movimentos de Ação Católica e, mais recentemente, a aproximação das Comunidades Eclesiais de Base e da Renovação Carismática com a política partidária (Henriques: 1999; Gómez de Souza: 2004; Mainwaring: 1989; Vianna: 2001b, etc.). Nesse sentido, é que não se deve interpretar a participação crescente dos evangélicos nas disputas eleitorais das últimas décadas como uma da emergência do fenômeno religioso na esfera pública, mas sim em termos da ampliação da arena política em decorrência do surgimento de novos atores individuais e coletivos nas sociedades civis e política (Machado, 2006).

Retomarei o tema das linhas escorregadias que delimitam a política e a religião e os partidos e as denominações nas próximas sessões dessa comunicação. Antes, porém, faz-se necessário apresentar este personagem social que entra na cena política e demonstra que a identidade religiosa pode ser tão ou mais importante do que as identidades partidárias que, pelo menos em princípio, deveriam orientar as condutas políticas no sistema da democracia representativa.

II - Novos atores religiosos e sujeitos políticos

As duas últimas décadas do século XX no Brasil foram marcadas por transformações culturais com importantes desdobramentos na política institucional. Na esfera da cultura, propriamente dita, os dados dos recenseamentos do Instituto Brasileiro de Geografia e Estatística de 1991 e 2000 demonstraram a aceleração na tendência de declínio dos católicos e a intensificação da expansão dos evangélicos e dos sem-religião, para ficar nas três categorias numericamente mais significativas. Assim, enquanto os católicos passaram de 83,3% para 73,8% da população brasileira, os evangélicos dobraram de tamanho em termos absolutos, apresentando no intervalo de uma década uma taxa de crescimento de praticamente 100% (Pierucci, 2004). E aqui, é importante esclarecer que a curva ascendente deste grupo religioso encontra-se diretamente relacionada com o movimento de diversificação e difusão do pentecostalismo. Afinal, representando 49% dos evangélicos identificados em 1980, os pentecostais nas últimas duas décadas do século XX deixaram para trás os chamados protestantes históricos, com sua taxa subindo para 67% em 1991 e 68% em 2000.[3]

Demonstrando uma invejável capacidade de selecionar, ressignificar e incorporar elementos de outras tradições confessionais (Birman, 2001 e 2003) e da cultura política dos movimentos sociais desenvolvidos nos últimos vinte anos do século passado (Machado, op.cit. e Conrado, 2001) o pentecostalismo adquiriu uma plasticidade e um caráter dinâmico que parecem paradoxais com o tradicionalismo que marcou a maior parte da história deste ramo do evangelismo. Basta lembrar que entre as principais características identificadas pelos estudiosos des-

---

[3] Segundo Jacob (2003:40), do ponto de vista da educação e da renda, os pentecostais brasileiros se caracterizam por baixos níveis de instrução e de remuneração, uma vez que possuem, sobretudo, o curso de alfabetização de adultos, o antigo primário e o primeiro grau, e recebem até 3 salários mínimos.

tes grupos até meados dos anos 80 estavam: a rigidez moral, o apoliticismo, a opressão feminina e o apartamento da cultura brasileira, expresso, entre outras coisas, na severa condenação ao futebol e ao carnaval. (Machado, 1996, p.153)

Neste contexto de intensas e significativas mudanças, o Rio de Janeiro se destaca por vários motivos: é a unidade federativa com a maior proporção dos "sem religião", 15%, fenômeno que, sem dúvida alguma, deve estar contribuindo para o fato de este estado apresentar a mais reduzida taxa de católicos do Brasil: 57,2% (Pierucci, op.cit.). O Rio ainda se sobressai pela força política de alguns segmentos confessionais que integram o universo cristão. Deve-se registrar que três evangélicos exerceram o cargo máximo na administração do Estado nos últimos dez anos e que a proporção dos parlamentares com essa identidade religiosa também foi muito significativa nesse período. Afinal, foram eleitos quatro deputados federais e cinco estaduais em 1998; um senador de república, dez deputados federais e vinte e seis estaduais em 2002; e quatro federais e treze estaduais em 2006(Machado, 2006a).

E aqui, uma vez mais os pentecostais se destacam, pois são os grupos evangélicos mais competitivos e com maior capacidade de transferir suas influências da esfera religiosa para a esfera política. Este sucesso nas disputas eleitorais é resultado, entre outras coisas, de um rápido processo de formação de lideranças e uma intensa socialização dos fiéis o que expressa revisões nas concepções de política e de cidadania de parte dos grupos pentecostais. Um dos pontos mais importantes talvez tenha sido a adoção do modelo corporativo de representação política com o lançamento de candidaturas oficiais por parte de algumas denominações. Esse tipo de iniciativa ampliou a força política da Igreja Universal do Reino de Deus e, consequentemente, acirrou as disputas no interior do campo evangélico fazendo com que outras igrejas criassem espaços de debate, socialização e organização das iniciativas no campo da política eleitoral.

Só para ilustrar, nas eleições municipais de 2000, foram eleitos nove vereadores evangélicos na capital do estado do Rio de Janeiro, entre eles encontravam-se um bispo, três pastores e uma obreira. Desse conjunto, quatro vieram do quadro de funcionários da Igreja Universal,[4] denominação que ainda apoiou indiretamente outros dois vereadores.[5] Os demais pertenciam às igrejas Assembléia de Deus,[6] Nova Vida[7] e Presbiteriana.[8] No pleito de 2004, embora o número de evangélicos eleitos para a Câmara Municipal não tenha tido grandes alterações, verificou-se uma mudança significativa na correlação de forças dos grupos evangélicos que mobilizados acabaram por eleger representantes das igrejas Internacional da Graça de Deus, Projeto Vida Nova, Congregação Cristã, Batista, Assembléia de Deus, Presbiteriana e da IURD. Ou seja, ampliou-se o espectro

---

[4] Bispo Jorge Braz, Pastor Paulo Melo, Pastor Monteiro Castro e a obreira Lilia Sá.
[5] Aloisio Freitas e Verônica Costa.
[6] Pastor Edmilson Dias.
[7] Jurema Batista.
[8] Jorge Pereira.

dos grupos representados e reduziu-se o poder de influência da última denominação naquela casa.

Pesquisas em outros estados do Brasil demonstram que essa reação não se limitou ao Rio de Janeiro e que a Convenção Geral das Assembléias de Deus no Brasil e a Igreja do Evangelho Quadrangular produziram cartilhas, organizaram encontros para transmitir as orientações das lideranças religiosas junto aos candidatos e para divulgar os projetos políticos dos seus respectivos grupos: Cidadania AD e Cidadania Quadrangular (Bandini, 2004). No plano nacional, a criação nesse período do Fórum Evangélico Nacional de Ação Social e Política, bem como da Frente Parlamentar Evangélica e do Grupo de Assessoria Parlamentar Evangélica revelam ainda a ampliação da capacidade de mobilização e organização dos parlamentares na defesa dos interesses "supradenominacionais", assim como o engajamento de novos sujeitos coletivos e individuais no debate político.

Um *survey* intitulado *Spirit and Power*,[9] realizado no início desse século pelo Pew Research Center em dez países do mundo, demonstra a importância da pertença religiosa na articulação das identidades dos atores sociais brasileiros. Incitados a definir entre a religião, grupo étnico, o continente e a nacionalidade, qual seria a comunidade de maior relevância em suas vidas, 51% dos brasileiros assinalaram a primeira possibilidade. Entretanto, quando se cruzam as respostas com a variável pertença religiosa, verifica-se que entre os pentecostais a porcentagem dos que indicam a religião como principal fonte de identidade é maior do que a média brasileira em vinte e nove pontos (Pew Forum, 2006:150). Essa diferença significativa sugere a tendência dos pentecostais estabelecerem vínculos e compromissos mais fortes com o grupo confessional do que com as demais agremiações da sociedade civil e da política. Mas vejamos com mais cuidado a avaliação que esse segmento faz das outras esferas da vida social.

De modo geral, o brasileiro apresenta uma percepção negativa da sociedade nacional com 79% dos entrevistados indicando o declínio moral como um dos grandes desafios a serem enfrentados na atualidade. A porcentagem dos pentecostais que se mostraram preocupados que a degradação dos padrões de conduta vigentes no país é três pontos percentuais superior à média brasileira e esses entrevistados revelaram também uma expectativa maior em relação à função moral da religião nos outros espaços de organização social e política (idem, p. 196). Dito de outra maneira, embora a dimensão religiosa seja muito valorizada pela população e as instituições constituam importantes pontos de referência ética, essa tendência parece mais acentuada entre os pentecostais. O que pode ser confirmado quando se analisa o grau de confiabilidade dos entrevistados em relação aos componentes de diversos grupos sociais.

De acordo com o *survey*, o brasileiro tende a confiar mais nas pessoas de seu grupo familiar (81%) e em seguida nos integrantes da comunidade religiosa (56%), membros de outras confissões religiosas (37%), nos vizinhos (29%), mi-

---

[9] Ver http://pewforum.org/publications/surveys/pentecostals-06.pdf.

litares (23%), na mídia (19%), no governo nacional (15%) e em último lugar no governo municipal (14%). Entre os pentecostais, embora as pessoas da família também sejam as que mais mereçam a confiança dos entrevistados (81%), chama atenção o fato de que o grau de confiança nas pessoas da igreja seja doze pontos percentuais acima da média brasileira (68%). No que se refere aos demais itens percebe-se que a representação dos que confiam de alguma forma nos membros de outros grupos religiosos, na vizinhança, nos militares, no governo nacional, na mídia e no governo local é de 33%, 22%, 20%%, 14%%, 13% e 9% respectivamente. (idem, p. 180-186)

E aqui nos defrontamos com outra questão importantíssima para esse artigo: se os brasileiros e, em particular os pentecostais, expressam uma insegurança tão grande frente às diferentes esferas do poder político e revelam um grau de confiança significativo em pessoas que integram a sua e outras denominações religiosas, como defender as liberdades laicas e preservar o estado republicano? Em outros termos, poderíamos interpretar o uso crescente da identidade religiosa como atributo eleitoral e o interesse cada vez maior das lideranças evangélicas pela dinâmica partidária, pelos espaços de poder político e pelas alianças com os governantes como evidências do desenvolvimento de um movimento teocrático em nossa sociedade? Como o brasileiro e os integrantes dos grupos religiosos em expansão no campo evangélico avaliam as relações entre as instituições do poder secular e do poder sagrado?

Os dados da pesquisa *Spirit and Power* indicam que, embora 62% dos brasileiros concordem com a separação entre Estado e Igreja no Brasil, 57% são favoráveis a que os grupos religiosos expressem suas posições nas questões políticas e acham importante que os políticos tenham fortes convicções religiosas.[10] Isso é, ainda que se defenda a separação das esferas existe no Brasil uma grande aceitação da participação dos grupos confessionais no debate público e uma valorização dos vínculos religiosos dos gestores do bem comum. No caso dos pentecostais, observa-se que a representação dos que defendem o estado laico é menor em doze pontos percentuais em relação à população em geral, mas mesmo assim, metade dos entrevistados concorda com a separação jurídica das esferas. Já a proporção dos que defendem a participação dos grupos confessionais no debate público e valorizam as convicções religiosas dos candidatos é de 65% e 73% respectivamente (idem, p. 198). Ou seja, pentecostais tendem a aceitar mais os deslocamentos das linhas demarcatórias entre a religião e a política do que a população em geral.

Os resultados dos processos proporcionais de 2006 demonstram, contudo, que a atuação parlamentar e o envolvimento de atores políticos evangélicos em sucessivos escândalos e casos de corrupção nos últimos anos – "Casas Lotéricas", "Mensalão", "Sanguessugas" etc. – podem servir de antídoto à retórica moralista das lideranças religiosas que associa a restauração da ética nas distintas esferas do

---

[10] Ver Pew Forum Research Center :2005;182.

poder político com as candidaturas evangélicas. Afinal, verificou-se uma redução no número de eleitos com essa identidade religiosa em todo o Brasil e isso, não só porque o eleitor estava atento, mas também porque os dirigentes das denominações mais expostas na mídia em função da atuação de seus políticos restringiram o número de candidaturas oficiais para evitar problemas futuros.

Já tratei da ingerência dos dirigentes religiosos na atuação parlamentar dos seus representantes no legislativo e dos conflitos de interesses individuais e coletivos em trabalho anterior,[11] mas é importante lembrar que a opção pelo lançamento de candidaturas oficiais tem se constituído numa estratégia muito arriscada para as igrejas. Por um lado, podem se apresentar como um grupo com força política, fazendo alianças e atuando alinhadamente: caso da IURD, cujos parlamentares, contrariando os demais evangélicos, votaram favoravelmente ao projeto de lei sobre o uso da célula tronco em pesquisas científicas apresentado pelo governo federal. Por outro, não conseguem evitar que os deslizes morais dos atores políticos atinjam a estrutura eclesiástica: o envolvimento do deputado federal Bispo Carlos Rodrigues em escândalo e o assassinato de dois políticos regionais da IURD são exemplos nessa direção. De qualquer maneira, só as pesquisas futuras poderão nos dizer se essa redução expressa uma inflexão na valorização do vínculo religioso como atributo eleitoral ou se constitui num movimento conjuntural com os grupos confessionais conseguindo driblar de alguma maneira o vínculo de seus representantes com as denúncias de desvio de dinheiro público.

Não se pode ignorar também a existência de pontos de tensão entre os interesses partidários e as expectativas da agremiação religiosa. Embora as lideranças políticas tenham adotado a estratégia pragmática de tentar atrair candidaturas de religiosos para ampliar as chances de sucesso nas urnas, verifica-se uma preocupação com o alinhamento preferencial dos parlamentares à comunidade confessional e com a infidelidade partidária. De modo que, se pode perceber, de um lado, as reclamações de pastores, bispos e leigos evangélicos com os preconceitos existentes nas agremiações políticas e, de outro, a insatisfação dos dirigentes partidários com a ingerência de algumas estruturas eclesiásticas na dinâmica interna da associação política e com a indisciplina dos parlamentares religiosos em relação às suas deliberações.

O caso mais evidente de interpenetração das esferas religiosa e partidária foi o do Partido Liberal que durante alguns anos teve pastores e bispos da Igreja Universal do Reino de Deus em postos de deliberação e utilizou edifícios da denominação para instalar escritórios e comitês eleitorais em várias localidades do Brasil. Essa agremiação, posteriormente se fundiu ao Partido de Reedificação da Ordem Nacional (PRONA) e foi engrossar o Partido Republicano Brasileiro (PRB) que, desde sua fundação aparece também fortemente vinculado à Igreja Universal. Pesquisas futuras, certamente, irão jogar luzes no papel desempenhado pela igreja no processo de criação desse partido e nos acordos da direção na-

---

[11] Ver Machado, 2006a.

cional com o governo Lula. O que se pode adiantar é que a coleta de assinaturas para o registro da agremiação no Tribunal Superior Eleitoral mobilizou pastores e fiéis da denominação que tem na figura do senador e bispo Marcelo Crivella uma de suas mais importantes lideranças políticas. E que, a despeito desses laços seminais, os políticos filiados ao partido têm procurado dissociar a imagem do PRB do grupo neopentecostal.

III - As esferas de poder que interessam os coletivos evangélicos e católicos

Os governos de Anthony Garotinho e Rosangela Matheus e as candidaturas de Benedita da Silva e Marcelo Crivella para a administração do estado e do município do Rio de Janeiro sugerem que o empenho dos atores individuais e coletivos evangélicos para participar da política institucional não se restringe ao Legislativo, embora, as conquistas dos grupos religiosos nesse espaço tenham sido muito mais significativas do que no Executivo. De qualquer maneira, queria chamar atenção para as possibilidades de benefícios que a conquista de um cargo executivo abre ao coletivo que serviu de base de apoio do político.

Na primeira sessão desse trabalho já foi mencionada a proximidade da hierarquia católica com o Estado brasileiro, mas nunca é demais lembrar que a instituição católica tem sido a parceira preferencial das agências governamentais não só no plano nacional, como também no regional e no local. Assim, mais do que a liberdade de crença e de organização dos grupos religiosos, a batalha em curso entre os cristãos expressa o interesse dos evangélicos e católicos de propor, deliberar e participar da execução das políticas públicas no país. E aqui, se faz necessário algumas palavras sobre a especificidade do universo religioso em questão e suas diferenças em relação à participação dos católicos na política institucional brasileira.

O braço cristão conhecido como protestante e, mais recentemente como evangélico tem um caráter fragmentário que acaba por pluralizar as instituições religiosas e gerar muita competição entorno dos fiéis e dos espaços sociais que facilitam a socialização religiosa. Essa especificidade tem favorecido não só a expansão do número de templos, pastores e fiéis, como também o lançamento de um grande número de candidaturas de religiosos e leigos das mais diferentes estruturas eclesiásticas. Assim, enquanto a Igreja Católica tenta coibir seus sacerdotes de se engajar na política partidária e nas disputas eleitorais, delegando estas atividades aos leigos, as denominações evangélicas interpretam esses espaços como lócus de poder que permite o fortalecimento de sua capacidade de influência no próprio campo evangélico e frente ao grupo confessional hegemônico no país.

Em trabalho anterior[12] examinei a construção do capital político e a importância que a experiência no pastorado pode desempenhar nesse processo, ou

---
[12] Ver Machado, 2006a.

seja, como a autoridade religiosa pode se transformar em autoridade política,, aqui gostaria apenas de enfatizar que a preferência por candidaturas de pessoas com cargos eclesiásticos resulta da tentativa de algumas denominações de manter controle sobre a atuação parlamentar e as benesses dela provenientes. De modo geral, uma vez eleito o deputado tende a se envolver mais na dinâmica partidária e a se sentir mais fortalecido ou portador de um capital político próprio, situação que dificulta o alinhamento do ator individual ao interesse do coletivo evangélico que o apoiou. O fato de ter um cargo eclesiástico, ainda que o exercício do pastorado tenha sido temporariamente suspenso, deixa o político mais vulnerável às pressões dos dirigentes de sua agremiação religiosa. Sem dúvida alguma, a denominação com maior capacidade de mobilização e de monitoramento dos seus representantes no legislativo é a Universal do Reino de Deus que adota uma forma de organização vertical e centralizada muito parecida com a da Igreja Católica e por isso consegue efetivamente orientar a atuação parlamentar de seus pastores.

Do ponto de vista da sociedade civil, a presença de atores religiosos nas casas legislativas preocupa uma vez que aquele é um espaço de deliberação das normas que vão reger as relações de atores sociais ateus, agnósticos ou das mais diferentes religiões em esferas tão distintas como o mundo do trabalho, da família, da política, e etc. A investigação da atuação parlamentar dos evangélicos fluminenses nos cinco primeiros anos do século atual indica grande empenho na defesa do ensino confessional, dos rituais e celebrações nos templos e em espaços públicos e uma forte preocupação de barrar as iniciativas que favoreçam os arranjos homo-afetivos ou levem à legalização do aborto. Assim, na contramão dos movimentos feministas e em defesa da diversidade sexual, deputados evangélicos não só têm votado contra as propostas de extensão do direito de pensão e serviços médicos aos parceiros de funcionários públicos homossexuais, como também têm apresentado projetos polêmicos e homofóbicos na Assembléia Legislativa do Rio de Janeiro (Machado, 2006a).

Como se sabe, o interesse de grupos religiosos pelas áreas de educação, assistência social e saúde não é propriamente novo e no passado, a igreja católica partilhou, ainda que de forma assimétrica, as parcerias governamentais com os espíritas. Como demonstra os historiadores, a fragilidade da administração pública no país favoreceu e deu uma legitimidade à participação da Igreja Católica nessas áreas nos primeiros anos da república e a Constituição de 1934 com o princípio da colaboração veio reforçar essa tendência. Agora, novos sujeitos tentam se credenciar naquele que parece ser um espaço fundamental para ampliação da capacidade de influência e o fortalecimento institucional do grupo na sociedade.

A história recente do Rio de Janeiro indica que são múltiplas as possibilidades de se usar a máquina estatal em interesse individual ou do grupo de apoio: das parcerias entre entidades filantrópicas e agências governamentais até a implementação de programas clientelistas como o Cheque Cidadão, caso do Governo Garotinho. Se no passado a cultura dos políticos era a de criar centros sociais, hoje esses centros quase sempre personalizados, dividem com as ONGs confessionais os convênios e acordos que transferem do estado não só responsabilidades na implementação de serviços, mas também recursos financeiros que muitas vezes são usados sem transparência e controle da sociedade civil. Para além da possibilidade de desvio público e corporativismo religioso, tais parcerias acabam por fortalecer a imagem do ator individual ou do coletivo religioso responsável pelo oferecimento dos serviços junto à população carente. Nesse sentido, o interesse pelas ações sociais e a maior participação dos evangélicos na política institucional têm ajudado a desconstruir ou desnaturalizar o modelo de relação do Estado brasileiro com a Igreja Católica.

Na área da educação, além do empenho em ampliar os subsídios para as unidades de ensino cristãs, verifica-se também uma preocupação em estabelecer a obrigatoriedade do ensino confessional nas escolas públicas (Carneiro, 2004). E aqui é importante lembrar que a proposta de implantação do ensino religioso no Estado, embora tenha resultado de uma iniciativa de um líder católico, o ex-deputado e líder do Movimento de Renovação Carismática Carlos Dias, contou com a aprovação de parte significativa dos legisladores evangélicos[13] e foi sancionada pelo ex-governador Anthony Garotinho em 2000.[14] Na 8ª legislatura da Assembléia Legislativa do Estado do Rio de Janeiro (2003-2007), parlamentares tentaram imprimir um caráter histórico e sem diferenciação de credos ao ensino religioso. Sabe-se, porém, que as mudanças introduzidas no plenário foram vetadas pela então governadora Rosangela Matheus, que compartilhava com seu marido os ensinamentos evangélicos e se empenhou pela inclusão do "criacionismo"[15] no conteúdo ministrado aos alunos das escolas públicas do Estado.

Outra área que tem exercido uma forte atração junto aos evangélicos é a da política de informação e, mas especialmente, a que cuida da concessão do uso de meios de comunicação eletrônicos no país. Fundamental para o desenvolvimento de qualquer grupo religioso com projeto expansionista na contemporaneidade, a ampliação da mídia requer estratégias que passam pela conquista de uma cadeira no Congresso Nacional, a indicação para a representação partidária na Comissão de Ciência e Tecnologia, Comunicação e Informática (CCTCI) daquela casa e ou pelos acordos com a base governista. Como vários trabalhos já indicaram, a mídia eletrônica desempenha um papel importante no recrutamento de novos fiéis[16] e no processo de construção da biografia pública dos pastores (as) / missionários (as) / obreiros (as) que querem se lançar na vida política, daí ser a CCTCI uma

---

[13] Na sessão de 08/08/2000 votaram a favor os seguintes deputados evangélicos: Laprovita Vieira, Washington Reis e Andréia Zito. Votaram contra: Pastor Divino e Mário Luiz. Nas entrevistas que realizei com os deputados desta tradição religiosa constatei que alguns parlamentares do PMDB que tinham restrições ao caráter confessional imposto ao ensino religioso na proposta foram levados a votar favoravelmente em virtude da orientação da liderança partidária na casa. Ver Machado(2006a)

[14] Lei de nº 3.459/2000.

[15] Os adeptos do criacionismo cristão interpretam as histórias de *Gênesis* como relatos precisos da origem do universo e da vida na Terra, e acreditam que o *Gênesis* é incompatível com as teorias da evolução e do Big Bang.

[16] Fonseca, 1997 e Conrado, e 2000.,

das comissões de trabalho mais valorizadas cobiçadas pelos deputados evangélicos na Câmara Federal.

IV - Conclusão

Para finalizar, queria argumentar que enquanto a Igreja Católica privilegiava o *lobby* junto aos parlamentares e fazia pressão ao governo nos bastidores ou através dos meios de comunicação, alguns grupos evangélicos, os pentecostais em sua maioria, optaram por combinar essas estratégias com o lançamento de candidaturas dos seus quadros transformando lideranças religiosas em profissionais da política. Essa ofensiva ocorre num contexto em que as diretrizes traçadas pelo Vaticano posicionam a instituição numa arena cada vez mais conservadora frente às temáticas do planejamento familiar, do divórcio, da política de prevenção à AIDS, do aborto e etc., o que acaba por favorecer os questionamentos da sociedade civil sobre a relação Estado e Igreja no Brasil. As ameaças de excomunhão aos políticos que votaram a favor da legalização do aborto na cidade do México e o ataque do Pontífice ao divórcio e aos novos arranjos familiares pouco antes de sua visita ao nosso país são alguns exemplos de uma política que tende a reduzir a já pequena capacidade de controle da instituição sobre a conduta dos fiéis.

Como os grupos evangélicos além de se revelarem mais pragmáticos e legalistas em várias dessas questões (Machado: 1996 e 2006b) não formam um bloco homogêneo seja no plano doutrinário seja no campo político, é de esperar que acabem se beneficiando dessa ampliação da discordância no interior do catolicismo em relação às diretrizes do papado. Por outro lado, o fato dessas lideranças conseguirem transformar a comunidade de fiéis em celeiro de votos não só para seus membros, mas para todos aqueles que com ela quiserem fazer algumas alianças, acaba por aumentar sua capacidade de influência na cena política e ampliar sua área de atuação na sociedade brasileira.

De qualquer maneira, minha investigação sobre a atuação parlamentar dos atores evangélicos fluminenses na 52ª legislatura do Congresso Nacional revelou que nem sempre os interesses partidários são compatíveis com os dos coletivos religiosos e que os projetos individuais dos políticos podem se descolar do seu grupo confessional tornando as relações entre a religião mais ambíguas e sutis.[17] Além disso, o envolvimento de vários bispos e pastores legisladores em caso de corrupção parecer ter comprometido um dos pilares do discurso moralista do grupo que colocava a pertença religiosa como um critério fundamental na escolha do candidato ou um importante atributo político para qualquer cargo público. Com isso não estamos querendo afirmar o abandono definitivo de tais estratégias

---

[17] De modo geral, quando o comportamento do parlamentar não corresponde às expectativas da liderança das estruturas eclesiásticas, elas tendem a romper com aqueles e deixando de apoiá-los nos próximos pleitos. No caso da IURD, a liderança adota o expediente de noticiar em seus meios de comunicação o rompimento político e o afastamento das atividades pastorais na igreja.Veja Machado, 2006.

pelos grupos religiosos, até porque se algumas denominações viram seu poder no legislativo reduzido (caso da IURD), outras cresceram (caso da Igreja Sara Nossa Terra) nas eleições de 2006. E não se pode descartar a hipótese de que outras denominações consigam driblar de alguma forma os escândalos e atenuar a crise do modelo corporativo de representação. Contudo, essa conjuntura pode ajudar a população brasileira a desenvolver uma cultura de valorização das liberdades laicas e colocar em outros termos as relações entre o Estado e as igrejas.

Referência Bibliográfica

BIRMAN, Patrícia "Imagens religiosas e projetos para o futuro" In BIRMAN, Patrícia (org.) *Religião e espaço público*, São Paulo, Attar Editorial, 2003, p.235-255.

———. "Conexões políticas e bricolagens religiosas: questões sobre o pentecostalismo a partir de alguns contrapontos". In SANCHIS, Pierre. *Fiéis & Cidadãos*. Rio de Janeiro, Ed. UERJ, 2001, 59-86.

BURITY, J. "Religião, Voto e Instituições Políticas: Notas sobre os Evangélicos nas Eleições 2002". In Burity, J & Machado, M.D.C. (orgs) Evangélicos, Política e Eleições. *Recife, Fundação Joaquim Nabuco, 2005.*

CARNEIRO, Sandra. "*Liberdade Religiosa, Proselitismo ou Ecumenismo: controvérsias acerca da (Re) Implantação do ensino religioso nas escolas públicas do Rio de Janeiro*". Trabalho apresentado no Seminário Temático Republicanismo, Religião e Estado no Brasil contemporâneo durante o XXVIII Encontro Anual da ANPOCS, Caxambu, 2004.

CARVALHO, J. M. "Cidadania na Encruzilhada". In Bignotto, N.(org) *Pensar a República*. Belo Horizonte, Editora da UFMG, 2000, p.105-130.

———. "Mandonismo, Coronelismo, Clientelismo: Uma discussão conceitual". In *Dados*, vol. 40, n. 2, Rio de Janeiro, 1997.

CASANOVA, JOSÉ "Religiones públicas y privadas" In Auyero, Javier. *Cajá de Herramientas*. Buenos Aires, 1999, p. 115-162.

———. "Secularization" In International Encyclopedia of the Social Behavorial Sciences. Vol.20, p. 13786-13791.

CONRADO, Flávio César dos Santos Evangélicos e Ação Social: novas e Velhas configurações do ativismo social protestante no Brasil. XXVII Encontro da ANPOCS – GT Religião e Sociedade; Caxambu, 2003.

———. "Cidadãos do Reino de Deus. Representações, práticas e estratégias eleitorais - Um estudo da Folha Universal nas eleições de 1998". Tese de Pós-graduação em Sociologia e Antropologia. UFRJ – IFICS, 2000.

FONSECA, A. B. Mídia, religião e política: a evangelização da campanha presidencial.. *Logos* (Rio de Janeiro), Rio de Janeiro, v. 11, n. 21, p. 186-207, 2004.

———. Fé na tela: características e ênfases de duas estratégias evangélicas na televisão. *Religião & Sociedade*, Rio de Janeiro, v. 23, n. 2, p. 33-52, 2003.

HENRIQUES, J. M. P. M. *Carisma, sociedade e política - novas linguagens do religioso e do político*. São Paulo: Relume Dumará, 1999. V. 1. 120 p.

HERVIEU-LEGER, Daniele. "Representam os surtos emocionais contemporâneos o fim da secularização ou o fim da religião"? *Religião & Sociedade*, 18/1, Rio de Janeiro, ISER, 1997, p.31-47.

JACOB, César Romero... [et al.] 2003 *Atlas da filiação Religiosa e indicadores sociais no Brasil*. Rio de Janeiro: Ed PUC - Rio; São Paulo: Loyola.

GIUMBELLI, E. *O Fim da religião*. São Paulo, Attar Editorial, 2002.

GOMÉZ DE SOUZA, L.A As várias faces da Igreja Católica. *In Estudos Avançados: Dossiê religiões no Brasil*. São Paulo, nº52, pp.77-96, set./dez.2004.

MACHADO, Maria das Dores Campos. *Política e Religião*. Rio de Janeiro: Fundação Getúlio Vargas, 2006.a.

———. Religião, Família e Individualismo. In Duarte, L.F. D [et alli] *Família e Religião*. Rio de Janeiro:Editora Contracapa, 2006.b.

———. "Existe um estilo evangélico de fazer política?". BIRMAN, P(org.) *Religião e Espaço Público*. São Paulo, Ed ATTAR, 2003.a.

———. "IURD: uma organização welfare" IN: Oro, A & Cortén, A (orgs.). Igreja *Universal do Reino de Deus: do Rio para o mundo*. São Paulo, Loyola. 2003.b

―――. Carismáticos e Pentecostais: Os efeitos da adesão religiosa na vida familiar. Campinas, Editores Associados/ ANPOCS, 1996.

MAINWARING, Scott. *Igreja católica e política no Brasil* (1916-1985). São Paulo: Ed. Brasiliense, 1989.

MARIANO, R.. Neopentecostais: sociologia do novo pentecostalismo no Brasil. 1. ed. São Paulo: Loyola, 2.000.

―――. "Neopentecostalismo: os pentecostais estão mudando". Dissertação de Mestrado da USP. São Paulo, 1995.

MONTERO, Paula "Secularización" In SARLO, Beatriz [et al.] compilado por Altamira, Carlos. *Termos críticos de Sociología de la Cultura*. Buenos Aires, Paidós, 2002,p.211-213.

ORO, Ari Pedro. Religiões e Eleições em Porto Alegre: um comparativo entre 2000 e 2004. In ORO, A P. Debates do NER ano 5 - número 6. Porto Alegre, Editora UFRGS, 2004.

―――. *"A Política Da Igreja Universal E Seus Reflexos Nos Campos Religiosos E Políticos Brasileiros"*. Apresentado no GT Religião e Sociedade durante o Encontro Anual da ANPOCS, Caxambu. Mimeografado, 2002.

―――. "Políticos e religião no Rio Grande do Sul - Brasil". In *Revista Horizontes Antropológicos*, Porto Alegre, 2001, ano 5, nº15, p.161-179.

―――. "Religião e Política nas eleições 2000 em Porto Alegre". IN: *Debates do NER - Religião e Eleições 2000 em Porto Alegre*. Porto Alegre, Editora da UFRGS, Ano 2 – Nº 3, 2001, p: 87-97.

PIERUCCI, Antônio Flávio "Bye Bye, Brasil - O declínio das religiões tradicionais no Censo de 2000". In *Estudos Avançados*, nº 52, São Paulo: USP, 2004. p. 17.28.

―――. "Comportamento Eleitoral na cidade de São Paulo". In: SPOSATI, Aladiza. *Cadernos Mandato*, São Paulo, nº2, 1993.

―――. "Os representantes de Deus em Brasília: a Bancada Evangélica na Constituinte". In: *Ciências Sociais Hoje*, 1989.

VIANNA, Luiz Werneck, "O devoto dos votos". Entrevista concedida ao jornalista Marcos Sá Corrêa e divulgada no site http:// www.no.com.br, Setembro 18, 2001 a.

―――. "A Política e a Religião pelo método confuso". Jornal do Brasil, 19 de Agosto, página 10 do Caderno Principal, 2001b.

PIERUCCI, Antônio Flávio. ; MARIANO, R.. O envolvimento dos pentecostais na eleição de Collor. Novos Estudos CEBRAP, n. 34, p. 92-106, 1992

―――. e PRANDI, Reginaldo. "Religiões e voto; a eleição presidencial de 1994". In: *Opinião Pública*, Campinas, vol.III, nº 1, 1995.

O assédio religioso

ROBERTO ARRIADA LOREA[1]

Sumário: Introdução; Laicidade brasileira; Violações das liberdades laicas; Assédio religioso – um esforço conceitual; Perspectivas; Referências bibliográficas.

Introdução

Conforme Paul Ricoeur, "a intolerância tem sua fonte numa disposição comum a todos os homens, que é a de impor aos demais suas próprias crenças, suas próprias convicções (...) Dois são os aspectos essenciais da intolerância: a desaprovação das crenças e convicções dos demais, e o poder de impedir a estes últimos de viver sua vida como lhes agradar" (Ricoeur, 2007: 19).

Buscando fomentar o debate sobre o tema da intolerância religiosa no ambiente de trabalho, o presente artigo tem por finalidade esboçar um conceito do que seja assédio religioso. Essa iniciativa decorre da percepção de que, a exemplo do que ocorreu com outras modalidades de assédio (sexual e moral), a explicitação da violência simbólica instalada em determinados contextos, por motivo de ordem religiosa, favorece a conscientização de opressores e oprimidos para essa realidade, contribuindo para o mapeamento e correto enfrentamento desse grave problema. De fato, o Poder Judiciário já tem sido chamado a enfrentar esse tema, como teremos oportunidade de ver ao longo do trabalho.

Para tratar o assunto, após uma breve apresentação das bases legais da laicidade brasileira, trabalharei os conceitos já implementados pelos Ministérios do Trabalho e da Saúde acerca do que vem sendo entendido como assédio. Após, buscarei discorrer brevemente sobre algumas situações envolvendo a questão do constrangimento por motivo religioso, analisando distintas possibilidades de assédio religioso em diferentes contextos. Finalmente, analisando algumas situações já enfrentadas pelo Poder Judiciário, buscarei apontar perspectivas para o enfrentamento do tema.

---
[1] Juiz de Direito em Porto Alegre. Mestre e Doutorando em Antropologia Social (UFRGS). Membro da Red Iberoamericana por las Libertades Laicas. Professor na Escola Superior da Magistratura.

Convém desde logo chamar a atenção para o fato de que o assédio religioso pode ocorrer tanto no sentido de constranger alguém a se submeter a uma determinada crença, quanto a partir de uma restrição injustificada às manifestações religiosas pessoais de funcionários ou colegas.

O Estado laico não é ateu nem religioso. Não deve perseguir as religiões, nem promover a religiosidade. Tratando-se de estabelecer regras de convivência, deve-se buscar o mínimo de restrição com o máximo de liberdade, sempre focando o respeito à diversidade religiosa, contemplando crentes e não crentes. Em outras palavras, liberdade de expressão religiosa não se confunde com liberdade de opressão religiosa.

Ciente de que esse trabalho se desenvolve sobre tema ainda por ser explorado no cenário jurídico brasileiro, antecipadamente agradeço por toda crítica que possa vir a contribuir para o aprimoramento da presente reflexão.

Laicidade brasileira

As liberdades laicas, enquanto garantias fundamentais dos cidadãos, consistem em uma limitação à atuação administrativa, legislativa e judicial do Estado. O princípio da laicidade, assegurado pela conjunção dos artigos 5º, VI, e 19, I, da Constituição Federal, estabelece a separação entre o Estado e as instituições religiosas, bem como assegura a inviolabilidade de consciência de crença.[2]

Dentre outros reflexos, posto que não é o foco desse trabalho apresentar o quadro geral das liberdades laicas, pode-se a destacar o direito de não sofrer coação estatal em matéria religiosa e o direito de não revelar a própria convicção religiosa. Essas questões adquirem especial relevância, por exemplo, quando se questiona a presença de símbolos religosos nos prédios públicos. A corrente de pensamento que defende a inércia do Estado frente ao uso de símbolos religiosos no espaço público, alegando ser obrigação da pessoa lesada invocar o seu desconforto frente à presença de símbolos religiosos, desconhece o direito do cidadão a não revelar a própria convicção religiosa.

Quando se examina a laicidade estabelecida na Constituição Federal, mostra-se oportuno referir a alusão feita a Deus no preâmbulo da Constituição. Essa referência do legislador constituinte tem ensejado manifestações equivocadas, decorrentes de uma errônea interpretação que atribui valor normativo ao preâmbulo. A título ilustrativo, pode-se referir:

> Numa democracia, todos têm o direito de opinar, os que acreditam em Deus e os que não acreditam. Mas, na democracia brasileira, foram os representantes do povo, reunidos numa Assembléia

---

[2] Esses são os dois principais dispositivos constitucionais acerca da laicidade: "Art. 5º, inciso VI – é inviolável a liberdade de consciência e de crença, sendo assegurado o livre exercício dos cultos religiosos e garantida, na forma da lei, a proteção aos locais de culto e a suas liturgias"; "Art. 19. É vedado à União, aos Estados, ao Distrito Federal e aos Municípios: I - estabelecer cultos religiosos ou igrejas, subvencioná-los, embaraçar-lhes o funcionamento ou manter com eles ou seus representantes relações de dependência ou aliança, ressalvada, na forma da lei, a colaboração de interesse público".

Constituinte considerada originária, que definiram que todo o ordenamento jurídico nacional, toda a Constituição, todas as leis brasileiras devem ser veiculadas "sob a proteção de Deus", não podendo, pois, violar princípios éticos da pessoa humana e da família (Gandra, 2007).

Em que pese a respeitabilidade do jurista mencionado, parece-me que essa interpretação não pode ser aceita, porque contrária às liberdades asseguradas no artigo 5º, VI, da Constituição, sugerindo um retrocesso ao tempo em que ainda não havia liberdade religiosa, época em que o rei decidia a religião do reino. Como esclarece Dominique Schnapper:

> O princípio da cidadania, característico da modernidade política, é o que funda na atualidade a legitimidade política e constitui a fonte do vínculo social. Viver juntos significa ser cidadãos conjuntamente. Essa é a razão pela qual a separação entre as Igrejas e o Estado é um princípio fundamental da organização política moderna: permite transcender a diversidade de pertencimentos religiosos, possibilita o trânsito à esfera privada das crenças e práticas religiosas e faz do âmbito público um lugar religiosamente neutro, comum a todos os cidadãos, qualquer que seja a Igreja a que pertençam e independentemente de sua renúncia a participar de alguma comunidade religiosa (Schnapper, 2007: 117).

Pode-se concluir que a Constituição Cidadã de 1988 não pretendeu revogar a liberdade religiosa, cujo reconhecimento constitucional remonta à Constituição Republicana de 1891, a qual estabeleceu a laicidade do Estado brasileiro.

Ainda, sobre a relevância jurídica da alusão a Deus constante no preâmbulo, convém destacar que a matéria, inclusive, já foi objeto de enfrentamento no Supremo Tribunal Federal, STF. Em julgamento plenário, que versou precisamente sobre a questão da referência à proteção de Deus, feita no preâmbulo da Constituição Federal de 1988, os ministros do STF chegaram a conclusão unânime sobre a irrelevância jurídica do preâmbulo.

Frente a uma ação direta de inconstitucionalidade, que pretendia ser obrigatória a reprodução nas Constituições Estaduais da alusão à proteção de Deus constante na Constituição Federal, o Supremo Tribunal Federal não deixou dúvidas sobre a laicidade do Estado brasileiro:

> Essa invocação, todavia, posta no preâmbulo da Constituição Federal, reflete, simplesmente, um sentimento deísta e religioso, que não se encontra inscrito na Constituição, mesmo porque o Estado brasileiro é laico, consagrando a Constituição a liberdade de consciência e de crença (C.F., art. 5º), certo que ninguém será privado de direitos por motivo de crença religiosa ou de convicção filosófica ou política (C.F. art. 5º, VIII).
> A Constituição é de todos, não distinguindo entre deístas, agnósticos ou ateístas.
> A referência ou a invocação à proteção de Deus não tem maior significação, tanto que Constituições de Estados cuja população pratica, em suma maioria, o teísmo, não contêm essa referência. Menciono, por exemplo, as Constituições dos Estados Unidos da América, da França, da Itália, de Portugal e da Espanha (STF, Adin 2076-5, Acre. Rel. Min. Carlos Veloso, 15-08-2002).

No julgamento, ficou estabelecido que "o preâmbulo não é uma norma jurídica", dado que "não se situa no âmbito do Direito, mas no domínio da política, refletindo posição ideológica do constituinte". Em seu voto, o relator do acórdão, citando o constitucionalista da Universidade de Lisboa, Jorge Miranda, afirma:

"O preâmbulo não cria direitos ou deveres" resultando que "não há inconstitucionalidade por violação do preâmbulo" (STF, Adin 2076-5, Acre. Rel. Min. Carlos Veloso, 15-08-2002).

Na oportunidade o Ministro Sepúlveda Pertence, referindo-se ao preâmbulo, destacou em seu voto:

> Esta alocução 'sob a proteção de Deus', não é uma norma jurídica, até porque não se teria a pretensão de criar obrigação para a divindade invocada (STF, Adin 2076-5, Acre. Rel. Min. Carlos Velloso, 15-08-2002).

Vê-se que a interpretação que busca assegurar força constitucional à invocação a Deus contida no preâmbulo da Constituição é equivocada e reforça a necessidade inadiável de se aprofundar o estudo da laicidade, disciplina que deveria integrar o currículo dos cursos de Direito.

Para uma melhor compreensão da postura que é devida ao Estado laico, é preciso ter em mente que o Estado não pode ficar neutro frente ao exercício da liberdade religiosa. Ele deve tomar partido, assegurando a sua promoção, posto que se trata de uma liberdade fundamental nas democracias modernas. Contudo, não é correto afirmar que o Estado tenha interesse em promover a religiosidade em si mesma, pois não se confunde valorar positivamente a liberdade religiosa com valorar positivamente a própria religiosidade (Huaco, 2005: 349).

A tentativa de imposição pelo Estado (por ato administrativo, lei ou decisão judicial) de uma determinada visão religiosa de mundo, viola a laicidade, como destaca Daniel Sarmento:

> A laicidade do Estado não se compadece com o exercício da autoridade pública com fundamento em dogmas de fé – ainda que professados pela religião majoritária –, pois ela impõe aos poderes estatais uma postura de imparcialidade e eqüidistante em relação às diferentes crenças religiosas, cosmovisões e concepções morais que lhes são subjacentes (Sarmento, 2006: 116).

Frente à laicidade do Estado brasileiro, é necessário que se observe, como destaca Alexandre de Moraes, que "a liberdade de convicção religiosa abrange inclusive o direito de não acreditar ou professar nenhuma fé, devendo o Estado respeito ao ateísmo" (Moares, 2006: 123).

De uma correta aplicação do princípio da laicidade depende a garantia das liberdades laicas. Não podem haver exageros por parte do Estado, restringindo-se a liberdade religiosa injustificadamente, como é o caso da proibição de manifestações pessoais de crença nas escolas francesas, onde ficou proibido ingressar na escola utilizando signos religiosos. Também não podem haver omissões, como é o caso da decisão administrativa do Conselho Nacional de Justiça, CNJ, ao deixa de reconhecer que a presença de símbolos religiosos nos Tribunais viola as liberdades laicas daqueles que não professam a fé da maioria ou, professando-a, compreendem que Estado e igreja devem estar separados, como determina a Constituição Federal.

Violações das liberdades laicas

Nas democracias modernas, a adesão religosa se pressupõe voluntária, posto que as pessoas desfrutam da liberdade de aderir ou abandonar uma determinada crença religiosa. Quando isso não acontece, muitas vezes, estamos diante de casos de violações das liberdades laicas.

Recentemente, no estado do Rio Grande do Sul, tomou posse um novo secretário de Segurança Pública. Em seu primeiro dia de trabalho, conforme amplamente divulgado na mídia, surgiu uma nova arma contra o crime: a fé.

Tratava a imprensa de informar o público de que o novo chefe da Secretaria de Segurança Pública no RS, conforme sua prática em outras repartições em que trabalhara, pretendia orar em conjunto com os subordinados. Conforme a imprensa, o novo secretário estaria levando para a Secretaria de Segurança "uma prática já disseminada na Polícia Federal. A cada segunda-feira, por cinco minutos, funcionários se reúnem para ouvir uma citação bíblica e rezar em silêncio. Para concluir, todos dão as mãos e rezam o Pai-Nosso".[3]

Essa notícia merece reflexão acerca da atitude possível aos subordinados hierárquicos perante a prática adotada pela nova chefia. Pode-se argumentar que ninguém está sendo obrigado a participar das orações realizadas no ambiente de trabalho. Contudo, a questão não é tão singela. Parece evidente que a recusa de um servidor ao comparecimento ao ato religioso lhe acarreta uma série de constrangimentos, a começar pelo fato de que poderá passar a ser o foco das atenções relativamente ao seu (não) pertencimento religioso – cujo sigilo é assegurado no artigo 5º, VI, da Constituição Federal.

Nesse caso em particular, a matéria jornalística publicada em jornal de grande circulação mostrava a fotografia do chefe e possíveis subordinados orando juntamente com um pastor. Tratando-se do primeiro dia do novo chefe, como deveriam os servidores reagir? Teriam a tranqüilidade de que a não-adesão ao ato religioso não lhes traria qualquer prejuízo funcional? É possível, mas também é razoável pensar que os servidores possam se sentir constrangidos de contrariar a vontade manifestada pela nova chefia, recém-empossada.

Ao transformar o espaço da Secretaria de Segurança Pública em local de culto, o Secretário de Segurança, conscientemente ou não, incorre na prática de assédio religioso em relação aos servidores, dada a sua posição hierárquica (o chefe) frente aos servidores públicos lotados na Secretaria de Segurança (seus subordinados).[4]

Relativamente a este caso concreto da Secretaria de Segurança do RS, é preciso que se compreenda que a prática religiosa – toda ela igualmente respeitável – não encontra lugar no ambiente de trabalho dos servidores públicos, devendo

---

[3] Fonte: http://www.consepro.org.br/noticias/noticias_completa.asp?NotId=202

[4] Convém destacar que mesmo que a totalidade dos servidores submetidos à hierarquia do chefe da repartição compartilhasse a mesma crença religiosa (o que não se afigura provável) estaria havendo a violação do artigo 19, inciso I, da Constituição Federal, que estabelecesse a separação entre o Estado e as igrejas.

ser reservada para horário e local alheios ao desempenho de suas funções estatais.

Impor (ainda que veladamente) a prática religiosa aos servidores constitui-se em grave violação das liberdades laicas, pois ninguém pode sofrer coação estatal em matéria religiosa, sob pena de violação da liberdade de consciência e de crença asseguradas na Constituição. Como já dito, a adesão religiosa só é legítima quando voluntária, revelando-se constrangedora a convocação religiosa proveniente do superior hierárquico.

Tratando-se de assédio religioso, cabe à vítima a reparação por danos morais. Convém observar que, no caso de órgãos públicos, a reparação ao dano moral pode ser dirigida contra o Estado.

Manifestando-se sobre um caso que guarda similitude com o acima descrito, numa situação em que os funcionários de uma determinada empresa privada eram compelidos a orar juntos, o Tribunal Regional do Trabalho de Santa Catarina, TRT-SC, deferiu indenização por dano moral à funcionária.

Conforme relatado no acórdão, a autora da ação relatou que as funcionárias deveriam chegar no local de trabalho às 8h, quando eram obrigadas a orarem segundo a orientação religiosa de uma das sócias da empresa, seguidora da Igreja Evangélica Quadrangular. Todavia, segundo a narrativa da autora, ela professava a fé católica e, por isso, sentia-se violada em sua liberdade de crença.

A juíza-relatora do acórdão, Gisele Alexandrino, afirmou no julgamento:

Primeiramente, no que tange à liberdade de crença, entendo que a obrigatoriedade de participar de cultos, ainda que apenas em forma de orações, de religião diversa que a autora é seguidora, constitui violação de direito constitucionalmente garantido. (...)
É absolutamente reprovável o procedimento da ré em obrigar seus funcionários a participarem de orações de religião diversa da que crêem, o que, sem dúvida alguma, atenta contra a moral do trabalhador, principalmente pelo fato dos proprietários da ré ameaçarem os empregados que não participassem das orações com a rescisão contratual (TRT-SC, 2007).[5]

Participar de orações em seu ambiente de trabalho tem sido uma constante na vida de milhares de servidores públicos brasileiros, cujas repartições realizam cultos religiosos os mais variados, muitos dos quais possivelmente não compactuem com a realização de práticas religiosas no seu local de trabalho.

Poderá parecer que o constrangimento descrito acima é exagerado. Contudo, não é exagero afirmar que alguns agentes políticos do Estado adotam comportamento que autoriza pensar que os servidores, de fato, se sintam constrangidos a aderir às práticas religiosas, independentemente de sua vontade.

A postura de diversos governantes, legisladores e juízes, que promovem a realização de cultos religiosos nas dependências de prédios públicos, conduz à necessidade de se promover a conscientização dos agentes políticos do Estado

---

[5] Tribunal Regional do Trabalho de Santa Catarina. 3ª Turma. Processo nº 00826-2005-025-12-00-2. Acórdão 006930/07. Origem: Vara do Trabalho de Xanxerê, SC.

quanto às suas obrigações frente à liberdade de consciência e de crença daqueles que, sendo seus subordinados, devem ter preservadas suas liberdades laicas asseguradas na Constituição Federal.

Recorrentemente, alega-se que tais práticas religiosas no espaço público estariam respaldadas pela possibilidade de cooperação prevista no artigo 19, I, da Constituição Federal. A lição do constitucionalista José Afonso da Silva, acerca da dimensão jurídica da separação Estado-igrejas não deixa margem à dúvida quanto à inconstitucionalidade presente na realização de cultos em prédios públicos, conclusão a que se pode chegar sob distintos aspectos:

> Pontes de Miranda esclareceu bem o sentido de várias prescrições nucleadas nos verbos do dispositivo: "*estabelecer* cultos religiosos está no sentido amplo: criar religiões ou seitas, ou fazer igrejas ou quaisquer postos de prática religiosa, ou propaganda. *Subvencionar* cultos religiosos está no sentido de concorrer, com dinheiro ou outros bens da entidade estatal, para que se exerça a atividade religiosa.
> (...)
> Mais difícil é definir o nível de *colaboração de interesse público* possibilitada na ressalva do dispositivo, *na forma da lei*. A lei, pois, é que vai dar a forma dessa colaboração. É certo que não poderá ocorrer no campo religioso. Demais a colaboração tem que ser geral a fim de não discriminar entre as várias religiões (Silva, 1991: 223).

A análise é precisa, apontando para a cautela devida aos detentores de cargos públicos, no uso das dependências do Estado para satisfazer crenças pessoais, as quais, ainda que plenamente respeitáveis, não justificam a indevida utilização do Estado para promover a sua religião.

Se, como visto, os servidores em geral estão vulneráveis quanto à efetiva proteção de suas convicções religiosas, parece certo que há uma categoria profissional que tem sofrido mais do que as outras, quando o assunto é assédio religioso. Trata-se dos professores. Por atuarem diretamente no ensino, que no Brasil muitas vezes ainda é confundido com evangelização, são os professores tomados como ferramenta para implementar o proselitismo em favor de uma determinada doutrina religiosa.

A área da educação é, sem dúvida, cobiçada por distintas instituições religiosas. Nesse sentido, pode-se exemplificar com a recente proposta de concordata apresentada pelo Vaticano ao Estado brasileiro, a qual, conforme denúncia trazida à luz pelo jornal Folha de São Paulo, pretendia, dentre outros privilégios, tornar obrigatório o ensino religioso:

> Há informações de que a Santa Sé prepara secretamente com o Brasil uma concordata, isto é, um acordo diplomático para tratar de "interesses comuns". (...) O princípio republicano da transparência dos atos do poder público exige que as autoridades brasileiras informem os cidadãos do que está em pauta. (...) Pelo que a Folha conseguiu apurar, a Santa Sé pede que o Brasil torne as aulas de religião no ensino fundamental (1ª a 8ª séries) público obrigatórias - hoje elas são optativas para o aluno -, crie mecanismos constitucionais que dificultem uma eventual ampliação dos casos de aborto legal - hoje ele é permitido se a gravidez ameaçar a vida da mãe ou resultar de estupro - e encontre formas de evitar que a igreja sofra ações na Justiça, principalmente trabalhistas. O Vaticano tem, por certo,

o direito de propor ao Brasil o que bem lhe aprouver, mas os três pleitos apresentados são, do ponto de vista de um Estado laico e republicano, inaceitáveis.[6]

Reforçando essa noção da importância estratégica dos estabelecimentos de ensino para a disseminação de doutrinas religiosas, podemos também referir o conteúdo de carta enviada pela Conferência Nacional dos Bispos do Brasil, CNBB, ao recém-eleito presidente da República, Luiz Inácio Lula da Silva:

> Tomamos a liberdade de lembrar a V. Ex.cia que muito nos empenhamos no processo eleitoral em oferecer aos cristãos e pessoas de boa vontade critérios para o seu voto. (...)[7]
>
> Se pudéssemos dar uma sugestão concreta, chamaríamos atenção especial para os serviços dos Ministérios da Saúde e da Educação, onde são postos em prática os grandes princípios a serviço da vida, família e da formação das pessoas.[8]

Se nas escolas públicas o risco de assédio existe, ainda mais grave é a vulnerabilidade dos professores de instituições particulares de ensino, conforme denuncia o artigo publicado no jornal do Sindicato dos Professores do Rio Grande do Sul, Sinpro-RS. Assinado pelo Departamento Jurídico da entidade sindical, o texto informa:

> O Sinpro/RS tem se deparado com uma prática particular de assédio emocional envolvendo as instituições de ensino de caráter religioso e o direito humano da liberdade de crença. Através de práticas discriminatórias, algumas instituições dispensam ao professor não-adepto à religião do empregador um tratamento diferenciado, passando a exigir do empregado a participação em cultos e eventos, bem como – em casos extremos – o compelindo a se converter. (...)
>
> Essa violência psicológica sofrida pelo trabalhador implica lesão de um interesse extrapatrimonial; porém, juridicamente protegido, ou seja, acarreta um dano moral passível de indenização. Cabe ao professor buscar junto à assistência jurídica do Sinpro/RS orientação sobre a viabilidade do ingresso em juízo (Sinpro-RS, 2007).[9]

São situações como essas que é preciso conhecer e enfrentar. Certamente a proteção das liberdades laicas só adquirirá eficácia frente a uma adequada demanda que encontre segura resposta judicial, à luz das garantias constitucionais já referidas.

Expostos a projetos de lei que objetivam tornar a escola o local por excelência da difusão de dogmas religiosos, os professores parecem ser os profissionais que mais se vêem expostos ao assédio religioso. Vêem-se muitas vezes submetidos à presença de símbolos religiosos, colocados para atender à convicção religiosa da diretora da escola, independentemente da diversidade religiosa presente entre os professores e demais profissionais que atuam naquele ambiente de trabalho.

---

[6] Fonte: Jornal Folha de São Paulo - 10.05.2007, Editorial "Acordo Sigiloso" – página 02

[7] Em que pese não seja objeto do presente trabalho, importa registrar a admissão explicitada pela CNBB quanto à sua atuação eleitoral, em que pese a vedação da Justiça Eleitoral à realização de campanha nos locais de culto. O tema, a ser oportunamente enfrentado, foi objeto de várias decisões da Justiça Eleitoral.

[8] Texto disponível em: http://www.cnbb.org.br/index.php?op=noticia&subop=13182

[9] http://www.sinpro-rs.org.br/extraclasse/jan07/sindicato9.asp

Para encerrar o rol de exemplos, reporto-me mais uma vez ao Rio Grande do Sul. Em um pequeno município chamado Entre-Ijuís, a Câmara de Vereadores aprovou – derrubando o veto do prefeito – a seguinte lei:

> LEI MUNICIPAL N.º 1.525/06 - Entre-Ijuís, RS
> 11 de julho de 2006.
> DETERMINA QUE AS ESCOLAS MUNICIPAIS DE ENSINO FUNDAMENTAL ADOTEM LEITURA BÍBLICA ANTES DO INÍCIO DAS AULAS.
> Art. 1º. Ficam as Escolas Municipais de Ensino Fundamental obrigadas a instituírem a leitura Bíblica por parte de seus alunos do início das aulas.
> Parágrafo único – A leitura Bíblica deverá ocorrer diariamente, no primeiro horário de cada turno.
> Art. 2º - A escola deverá organizar um calendário entre os alunos para que no decorrer do ano letivo todos os alunos participem da leitura.
> Art. 3º - Esta Lei entrará em vigor na data de sua publicação.
> Art. 4º - Revogam-se as disposições em contrário.

Na inicial da Ação Direta de Inconstitucionalidade que ajuizou contra essa lei, o Procurador-Geral de Justiça afirmou, citando Pontes de Miranda, que "o descrente também tem liberdade de consciência e pode pedir que se tutele juridicamente tal direito". Também colacionou a doutrina de Otávio Piva, argumentando que "É possível falar em religião predominante, mas, como se vê, possui caráter apenas estatístico, não podendo o Estado intervir ou beneficiar qualquer rito, culto ou religião (art. 19, inciso I)".

Ao enfrentar o pedido, o pleno do Tribunal de Justiça do Rio Grande do Sul, tendo por relator o Des. Paulo Augusto Monte Lopes, afirmou, em decisão unânime, que a imposição da leitura da Bíblia nas escolas do Município constituía-se em evidente "privilegiamento de uma religião e resulta violado o princípio constitucional de liberdade de crença". Portanto, a lei foi declarada inconstitucional por afrontar o artigo 5°, inciso VI, da Constituição Federal, bem como o artigo 8°, da Constituição Estadual. Essa interpretação se concilia com o Programa Nacional de Direitos Humanos, cujas propostas governamentais incluem "prevenir e combater a intolerância religiosa, inclusive no que diz respeito a religiões minoritárias e a cultos afro-brasileiros" (PNDH, item 110).

Esse julgamento tem enorme relevância não apenas no contexto brasileiro, mas também latino-americano, posto que o ensino religioso é tema sempre presente quando se trata das relações Estado-igrejas, notadamente na América Latina onde a igreja católica tem larga tradição de evangelização de crianças através de estruturas públicas de ensino.

Ao declarar que a leitura da Bíliba na escola pública viola as liberdades laicas o TJRS antecipa que o ensino religioso obrigatório caracteriza uma violação das liberdades laicas asseguradas no artigo 5°, inciso VI, da Constituição Federal.

Trata-se de jurisprudência pioneira que aponta para uma eficaz garantia das liberdades laicas no Brasil.[10]

Contudo, e porque existem outros projetos dessa natureza, como o chamado "Deus na Escola", aprovado pela Assembléia Legislativa de São Paulo, torna-se relevante refletir sobre o impacto de uma legislação dessa ordem sobre o conjunto de professores. Veriam-se, todos, obrigados à leitura diária de um determinado livro sagrado, abrindo-se diversas hipóteses.

Pode ocorrer que o professor não tenha qualquer pertencimento religioso e, nesse caso, não deve ser compelido pelo Estado a ler um determinado texto sagrado, como se para isso houvesse prestado concurso público. Também pode ser que o professor tenha um pertencimento religioso que aponta como sagrado um outro livro e não aquele cuja leitura foi obrigada por lei. Nesse caso, estaria sendo francamente submetido a um grave constrangimento de natureza religiosa.

Pode ocorrer ainda que o professor compartilhe a doutrina religiosa ditada pelo livro sagrado cuja leitura foi legalmente obrigada. Entretanto, mesmo concordando com o conteúdo do livro, entenda que ele tem liberdade para ler seu livro sagrado quando quer, não podendo ser obrigado a tanto pelo Estado. Também pode esse mesmo professor, concordando com o conteúdo do livro, rechaçar a idéia de impor aos alunos a obrigação de sua leitura, acreditando que todos devam ser livres para se aproximar ou não de alguma doutrina religiosa.

Pode-se ampliar as hipóteses, sempre reforçando a inconveniência e inconstitucionalidade do ensino religioso, partindo-se da perspectiva do assédio religioso.[11] O argumento recorrente, de que a maioria da população compartilha uma determinada fé não resiste a singelo raciocínio: se tantas pessoas compartilham essa mesma fé, certamente não faltam lares e templos onde as crianças podem ter contato com essas doutrinas religiosas, uma razão a mais para reservar o período em que estão na escola para que aprendam o que a ciência tem a ensinar. Embora singelo, o raciocínio sugere que, de fato, não se trata de pregar para convertidos, mas sim de conquistar novas adesões religiosas por intermédio da estrutura pública de ensino.

Os exemplos mencionados no presente artigo apontam para a necessidade de se regulamentar a matéria relativa ao assédio religioso, como uma forma de se aprimorar a laicidade do Estado.

Assédio religioso – um esforço conceitual

O tema do assédio religioso vem adquirindo cada vez mais importância, na medida em que o mercado religioso se torna mais competitivo. Em países de

---

[10] Do mesmo modo, à evidência, impor o ensino público religioso estabelece uma aliança entre o Estado e as igrejas, aliança esta que é proibida pelo artigo 19, inciso I, da Constituição Federal.

[11] Deixo aqui de referir o direito das crianças e adolescentes, bem como dos pais, em razão de estar focando o tema do assédio religioso em relação aos professores.

língua inglesa já está consolidada a expressão "religious harassment", encontrando-se diversos textos que remetem às atitudes recomendadas/não recomendadas, tanto para o empregador quanto para o empregado, relativamente ao tema. No âmbito do serviço público, há governos que inclusive já emitiram manuais de orientação aos servidores.

Exemplo disso é o "Guidelines on Religious Freedom and Religious Expression in the Federal Workplace", editado em 1997 pelo Governo dos Estados Unidos.[12] O documento orienta o comportamento de gestores e servidores federais relativamente ao tema das liberdades religiosas e de expressão religiosa. Com vários exemplos ilustrativos, revela minuciosa preocupação em assegurar as liberdades laicas, adotando as cautelas necessárias para que a liberdade de expressão religiosa não se converta em liberdade de opressão religiosa.

Também na língua portuguesa se está introduzindo o conceito – ainda exploratório – de assédio religioso. A expressão está presente, por exemplo, na "Carta de Direitos do Doente Internado", editada pelo Ministério da Saúde, nos seguintes termos: "Faz-se notar que é altamente incorreto que o ministro de uma religião faça assédio religioso a outros pacientes internados". Adiante, a Carta, contemplando a fragilidade do paciente internado, estabelece que: "Todo o proselitismo é proibido, seja por uma pessoa internada, um voluntário, um visitante ou um membro do pessoal".[13]

Contudo, apesar da referência expressa ao vocábulo "asségio religioso" presente no texto produzido no âmbito do Ministério da Saúde, trata-se de um conceito que ainda não está difundido na sociedade em geral. Tampouco no âmbito do serviço público brasileiro o assédio religioso tem recebido a devida atenção, seja da parte dos servidores, seja da parte dos gestores públicos.

Incialmente, podemos buscar uma aproximação dos elementos caracterizadores de outras modalidades de assédio, quais sejam o sexual e o moral. A partir dessas definições, tornam-se mais nítidas as características do comportamente que pode ser tipificado como assédio religioso.

O Ministério do Trabalho apresenta em seu *site*,[14] os seguintes conceitos:

> Assédio sexual. A abordagem, não desejada pelo outro, com intenção sexual ou insistência inoportuna de alguém em posição privilegiada que usa dessa vantagem para obter favores sexuais de subalternos ou dependentes. Para sua perfeita caracterização, o constrangimento deve ser causado por quem se prevaleça de sua condição de superior hierárquico ou ascendência inerentes ao exercício de emprego, cargo ou função.
>
> Assédio moral. É toda e qualquer conduta abusiva (gesto, palavra, escritos, comportamento, atitude, etc.) que, intencional e freqüentemente, fira a dignidade e a integridade física ou psíquica de uma pessoa, ameaçando seu emprego ou degradando o clima de trabalho.

---
[12] O texto integral está disponível em: http://clinton2.nara.gov/WH/New/html/19970819-3275.html .
[13] Como conciliar a presença de ações pastorais com a vedação ao proselitismo é questão que precisa ser enfrentada, porquanto a missão pastoral visa exatamente à evangelização, ainda que a realize, não raro, com verbas estatais destinadas à saúde pública.
[14] http://www.mte.gov.br/trab_domestico/trab_domestico_assedio.asp

Ambas as referências aproveitam à presente reflexão, na medida em que versam sobre situações que ocorrem no ambiente de trabalho, e necessariamente dizem respeito a uma relação hierárquica, ainda que nem sempre aconteçam no próprio local de trabalho.

Relativamente ao assédio sexual, passou a ser tipificado como crime, com pena de 01 a 02 anos de detenção, através da Lei n° 10.224, de 2001, tendo o legislador adotado a seguinte redação:

> Art. 216-A. Constranger alguém com o intuito de obter vantagem ou favorecimento sexual, prevalecendo-se o agente da sua condição de superior hierárquico ou ascendência inerentes ao exercício de emprego, cargo ou função. Pena - detenção, de 1 (um) a 2 (dois) anos.

Dos elementos até aqui examinados, pode-se verificar que o constrangimento (violador da dignidade da pessoa humana) está presente em todas as considerações hipotéticas. Ora é o superior hierárquico pressionando para obter satisfação sexual, ora é o superior hierárquico adotando atitude inoportuna em face da vulnerabilidade do empregado, cuja resistência ao assédio poderá levar à perda do emprego.

Seguindo-se essa linha de pensamento, percebe-se que a finalidade da norma em exame é proteger a dignidade do empregado no ambiente de trabalho, pode-se arriscar, desde logo, um esboço conceitual, que aponta para uma definição, ainda preliminar, de assédio religioso:

> A abordagem, não desejada pelo outro, com intenção religiosa ou insistência inoportuna de alguém em posição privilegiada que usa dessa vantagem para obter adesão a prática religiosa por parte de subalternos ou dependentes, impondo-lhes constrangimento de ordem religiosa.

Perspectivas

Para finalizar o presente trabalho, apresentarei algumas práticas que revelam a possibilidade de se harmonizar o pertencimento religioso com a diversidade, focando-se o respeito aos colegas de trabalho e contribuindo para um ambiente laboral em que todos, sem discriminação, possam conviver em harmonia. São atuações profissionais pautadas pelas liberdades asseguradas na Constituição Federal que servem de estímulo para que se continue lutando pela consolidação das liberdades laicas e o respeito à laicidade.

Informado da realização de cultos religiosos no prédio do Instituto Nacional da Colonização e Reforma Agrária, INCRA, o Procurador da República Rômulo Moreira Conrado, consciente das atribuições do Ministério Público, não tardou em adotar as medidas necessárias à garantia das liberdades laicas. Através da Recomendação n° 004/07 – GABRO/PRDF/MPF, de 07, de março de 2007, dirigiu-se ao presidente do INCRA. após enumerar as atribuições do Ministério Público, e tecendo as seguintes considerações:

(...)

6. Considerando a necessária separação que se deve estabelecer entre o Estado, através de qualquer se seus órgãos ou autarquias, e quaisquer religiões, não podendo o exercício de cultos religiosos ser promovido em sedes de órgãos públicos, sob pena de causar constrangimento aos servidores que não professam a mesma religião, ofendendo a liberdade de crença;

7. Considerando estabelecer o artigo 19, I, da Constituição Federal de 1988, ser vedado à União, aos Estados, Distrito Federal e Municípios, "*estabelecer cultos religiosos ou igrejas, subvencioná-los, embaraçar-lhes o funcionamento ou manter com eles ou seus representantes relações de dependência ou aliança, ressalvada, na forma da lei, a colaboração de interesse público*", em decorrência do fato se ser o Estado brasileiro laico;

8. Considerando que "*assim como as demais liberdades públicas, também a liberdade religiosa não atinge grau absoluto, não sendo pois, permitidos a qualquer religião ou culto atos atentatórios à lei, sob pena de responsabilização civil e criminal*", devendo a fé ou credo religioso, no interior de órgãos públicos, ser professada de maneira não ostensiva e discreta;

9. RECOMENDO a Vossa Senhoria, nos termos do artigo 6º, inciso XX, da Lei Complementar nº 75/93, que sejam imediatamente, adotadas as providências pertinentes no sentido de coibir a realização de cultos religiosos de qualquer natureza ou credo no âmbito do edifício-sede do Instituto Nacional de Colonização e Reforma Agrária, ou em qualquer de suas unidades, independentemente do horário;

10. Concedo o prazo de 10 (dez) dias para que sejam fornecidas informações acerca do acatamento da presente recomendação, da qual se deve dar ciência aos servidores do Instituto Nacional de Colonização e Reforma Agrária

O resultado da atuação do Ministério Público foi imediato. Através do memorando circular 155/DA, datado de 30 de março de 2007, a diretora de gestão administrativa do INCRA fazia circular a seguinte mensagem:

1. Cumpre-me informar que, por recomendação do Ministério Público Federal, fica proibido a realização de cultos religiosos de qualquer natureza ou credo, nas áreas de todas as unidades do Instituto Nacional de Colonização e Reforma Agrária – Incra.

2. A medida visa atender à RECOMENDAÇÃO Nº 004/07/GABRO/PRDF/MPF, de 07 de março de 2007, convalidada pelo entendimento do DESPACHO/PFE/INCRA/Nº198/2007, de 29 de março de 2007.

A extensa transcrição da recomendação e do memorando se justificam na medida em que são emblemáticas do quanto pode ser simples enfrentar o assédio religioso, atendo-se ao mandamento constitucional que assegura a laicidade do Estado.

Na esfera pública, o mandamento constitucional de separação entre o Estado e as igrejas determina que os agentes políticos do Estado não podem adotar atitudes que conduzam à interpretação de que o Estado (representado pelo gestor público) está fomentando uma determinada doutrina religiosa.

Ilustrativamente, pode-se reproduzir o que afirma o item quarto do documento antes referido, regulador da expressão religiosa no ambiente do serviço público federal norte-americano:

(4) Expressão [religiosa] em áreas acessíveis ao público. Onde o público tem acesso ao local de trabalho no serviço público federal, todos os funcionários devem ser sensíveis à exigência contida na *Establishment Clause* de que a sua expressão religiosa não crie uma razoável impressão de que

o Governo está patrocinando, endossando ou inibindo, de forma geral, a religião, nem a de que está favorecendo ou desfavorecendo qualquer religião em particular. Isso é especialmente importante em agências com funções que envolvem julgamento.[15]

É um modelo, entre tantos outros, que pode servir de inspiração para que desenvolvamos um instrumento adequado à nossa realidade sociocultural, com o objetivo não de restringir esta ou aquela manifestação religiosa, mas propiciar uma convivência harmônica no ambiente de trabalho. O que é certo, entretanto, é que não se pode mais ignorar a existência do assédio religioso em nossa sociedade, continuando a agir como se fosse um tema irrelevante.

Referências bibliográficas

HUACO, Marco. *Derecho de la Religión. El principio y derecho de libertad religiosa em el ordenamiento jurídico peruano.* Lima: Fondo Editorial de la UNMSM, 2005.

MORAES, Alexandre de *Direitos Humanos Fundamentais.* São Paulo: Editora Atlas, 2006.

GANDRA, Ives. http://www.juristas.com.br/a_2356~p_2~Sob-a-prote%C3%A7%C3%A3o-de-Deus

Recomendação nº 004/07 – GABRO/PRDF/MPF, de 07, de março de 2007

RICOEUR, Paul. *Estado Actual de la Reflexión sobre la Intolerancia.* In La Intolerância. Academia Univesal de las Culturas, com prefacio de Elie Wiesel, Buenos Aires: Granica, 2007, p.19-22.

SARMENTO, Daniel *Livres e Iguais – Estudos de Direito Constitucional.* Rio de Janeiro: Lúmen Juris, 2006.

SCHNAPPER, Dominique. *La neutralidad Religiosa del Estado, Institución de Tolerância.* In La Intolerância. Academia Universal de las Culturas, com prefacio de Elie Wiesel, Buenos Aires: Granica, 2007, p.115-119.

SILVA, José Afonso da. *Curso de Direito Constitucional Positivo.* São Paulo: Revista dos Tribunais, 1991.

---

[15] GUIDELINES ON RELIGIOUS EXERCISE AND RELIGIOUS EXPRESSION IN THE FEDERAL WORKPLACE (4) Expression in Areas Accessible to the Public. Where the public has access to the Federal workplace, all Federal employers must be sensitive to the Establishment Clause's requirement that expression not create the reasonable impression that the government is sponsoring, endorsing, or inhibiting religion generally, or favoring or disfavoring a particular religion. This is particularly important in agencies with adjudicatory functions.

— 10 —

O ensino religioso na rede estadual do Rio de Janeiro – política e legislação

LUIZ ANTÔNIO CUNHA[1]

Sumário: Antecedentes; Legislação privatista e expansionista; Concurso público sob controle privado; Lei contra Lei; Conclusões; Bibliografia.

O processo político concernente à legislação sobre o ensino religioso na rede estadual do Rio de Janeiro é examinado neste texto, com foco na lei estadual 3.459, de 14 de setembro de 2000. Essa lei estendeu a obrigatoriedade de oferecimento dessa disciplina, nas escolas públicas, para toda a educação básica, e instituiu a modalidade confessional nas escolas estaduais. Seu desdobramento imediato foi o concurso para professores de ensino religioso para o quadro do magistério fluminense.

Antecedentes

Tentativas de se encontrar um denominador comum ao ensino religioso, para as confissões da tradição judaico-cristã, ocorreram desde o início dos anos 60, nos antigos Estados da Guanabara e do Rio de Janeiro. Mas, para não recuar muito, vou mencionar apenas a que ocorreu pouco antes da promulgação da lei em foco.

Em 1994, logo depois de Leonel Brisola ter renunciado ao seu segundo mandato de governador do Estado do Rio de Janeiro para concorrer à Presidência da República, e tendo assumido o vice Nilo Batista, a Secretaria da Educação elaborou um Plano Básico de Educação Religiosa para a rede estadual. Esse plano visava ao ensino religioso desde as séries iniciais do ensino de 1º grau até o fim do 2º grau, e seria implantado gradativamente.

O plano foi antecedido por uma seção de press 2, 4, 6, 8, 10, 12, 14 upostos legais, na qual foi transcrita passagem do projeto de LDB, em tramitação no Congresso Nacional. Curiosamente, só foi transcrita a letra (a) do artigo, na

---
[1] Doutor em Educação (PUC/SP). Professor Titular (Educação Brasileira) da Universidade Federal do Rio de Janeiro. www.luizantonio.cunha.com.br

qual se diz que essa disciplina seria oferecida aos alunos em caráter confessional, de acordo com sua opção ou do seu responsável, ministrado por professores ou orientadores religiosos preparados e credenciados pelas respectivas igrejas ou entidades religiosas. A letra (b), que se referia ao caráter interconfessional, resultante do acordo entre as diversas entidades religiosas, foi suprimida. O interessante é que o texto em foco transcreveu, logo em seguida, passagem do projeto de LDB aprovado na Câmara dos Deputados, mas que não vingou no texto finalmente promulgado. Dizia a passagem que "aos alunos que não optarem pelo ensino religioso será assegurada atividade alternativa que desenvolva os valores éticos ou o sentimento de justiça, a solidariedade humana, o respeito à lei e o amor à liberdade."

A despeito de limitar-se à tradição judaico-cristã, excluindo os espíritas e os cultos afro-brasileiros, além de outros credos, o plano declarou ter havido "grande preocupação com o pluralismo ético, religioso e espiritual existentes na Escola Pública". (p. 12) Sob clara hegemonia católica, seis conceitos fundamentais foram empregados para traçar o denominador comum aos cultos da tradição judaico-cristã: criação, revelação, aliança, redenção, povo de Deus, missão. Mas, os conteúdos programáticos estavam separados, um para cada culto, a saber: católico, evangélico e judaico, nos quais os conceitos assumiram significados específicos.

O plano foi enviado ao Conselho Estadual de Educação, onde recebeu elogioso parecer do relator, Antonio José Chediak, e reparos do conselheiro Álvaro Narciso de Queiroz Bastos, que sugeriu emenda inclusiva no sentido da "facilitação da prática ecumênica a outros credos religiosos". O parecer foi aprovado pela Câmara de Planejamento do Conselho, onde recebeu apenas uma rejeição da parte da conselheira Edialeda Salgado do Nascimento, do Movimento Negro do PDT, partido do governador, que assim justificou sua posição: "Voto contra pelo caráter intolerante e preconceituoso do plano contra as religiões não citadas no mesmo". O plenário do Conselho aprovou o parecer, na forma original, em 13/12/1994.

A primeira iniciativa legislativa sobre o ensino religioso na rede estadual, após a promulgação da LDB-96, foi em março de 1999, da deputada estadual Andreia Zito (PSDB), presidente da Comissão de Educação, Cultura e Desporto, evangélica da Igreja Maranata.[2]

O projeto de lei nº 159/99 previa que o ensino religioso seria ministrado nas escolas públicas em uma hora semanal, no máximo, conforme as preferências dos alunos ou de seus responsáveis, verificadas pela Secretaria por ocasião das matrículas. Essas preferências poderiam ser confessionais ou pluriconfessionais. No primeiro caso, o ensino religioso estaria a cargo de ministros de cada confissão religiosa, credenciados pelos órgãos competentes (sem especificação), bacharéis em Educação Religiosa e bacharéis em Teologia. No segundo caso, o programa seria elaborado pelas entidades religiosas ecumênicas. A despeito do papel atri-

---

[2] Andréia Zito foi eleita deputada federal para a legislatura 2007/2010, pelo mesmo partido.

buído a tais entidades, a palavra final seria da Secretaria Estadual da Educação, a quem caberia verificar "a existência de incompatibilidades com a legislação vigente, no que tange aos direitos fundamentais do cidadão".

Durante a tramitação do projeto Andréia Zito, o deputado Carlos Dias (PFL[3]), católico, de quem se falará muito mais adiante, propôs várias emendas, cujo teor previa, ampliar a oferta do ensino religioso para a educação infantil, o ensino médio, a educação de jovens e adultos, a educação profissional e para a reeducação. Cumpre informar que a Constituição fluminense determinava a oferta do ensino religioso apenas no ensino fundamental, como, aliás, a Constituição federal. O projeto previa, também, a oferta dessa disciplina apenas na forma confessional, conforme as preferências manifestadas pelos pais ou responsáveis ou pelos próprios alunos, quando tivessem 16 anos ou mais, *por religião credenciada pelo Estado*. E ia além ampliava para duas horas semanais a duração das aulas; preferia que os docentes do ensino religioso fossem dos quadros do magistério público estadual e tivessem credencial da autoridade religiosa competente, que deveria exigir do professor formação religiosa obtida em instituição por ela mantida ou reconhecida; autorizava o Poder Executivo a abrir concurso público específico para professores de ensino religioso, que receberiam o mesmo salário dos docentes das demais disciplinas.

A Comissão de Educação, Cultura e Desporto aprovou essas emendas, com um único voto contrário, do deputado Chico Alencar (PT), católico afinado com a Teologia da Libertação. Para ele, não se deveria ampliar os níveis nem as modalidades do ensino que teriam essa disciplina, atendo-se ao que a LDB e a Constituição estadual previam, isto é, apenas para o ensino fundamental.

A apreciação do projeto de lei nº 159/99 pelo plenário da Assembléia foi turbulento, não chegando ele à fase de votação. Retirado de pauta, em dezembro de 1999, foi arquivado em setembro do ano seguinte, por razões que não foi possível detectar.

No mês seguinte ao da apresentação do projeto Andréia Zito, o deputado Paulo Albernaz (PDT), também evangélico, apresentou projeto de lei sobre o mesmo tema, que pretendia incluir no ensino religioso do ensino público fundamental, "o estudo dos livros da Bíblia". Evocando Jean Piaget, a justificativa do deputado dizia que "as crianças adquirem valores morais não por absorvê-los, mas para construí-los interiormente". Mas, o fundamento do projeto evocava uma metáfora bíblica bem diretiva: "não se deve esperar que aflorem na alma da criança qualidades elevadas sem que previamente tenhamos feito ali sua sementeira".

Enquanto o projeto Zito sofria o assédio de Dias, o projeto Albernaz tramitou facilmente, recebendo apenas um aditamento de reforço, que descartou a motivação piagetiana, em proveito de uma atitude ainda mais diretiva, em sin-

---

[3] Em junho de 1999, quando apresentou as emendas, o Deputado era 1º. vice-líder do Partido da Frente Liberal. Em setembro desse ano, quando apresentou seu próprio projeto de ensino religioso, ele havia passado para o Partido Progressista. Ele não foi reeleito para a legislatura seguinte.

tonia com aquela metáfora. No texto final da lei, o estudo dos livros da Bíblia teria, como objetivo, "*repassar* aos alunos os valores morais e espirituais de construção de uma cidadania digna e respeitosa" (grifo meu). Seis meses após sua apresentação à Assembléia, e um ano antes do arquivamento do projeto Zito, o projeto Albernaz (no. 297/99) foi aprovado pelo plenário, sendo sancionado pelo Governador Anthony Garotinho como lei no. 3.280, de 29 de outubro de 1999. Todavia, a lei não foi efetivada, por causa de outra, que a englobou como um caso particular do ensino religioso nas escolas públicas, justamente o produto do projeto Carlos Dias do que tratarei no item seguinte.

Legislação privatista e expansionista

Por iniciativa do deputado Carlos Dias (PP-RJ), ligado à cúpula da arquidiocese católica,[4] a Assembléia Legislativa aprovou a lei nº 3.459, de 14 de setembro de 2000, com base em ampla maioria, que estabeleceu normas para o ensino religioso em todas as escolas públicas da rede estadual. O Governador do Estado, Antony Garotinho, que aderiu a uma denominação evangélica durante seu mandato, sancionou a lei, numa inédita aliança tácita entre as expressões políticas de ambas as confissões. Vejamos como se desenvolveu o processo político-legislativo.

Em setembro de 1999, portanto antes que o projeto de lei Andréia Zito tivesse sido retirado da pauta da Assembléia Legislativa, o deputado Carlos Dias (já tendo migrado do PFL para o PP) reuniu as emendas que havia proposto e, com elas, apresentou seu próprio projeto de lei, o de nº 1.233/99, com justificativa oral em plenário, em 9/12/99, a qual não foi registrada nos anais da casa.

O deputado Carlos Minc (PT) apresentou várias emendas, que procuravam aliviar o tom confessionalista do projeto Carlos Dias. Essas emendas transferiam a remuneração dos professores dessa disciplina para as instituições religiosas; atribuíam ao Conselho Estadual de Educação a definição dos conteúdos curriculares, ouvidas as entidades religiosas; passavam para a Secretaria Estadual de Educação a competência para regulamentar os procedimentos para a definição dos conteúdos e o estabelecimento de normas para a habilitação e a admissão dos professores; suprimindo o concurso público para professor de ensino religioso; restringiam ao ensino fundamental sua oferta; e suprimiam o caráter confessional dessa disciplina.

Os deputados Laprovita Vieira (PP) e Pastor José Divino (PL), ambos evangélicos, apresentaram, também, emendas suprimindo o artigo que dizia que "o conteúdo do ensino religioso é atribuição específica das diversas autoridades religiosas, cabendo ao Estado o dever de apóia-lo integralmente"; e o que estabelecia os requisitos dos professores do ensino religioso, isto é, registro oficial, prefe-

---

[4] Na época, o deputado pertencia ao movimento Renovação Carismática Católica e apresentava programa na Rádio Catedral, da Arquidiocese do Rio de Janeiro.

rência para os da rede estadual e credenciamento pela autoridade religiosa, que deveria exigir formação obtida em instituição mantida ou reconhecida por elas. Essas emendas não prosperaram, de modo que o Governador Anthony Garotinho sancionou a Lei nº 3.459, em 14 de setembro de 2000. Vejamos o que prevaleceu no texto promulgado.

Embora a Constituição Federal e a Constituição Fluminense previssem que o ensino religioso fosse oferecido obrigatoriamente apenas no ensino fundamental, a lei no. 3.459/2000 estabeleceu que ele seria disciplina obrigatória nas escolas públicas, *em toda a educação básica e em todas as modalidades*, isto é, no ensino regular, na educação de jovens e adultos, na educação especial, no ensino profissional e nos estabelecimentos de reeducação (prisões), sendo oferecida na *forma confessional*, de acordo com as preferências manifestadas pelos responsáveis ou pelos próprios alunos, a partir dos 16 anos. A despeito do confessionalismo, a lei estabeleceu que seria "assegurado o respeito à diversidade cultural e religiosa no Rio de Janeiro, vedadas quaisquer formas de proselitismo".

Durante a tramitação do projeto Carlos Dias, uma importante modificação formal foi feita. Previa-se, inicialmente, que "no ato da matrícula, *será inquirido* aos pais ou responsáveis qual a confissão religiosa a que pertence e, caso seja credenciada, se deseja que seus filhos ou tutelados freqüentem as aulas de ensino religioso". Na lei aprovada e sancionada, o caráter inquisitorial, que supunha serem todos partidários de alguma crença religiosa, foi substituído por algo mais brando, com o seguinte teor: "No ato da matrícula, os pais ou responsáveis pelos alunos *deverão expressar*, se desejarem, que seus filhos ou tutelados freqüentem as aulas de ensino religioso." (parágrafo único do artigo 1º.) Outra importante mudança foi na carga horária da disciplina. Enquanto o projeto previa que ela fosse de duas horas por semana, no mínimo, a lei atribuiu ao Conselho Estadual de Educação o poder de estabelecer sua duração, *dentro das 800 horas-aulas anuais*. Com isso, mantinha-se a carga horária total. A conseqüência foi o necessário encolhimento de certas disciplinas para dar lugar ao ensino religioso.

A lei determinou que as aulas dessa disciplina só poderiam ser ministradas, nas escolas públicas, por professores que tivessem registro oficial e, de preferência, que pertencessem aos quadros do magistério público estadual. Além disso, eles deveriam ser credenciados "pela autoridade religiosa competente", que deveriam exigir do professor formação religiosa obtida em instituição por ela mantida ou reconhecida. Para não deixar dúvida sobre a posição subordinada do Poder Público, a lei determinou que "fica estabelecido que o conteúdo do ensino religioso é atribuição específica das diversas autoridades religiosas, cabendo ao Estado o dever de apoiá-lo integralmente." Com isso, foi automaticamente revogada a Lei nº 3.280/99, a que havia determinado "o estudo dos livros da Bíblia", no ensino fundamental público. Decidir o conteúdo do ensino religioso foi atribuído então às autoridades religiosas, cabendo ao Estado apenas o dever de apoiá-las.

O ponto mais controverso da lei foi, com certeza, a determinação para que se realizasse concurso público para docentes do ensino religioso, estabelecendo-se que sua remuneração obedeceria aos mesmos padrões dos demais docentes.

Pelo decreto no. 31.086, de 27 de março de 2002, o Governador Anthony Garotinho regulamentou a lei no. 3.459/2000. Ficou estabelecido o credenciamento das autoridades religiosas junto à Secretaria da Educação e à Fundação de Apoio à Escola Técnica – FAETEC –, as quais elaborariam os conteúdos programáticos da disciplina, indicariam bibliografia e o material didático a ser utilizado nas aulas dos respectivos credos religiosos, tudo isso devendo ser submetido ao Conselho Estadual de Educação. No que concerne aos professores de ensino religioso, o decreto assegurou a permanência dos que já estavam em atividade, desde que atendessem às condições exigidas pelas autoridades religiosas, atestada em credencial atualizada.[5] Excepcionalmente, seria admitida a contratação de pessoas, por tempo determinado, para suprir a carência de professores, até que se procedesse ao concurso previsto na lei.

Novo decreto, nº 29.228, de 20 de setembro de 2001, criou a Comissão de Planejamento do Ensino Religioso Confessional, formada de seis membros, dois de cada um dos seguintes órgãos: Secretaria da Educação, Gabinete Civil e Secretaria de Governo. Seus objetivos seriam os seguintes: realizar estudo quanto às opções religiosas das famílias atendidas pelas escolas, garantindo o aspecto democrático da lei; avaliar e definir, junto a representantes das diversas crenças, o conteúdo do ensino a ser ministrado nas aulas; definir a forma de organização e divisão das turmas; e definir os critérios de recrutamento dos professores.

Concurso público sob controle privado

Em 18 de julho de 2003, a Governadora Rosângela Garotinho assinou autorização para que a Secretaria de Administração abrisse, de imediato, concurso público para o provimento de 500 vagas para professor de ensino religioso, de modo que a disciplina fosse oferecida já na abertura do ano letivo de 2004.

Em 16 de outubro de 2003, o Diário Oficial publicou o edital do concurso com as instruções que deveriam norteá-lo. Os professores aprovados teriam a carga horária semanal de 16 horas, sendo 12 de efetiva regência e 4 de planejamento, conforme os padrões vigentes na rede estadual de ensino. Os professores ficariam lotados em uma das unidades da rede estadual definidas como escolas-pólo, vinculados às respectivas coordenadorias regionais, de modo que, não havendo demanda para que um determinado docente cumprisse a carga horária em uma mesma unidade escolar, viesse a completá-la em outra.

O edital estabeleceu, também, o número de vagas abertas para cada credo, conforme o levantamento realizado pela Comissão de Planejamento do Ensino

---

[5] As estimativas, todas imprecisas, apontavam a existência de duas a três centenas de professores de ensino religioso em atividade nas quase duas mil escolas da rede estadual.

Religioso Confessional. Foram elas: 342 vagas para o credo católico, 132 para o credo evangélico e 26 para "os demais credos reconhecidos". Além disso, 5% das vagas, em cada credo, foram reservadas para candidatos portadores de deficiências.

No ato da inscrição, os candidatos deveriam declarar suas opções pelos credos escolhidos. Eles deveriam ser licenciados em alguma disciplina, em nível superior, com habilitação para o magistério, além de possuir o credenciamento da autoridade religiosa do credo que pretendiam lecionar.

Mas, o dispositivo que provocou maior polêmica foi o que reconhecia ter a autoridade religiosa (uma instituição privada, portanto) o direito de cancelar, em qualquer tempo, o credenciamento concedido, se um professor mudasse de confissão religiosa, se tornasse agnóstico ou ateu, ou apresentasse motivos que o impedissem moralmente de exercer tal magistério (um critério subjetivo, portanto). Descredenciado, ele perderia o cargo público que havia conquistado no concurso. Vejamos os termos dos dispositivos concernentes:

> (...) fica reconhecido à Autoridade Religiosa o direito de cancelar, a qualquer tempo, o credenciamento concedido, quando o professor mudar de confissão religiosa ou apresentar motivos que o impeçam moralmente de exercê-la, do que dará imediata ciência à Coordenadoria Regional e à Coordenação de Educação Religiosa da Secretaria de Estado da Educação, sendo que, para permanecer nessa condição, o professor deverá apresentar novo credenciamento.
>
> No caso de o professor de ensino religioso perder a fé e tornar-se ateu, ou perder o seu credenciamento, serão aplicados os mesmos procedimentos administrativos previstos no decreto-lei no. 220, de 18/07/75, que dispõe sobre o Estatuto dos Funcionários Públicos Civis do Poder Executivo do Estado do Rio de Janeiro, regulamentado pelo decreto no. 2.479, de 08/03/79, bem assim naquilo que couber, na lei estadual no. 1.614, de 24/01/90 e suas alterações, que dispõe sobre o Plano de Carreira do Magistério Público Estadual, bem como na lei federal no. 9.394, de 20/12/96, que estabelece as Diretrizes e Bases da Educação Nacional.

O edital determinou que, além de licenciatura plena que habilitasse ao exercício permanente do magistério, em qualquer disciplina do currículo, o candidato deveria comprovar credenciamento "pela Autoridade Religiosa competente, que deverá exigir do candidato comprovante de formação religiosa em instituição por ela mantida ou reconhecida". Mas, quem eram as autoridades religiosas competentes para o credenciamento?

A estrutura hierárquica e integrada da Igreja Católica não propiciou qualquer dúvida sobre quem credenciaria os candidatos ao concurso: o Departamento Arquidiocesano de Ensino Religioso, que existia há mais de duas décadas, com a atribuição de organizar o conteúdo, o credenciamento de professores e a indicação dos cursos que os habilitam, visando tanto às escolas privadas quanto às públicas.

Já no lado evangélico a situação era bem outra, pois são várias as denominações e as relações entre elas não são sempre harmoniosas. Em certos aspectos, entre as denominações tradicionais, como a Igreja Metodista e a Presbiteriana, e as pentecostais, como a Assembléia de Deus, existem diferenças até maiores do que entre aquelas e a Igreja Católica. Por essa razão, não foi pacífica a escolha, pela Secretaria da Educação, da entidade credenciadora – a Ordem dos Ministros Evangélicos do Brasil, OMEB. Para Giumbelli e Carneiro (2004) tal escolha se deveu mais a laços preexistentes dessa entidade com a Secretaria da Educação, do que a um reconhecimento geral que ela detivesse no meio evangélico. Mesmo assim, a OMEB definiu critérios para credenciar candidatos ao concurso para professor de ensino religioso que se identificassem como evangélicos; e realizou parceria com o Instituto de Desenvolvimento Econômico, Urbano e Social, IDEUS, para ministrar curso de formação, visando justamente a preparação para o concurso.

A Secretaria da Educação tentou obter a colaboração da União das Sociedades Espíritas do Estado do Rio de Janeiro, USEERJ, no credenciamento dos candidatos kardecistas, mas a entidade se recusou a colaborar, por defender o interconfessionalismo e recusar o pagamento a quem difunde a fé. Apesar disso, houve candidatos ao concurso que obtiveram o credenciamento de centros espíritas que desconheciam a posição da USEERJ, sendo suas inscrições aceitas.

Se as igrejas evangélicas são menos estruturadas do que a católica, no que diz respeito à montagem de uma burocracia supra-eclesial, os afro-brasileiros são ainda menos institucionalizados do que aquelas. Para os candidatos a professor do ensino religioso numa confissão afro-brasileira, como a umbanda, o credenciamento envolvia negociações pessoais com o centro, terreiro ou tenda para a obtenção do documento exigido.

A Secretaria de Administração contratou a Fundação CESGRANRIO, para a realização do concurso. Essa instituição privada deveria se responsabilizar pela elaboração das provas, por sua aplicação e pelo processamento dos resultados.

O edital previa uma prova específica, eliminatória, e a avaliação dos títulos de cada candidato, sendo que aquela daria 80% dos pontos finais. A prova específica consistiria em interpretação de texto em língua portuguesa, sobre o ensino religioso, e de questões objetivas que abordassem os seguintes aspectos: Psicologia da Educação, Didática, Fundamentos da Educação, Estrutura e Funcionamento do Ensino. Para cada item, fornecia-se uma ementa e uma bibliografia. Sobre o ensino religioso, os livros indicados, todos de editoras católicas, foram listados na rubrica Fundamentos da Educação, adicionando-se referências à legislação federal e estadual pertinente.

Apresentaram-se ao concurso 3.154 candidatos, entre os quais encontravam-se aprovados mas não convocados em concursos anteriores, para diversas disciplinas do currículo, assim como candidatos reprovados. Foi possível identificar uma estratégia de ingresso no magistério estadual, pela via do ensino religioso, na presunção de retorno à disciplina de licenciatura de cada um – Língua Portuguesa, História, Geografia, Matemática, Física, Química, Biologia, Sociologia ou Filosofia. Esse artifício foi empregado tanto por candidatos que pretendiam ingressar no quadro do magistério estadual, quanto por quem já fazia parte dele e buscava uma segunda matrícula.[6]

A prova de conhecimentos específicos constou de duas questões discursivas sobre o ensino religioso. Surpreendentemente, elas fariam as delícias dos defensores do interconfessionalismo, justamente os que foram derrotados na contenda da Assembléia Legislativa. Se a inscrição dos candidatos foi por credo – e apenas um poderia ser indicado –, a prova era toda sobre o que, presumivelmente, haveria de comum na doutrina dos diversos credos. A primeira questão transcreveu um texto e uma tira de quadrinhos, ambos publicados na imprensa diária, que enfatizavam a existência de valores comuns entre povos, culturas e religiões. Com base nesses postulados, pedia-se uma dissertação de 25 linhas sobre "O papel do ensino religioso na formação da criança e do jovem". A segunda questão partia de um texto de mais de 30 linhas sobre a tolerância religiosa e o etnocentrismo, cuja culminância era "todas as religiões têm semelhanças ou pontos de aproximação, talvez mais do que idéias que as contraponham". Pedia-se que os candidatos procurassem passagens de idêntico conteúdo. Nenhuma palavra sobre a secularização da sociedade, nem sobre a tolerância com as pessoas que não professam credos religiosos, apenas a tolerância entre as religiões e entre os crentes.

As provas foram realizadas em 4/1/2004. Dos 3.154 candidatos, foram aprovados 1.299.[7] Foram empossados 463 candidatos, sendo 318 católicos, 132 evangélicos e 13 de outros credos.

Lei contra Lei

A luta contra a legislação que determinou a ampliação do âmbito do ensino religioso na rede estadual e sua oferta confessional, assim como os seus desdobramentos, desenvolveu-se em dois âmbitos. O primeiro âmbito foi na Assembléia, materializando-se em projetos de lei e de decreto legislativo. O segundo âmbito foi no Poder Judiciário, materializando-se em representações aos Tribunais de Justiça contra a inconstitucionalidade daquela lei e do decreto que a regulamentou, assim como do edital de concurso para professores dessa disciplina.

A distinção entre os dois planos de luta, conveniente para efeitos explanatórios e para o entendimento dos procedimentos empregados pelos protagonistas, em cada um dos Poderes, não implica uma seqüência cronológica. Com efeito, se a maior parte das medidas judiciárias foram tomadas *após* a promulgação de cada elemento da legislação, a luta desenvolvida no âmbito do Poder Legislativo

---

[6] No Estado do Rio de Janeiro, existe a possibilidade de dupla matrícula para professores. Cada uma delas tem "vida funcional" própria, como se se tratasse de pessoa distinta, inclusive na contagem de tempo para aposentadoria, de modo que um professor pode aposentar-se por uma matrícula, mas não por outra.

[7] É incrível que, com uma prova dessas 58% dos candidatos tenham sido reprovados!

ocorreu *durante* a tramitação do projeto que resultou naquela lei, assim como *depois* dela, inclusive mediante projetos alternativos.

A luta no Poder Legislativo teve no deputado Carlos Minc e seu partido, o PT, os protagonistas principais, enquanto que, no Poder Judiciário, as ações desse parlamentar se somaram às de protagonistas sindicais – o Sindicato dos Professores do Município do Rio de Janeiro e Região – SINPRO-Rio –, o Sindicato Estadual dos Profissionais de Ensino –SEPE-RJ – e a Confederação Nacional dos Trabalhadores em Educação – CNTE.

Vou focalizar aqui as lutas desenvolvidas no âmbito do Poder Legislativo.

Um mês depois da promulgação da Lei 3.459/2000, 13 deputados estaduais subscreveram o projeto de lei 1.840/2000, que a modificava substancialmente. Foram eles: Carlos Minc (PT), Paulo Pinheiro (PT), André Ceciliano (PT), Artur Messias (PT), Chico Alencar (PT), Hélio Luz (PT), Cidinha Campos (PDT), Ismael de Souza (PDT), Jamil Haddad (PSB), Walney Rocha (PMDB), Armando José (PP), Laprovita Vieira (PPB) e Edson Albernassi (PSC). A iniciativa e a liderança do projeto foi de Carlos Minc.

Apresentado em 18 de outubro de 2000, o projeto pretendia substituir a Lei nº 3.459/2000 por outra, de apenas quatro artigos, nos quais se mantinha a obrigatoriedade do ensino religioso apenas no ensino fundamental, como previsto nas Constituições Federal e Estadual, assim como na LDB, e se retirava a menção ao concurso para professores dessa disciplina. Em seu lugar, determinava que o Sistema Estadual de Ensino estabelecesse normas para a "habilitação e a admissão" de professores concursados para aquela disciplina e tomasse "as medidas necessárias para a capacitação docente". Estava implícita a passagem do poder das entidades religiosas para a Secretaria e o Conselho Estadual da Educação, no que dizia respeito à composição do magistério.

A justificativa ao projeto dizia que a lei questionada atentava contra o princípio constitucional da laicidade do Estado, e, também, contra outros dispositivos da Constituição Federal e da LDB. Denunciava o papel atribuído às autoridades religiosas de credenciar os candidatos à docência, o que conflitava com o direito líquido e certo do desempenho em concurso público, "única forma legal de acesso a cargo no magistério público". Denunciava, também, a usurpação que teria sido feita da competência do Estado, de estabelecer os conteúdos do currículo, em proveito das autoridades religiosas.

Embora o projeto de lei não previsse os procedimentos que devessem ser adotados no ensino religioso, a justificativa indicava quem o controlaria, ao evocar o artigo 33 da LDB: "cabe assinalar que o legislador federal criou uma disciplina de caráter inter-religioso, dando às Secretarias de Educação, como não poderia deixar de ser, em se tratando de uma disciplina escolar, as prerrogativas para decidir sobre os aspectos pedagógicos e administrativos".

Mobilizadas pelo Movimento Inter-Religioso, lideranças de diversas confissões manifestaram seu apoio ao projeto de lei 1.840/2000, inclusive o ISER[8] e o FONAPER[9].

Em 2002, o MIR lançou um manifesto, no qual pedia aos deputados estaduais fluminenses a reavaliação da matéria do ensino religioso e aprovassem o projeto de lei do deputado Carlos Minc, que o coordenador da entidade dissera ter sido preparada por ela, com a assistência do FONAPER (cf Giumbelli e Carneiro, 2004, p. 132). Dizia o manifesto que a centenária e salutar separação entre a religião e o Estado precisava ser garantida, sem que as escolas públicas fossem utilizadas para a doutrinação, o que seria inevitável com o ensino religioso confessional. Para o MIR, a modalidade interconfessional é que seria a mais adequada ao Brasil.

> Este modelo de ensino é coerente com nosso país multi-cultural e com o mundo globalizado do século 21. Prepara as crianças e jovens para respeitarem as diferenças religiosas e culturais guiando o aluno para a superação dos preconceitos. É função do Estado orientar seus cidadãos a buscarem o diálogo cooperativo para a paz através do bom relacionamento entre as várias etnias, culturas e tradições espirituais. Assim, através do ensino do fenômeno religioso, de um ponto de vista sociológico, os alunos poderão conhecer a história das religiões, seus princípios e valores universais. O objetivo deste modelo é instrumentar [sic] os alunos a entenderem melhor os diversos fenômenos religiosos que os rodeiam, possibilitando o respeito à diversidade humana. Só se respeita aquilo que se conhece. O Estado do Rio de Janeiro está na contramão da nação por ter aprovado a lei estadual nº 3.459/00 que prevê o ensino religioso confessional. Esta lei é inconstitucional e na prática impossível de ser aplicada no dia a dia da escola. (apud Giumbelli e Carneiro, 2004, p. 135-136)

O projeto 1.840/2000 tramitou durante três anos, até ser aprovado pela Assembléia. Nesse intervalo, o Governador Anthony Garotinho renunciou ao cargo, em abril de 2002, para concorrer à Presidência da República, sendo substituído por sua vice, Benedita da Silva, a qual foi sucedida no cargo por Rosângela Garotinho, esposa do primeiro, eleita governadora para o mandato 2003/06.

Embora fosse militante do Partido dos Trabalhadores, a Governadora Benedita da Silva (abril a dezembro de 2002) não agiu em apoio aos deputados petistas que, na Assembléia Legislativa, tentavam transformar em lei o projeto no. 1.840/2000. Foi só no mandato de Rosângela Garotinho que ele foi aprovado, o que aconteceu em 17 de outubro de 2003, pela aclamação de 50 parlamentares, com apenas uma rejeição e uma abstenção. Mas, em 3/11/2003, a governadora comunicou ao presidente da Assembléia Legislativa que havia vetado integralmente o projeto de lei.

As razões do veto mencionam a tentativa de ingerência do Poder Legislativo nas atribuições do Poder Executivo, que, aliás, já havia publicado o edital do concurso para o provimento de 500 vagas para professores de ensino religioso, na rede estadual. Cerca de metade do texto consistia, de fato, numa exortação da go-

---

[8] Instituto de Estudos da Religião, ONG do campo religioso e do campo acadêmico, patrocinada por instituições internacionais da Igreja Católica.

[9] Fórum Nacional Permanente do Ensino Religioso, entidade hegemonizada pela Conferência Nacional dos Bispos do Brasil.

vernadora sobre as virtudes dessa disciplina, que nada tinha a ver com a questão, isto é, com a lei votada.

> A crise de valores do momento presente haverá de ser superada pelo verdadeiro desafio que reponha a introdução e a valorização do ensino religioso nas escolas da Rede Pública Estadual, sob a perspectiva do ensino confessional e plural, respeitada a diversidade cultural religiosa, conferindo a oportunidade de uma completa formação e integral educação dos alunos, não só pelo ensino das disciplinas formais, senão também dos pilares da ética, da moral, do amor ao próximo e da solidariedade. É o caminho da coerência entre a fé e a vida, com a preparação do coração dos nossos jovens para que se tornem conscientes do seu papel de agentes responsáveis para com a cidadania e a realização do ideário de justa sociedade.

Ao submeter ao plenário da Assembléia a decisão da governadora, a liderança da situação pediu o consentimento dos deputados. Computados os votos, 19 opuseram-se ao veto, enquanto 35 concordaram com ele, e apenas uma abstenção foi registrada.[10]

Antes disso, inconformado com a lenta tramitação do projeto de lei no. 1.840/2000, e diante do decreto baixado pelo Governador Anthony Garotinho, o Deputado Carlos Minc havia apresentado, em 3/4/2002, um projeto de decreto legislativo, o qual, se aprovado pela Assembléia, não dependeria da sanção do Poder Executivo para ter vigência. Vamos a ele.

O projeto de decreto legislativo nº 53/2002, pretendia sustar os efeitos do decreto 31.086/2002, baixado no mês anterior, que regulamentou a Lei nº 3.459/2000. A justificativa apresentada pelo deputado Carlos Minc dizia que a LDB previra apenas uma modalidade de ensino religioso, "portanto, não confessional"; determinara que apenas uma entidade civil, constituída pelas diferentes denominações religiosas, seria ouvida na definição do conteúdo da disciplina, o que reforçaria seu caráter não confessional, caráter esse que teria sido contrariado pelo decreto, ao prever o credenciamento dos candidatos ao concurso por diferentes entidades religiosas. O próprio concurso, previsto pelo decreto, seria, portanto, inconstitucional.

Um argumento novo foi adicionado pelo deputado, desta vez a determinação (aliás, já contida na lei) para que os pais e os alunos maiores de 16 anos declarassem a religião professada, caso optassem pelas aulas de ensino religioso, em descumprimento à Constituição fluminense, que dispunha, no artigo 21:

> Não poderão ser objeto de registro os dados referentes a convicções filosófica, política e religiosa, à filiação partidária e sindical, nem os que digam respeito à vida privada e à intimidade pessoal, salvo quando se tratar de processamento estatístico não individualizado.

Na tramitação do projeto, a primeira Comissão a se pronunciar foi a de Constituição e Justiça. O parecer do relator, deputado Paulo Melo (PMDB) decla-

---

[10] Surpreendente resultado! Cinco meses antes, os 50 deputados presentes no plenário haviam aprovado, por aclamação, o projeto de lei no. 1.840/2000. Agora, apenas 19 mantiveram a posição anterior. Tamanha mudança de opinião, de tantos deputados, só pode ser explicada por um especial empenho da bancada governista na defesa do ensino religioso confessional e ampliado, além do concurso para professores controlado pelas entidades religiosas.

rou a inconstitucionalidade do projeto, que, no seu entender, não tinha fundamento, pois o decreto do governador "manteve-se dentro dos estritos limites da lei". Não caberia, portanto, sustar seus efeitos mediante intervenção da Assembléia Legislativa. Apoiaram o relator os deputados Paulo Albernaz (PMDB), José Godinho Sivuca (PSC) e André Luiz Lopes da Silva (PMDB). O deputado Paulo Pinheiro (PT) foi o único membro da Comissão contrário ao parecer do relator, isto é, favorável ao projeto de decreto legislativo.

Aprovado o parecer da Comissão de Constituição e Justiça, o projeto de decreto legislativo foi arquivado, terminando aí as reações no âmbito do Poder Legislativo.

Conclusões

A análise do processo político referente à legislação sobre o ensino religioso nas escolas estaduais fluminenses propiciou algumas conclusões, que vão apresentadas abaixo.

1 – A centralidade atribuída à religião, entendida como solução ou antídoto para os males sociais, recebeu, no Rio de Janeiro, forte apoio das Igrejas Evangélicas. Como elas cresceram e exerceram especial protagonismo no Rio de Janeiro, esse papel estratégico da religião foi enfatizado pelas lideranças políticas, nesse estado, mais do que em qualquer outro da Federação. No entanto, a presença desse tema na agenda parlamentar fluminense, bem como o formato do ensino religioso estabelecido pela Lei nº 3.459/2000, não podem ser atribuídos exclusivamente, nem mesmo predominantemente, à presença evangélica na Assembléia Legislativa fluminense, pois a defesa que a Igreja Católica sempre fez dele, com sucessivas reivindicações no sentido de sua efetivação, desde o início do século XX, abriram caminho para a redefinição das disputas intra e extracampo religioso do início do século XXI. Aliás, tanto o projeto de lei quanto as condições de sua aprovação, bem como o impedimento de aprovação de lei alternativa, foram garantidos pela ação de políticos católicos. Assim, o fato de o Estado do Rio de Janeiro ter uma seqüência de três evangélicos na chefia do governo não deve elidir outro fato, igualmente relevante, o de que a demanda do ensino religioso nas escolas públicas foi mais católica do que protestante. Cumpre destacar a aliança política entre a arquidiocese católica e o Governo do Estado na promulgação da Lei nº 3.459/2000 e de seus desdobramentos. Se a iniciativa política não foi do Governador Anthony Garotinho, ele acatou e apoiou a de deputado católico, que tinha a sustentação política e ideológica do cardeal. Aprovada a lei, os governadores evangélicos Anthony Garotinho e Rosângela Garotinho foram eficazes na defesa da lei, diante das contraposições que lhe foram dirigidas. Entre ambos, Bendita da Silva, também evangélica e petista, como a bancada que mais fortemente se insurgiu contra a lei, foi eficaz em sua omissão.

2 – O Rio de Janeiro mostrou de forma cabal como os evangélicos, pelo menos parte deles, mudaram sua posição histórica contrária ao ensino religioso nas escolas públicas. Se, quando eram poucos, temiam que ele pudesse servir para consolidar a hegemonia, senão a quase exclusividade da Igreja Católica, a multiplicação do número de crentes e a crescente influência política parece ter suscitado a certeza de que as disputas internas ao campo religioso podem ser, vantajosamente, transferidas para o campo educacional, como já se fez com a comunicação de massa. As posições contrárias, no âmbito evangélico, restam ainda inexplicadas. Seriam elas efeito inercial da posição tradicional? Ou expressariam a dificuldade das Igrejas Evangélicas pentecostais de arcarem com a preparação de quadros dotados da qualificação estipulada? Não nos esqueçamos de que as bases sociais dessas igrejas, especialmente das que mais têm crescido, são justamente aquelas de mais baixa escolaridade. Se essa suposição procede, as Igrejas Evangélicas caminharão na direção do consenso pró ensino religioso nas escolas públicas como efeito do crescimento da escolaridade de seus fiéis?

3 – O interconfessionalismo foi derrotado na Assembléia Legislativa, mas saiu-se vitorioso no processo de seleção de professores. Ao se inscrever no concurso, cada candidato deveria indicar seu credo, justamente aquele que ele pretendia lecionar nas escolas da rede estadual fluminense. Mas a prova foi de teor interconfessional, de modo que a religião declarada, assim como a distribuição do número de vagas pelos três grupos de religiões (católica, evangélica e "outras") serviu apenas de *critério de ponderação política*, pois dizia respeito mais às relações de força entre as instituições religiosas, para terem seus credenciados ministrando essa disciplina nas escolas públicas, do que ao ensino propriamente dito.

4 – Embora seja geral a tendência de perda da autonomia do campo educacional, no Brasil de hoje, ela é mais acentuada no Rio de Janeiro, onde se verifica uma verdadeira regressão no grau anteriormente alcançado, quando se preparava a Assembléia Nacional Constituinte, ou seja, os campos político, religioso e educacional tendem a se confundir. É isso que permite entender porque o Rio de Janeiro foi o primeiro estado a instituir o concurso para professores para o ensino religioso na rede pública, bem como a transferir para as entidades religiosas o poder de credenciar e descredenciar esses docentes. O silêncio do Conselho Estadual de Educação é expressão e reforço da perda de autonomia do campo. Embora a legislação federal lhe dê atribuições de estabelecer conteúdos e procedimentos, o CEE-RJ omitiu-se, deixando para a Secretaria da Educação a execução da política traçada pelo gabinete do(a) governador(a), em estreita ligação com a arquidiocese.

5 – A força política mobilizada por correntes da Igreja Católica e suas alianças com distintos grupos evangélicos deixou os grupos laicos em posição subordinada aos defensores do interconfessionalismo, como se este fosse "um mal menor". Assim, no Rio de Janeiro, a polarização entre a defesa do ensino religioso nas escolas públicas, de um lado, e a defesa da laicidade do ensino público, de

outro, foi elidida por uma disputa interna ao campo religioso: confessionalismo versus interconfessionalismo.

Bibliografia

BIRMAN, Patrícia, (org.). *Religião e espaço público*, Attar Editorial, São Paulo, 2003.

BURITY, Joanildo A. e Machado, Maria das Dores C. (orgs), *Os votos de Deus: evangélicos, política e eleições no Brasil*, Recife, Fundação Joaquim Nabuco/Ed. Massangana, 2006.

CAVALIERE, Ana Maria, "O mal estar do ensino religioso nas escolas públicas", *Cadernos de Pesquisa* (São Paulo), no. 131, 2007.

──. "Quando o Estado pede socorro à religião", *Revista Contemporânea de Educação* (Rio de Janeiro), FE/UFRJ, no. 2, 2006. Ver www.educacao.ufrj.br/revista

CUNHA, Luiz Antônio, "Sintonia oscilante: religião, moral e civismo no Brasil, 1931/97", *Cadernos de Pesquisa* (São Paulo), no. 131, 2007.

──. "Autonomização no campo educacional: efeitos do e no ensino religioso", *Revista Contemporânea de Educação* (Rio de Janeiro), FE/UFRJ, nº 2, 2006. Ver www.educacao.ufrj.br/revista

──. *Educação, Estado e Democracia no Brasil*, São Paulo, Cortez Editora, 1991.

A educação religiosa no Estado do Rio de Janeiro, Secretaria de Educação e Cultura, Rio de Janeiro, 1981 (III Simpósio de Educação Religiosa).

Educação Religiosa – Plano Básico, Secretaria de Educação do Estado do Rio de Janeiro, 1994.

GIUMBELLI, Emerson e Carneiro, Sandra de Sá (orgs), *Ensino religioso no Estado do Rio de Janeiro – registros e controvérsias*, Rio de Janeiro, ISER, 2004.

SANTOS, Fabiano, *O Poder Legislativo nos estados: diversidade e convergência*, Rio de Janeiro, FGV Editora, 2001.

O crucifixo nos Tribunais e a laicidade do Estado

DANIEL SARMENTO[1]

Sumário: 1. Introdução; 2. O Princípio da Laicidade do Estado e os Símbolos Religiosos; 3. Analisando a Argumentação Favorável à Utilização de Símbolos Religiosos nos Tribunais; a) O suposto caráter não-religioso do crucifixo; b) O crucifixo não é um simples enfeite; c) Tolerância e respeito à liberdade religiosa dos cristãos; d) Democracia, constitucionalismo e laicidade; e) Símbolos religiosos e tradição; f) O argumento "ad terrorem" e a laicidade estatal como princípio; 4. Conclusão.

1. Introdução

Diversos órgãos do Poder Judiciário brasileiro mantêm crucifixos[2] em salas de sessão e em outros espaços eminentemente públicos, inclusive o Supremo Tribunal Federal. Trata-se de uma prática antiga e disseminada, num país em que, por um lado, o catolicismo é a religião majoritária, e, por outro, não há uma tradição cultural enraizada de separação entre os espaços religioso e jurídico-estatal. Todavia, tal prática passou a sofrer contestações nos últimos tempos, baseadas na afirmação de violação ao princípio da laicidade do Estado, consagrado no art. 19, inciso I, da Constituição da República. No atual cenário, o tema passou a revestir-se de uma especial importância, na medida em que uma série de questões moralmente controvertidas – como o aborto de feto anencéfalo, a pesquisa em células-tronco e união entre pessoas do mesmo sexo -, tem chegado ao Judiciário brasileiro, e a Igreja católica vem se posicionando publicamente sobre estes temas, com pretensões de influir nos resultados das controvérsias judiciais.

Nesta linha, a ONG *Brasil para Todos* formulou ao Conselho Nacional de Justiça um requerimento, solicitando providências do órgão no sentido da proibição desta prática em todo o país. O objetivo do presente estudo é analisar esta questão sob a perspectiva constitucional, e a tese que se sustentará é a de que os crucifixos, como quaisquer outros símbolos religiosos, não podem ser mantidos em espaços eminentemente públicos do Poder Judiciário, sob pena de ofensa ao princípio constitucional da laicidade do Estado.

---

[1] Professor de Direito Constitucional da UERJ. Mestre e Doutor em Direito Constitucional pela UERJ. *Visiting Scholar* da Yale Law School.

[2] Embora exista uma diferença semântica entre a cruz e o crucifixo, empregarei estas palavras ao longo do texto de forma muitas vezes indistinta. E, no que toca ao tema que é objeto deste artigo, penso que não há qualquer diferença relativa ao tratamento jurídico a ser dado a estes símbolos religiosos.

Assim, num primeiro momento, pretendo discorrer brevemente sobre o princípio da laicidade do Estado e a sua relação com o uso de símbolos religiosos pelo Estado. Neste item, enfrentarei também a questão da invocação de Deus no preâmbulo do texto constitucional, no afã de demonstrar a sua irrelevância para o equacionamento do problema em discussão. Logo após, pretendo analisar e refutar a consistência e a compatibilidade com a ordem constitucional brasileira dos principais argumentos que têm sido invocados para justificar o uso da simbologia cristã em espaços eminentemente públicos do Poder Judiciário brasileiro, que identifico como os seguintes: (a) o alegado caráter não-religioso do crucifixo, que expressaria valores morais independentes de qualquer fé; (b) a suposta irrelevância constitucional da presença dos crucifixos nos tribunais, uma vez que estes seriam meros adornos decorativos; (c) a alegação de que a retirada dos crucifixos seria um ato de intolerância em relação aos magistrados e jurisdicionados cristãos, que importaria em desrespeito à sua liberdade religiosa; (d) o pretenso caráter anti-democrático da proibição pleiteada, tendo em vista a predominância da religião católica na população brasileira; (e) o fato de que a prática contestada constitui uma tradição brasileira, com raízes na cultura nacional; e (f) o argumento *ad terrorem,* de que se não é constitucional o uso dos crucifixos nos tribunais, tampouco o seriam outras medidas como fixar como feriado o dia de Natal, cuidar da preservação de Igrejas e monumentos religiosos que têm importância histórica, etc.

2. O Princípio da Laicidade do Estado e os Símbolos Religiosos

Desde a edição do Decreto 119-A, de 07 de janeiro de 1890, o Brasil é um Estado laico.[3] Na ordem constitucional vigente, o princípio da laicidade foi expressamente consagrado pelo art. 19, inciso I, do Texto Magno, segundo o qual é vedado a todas as entidades da federação *"estabelecer cultos religiosos ou subvencioná-los, embaraçar-lhes o funcionamento ou manter com eles ou seus representantes relações de dependência ou aliança, ressalvada, na forma da lei, a colaboração de interesse público".*

A laicidade estatal, que é adotada na maioria das democracias ocidentais contemporâneas, é um princípio que opera em duas direções. Por um lado, ela salvaguarda as diversas confissões religiosas do risco de intervenções abusivas do Estado nas suas questões internas, concernentes a aspectos como os valores e doutrinas professados, a forma de cultuá-los, a sua organização institucional, os seus processos de tomada de decisões, a forma e o critério de seleção dos seus sacerdotes e membros, etc. Sob esta perspectiva, a laicidade opõe-se ao *regalismo,*[4] que se caracteriza quando há algum tipo de subordinação das confissões religiosas ao Estado no que tange a questões de natureza não-secular.

---

[3] A laicidade, prevista naquele decreto, foi alçada à condição de princípio constitucional pela Constituição de 1891, em seu art. 11, § 2º, que desde então vem sendo reproduzido em todos os textos constitucionais do país.

[4] A Constituição brasileira de 1824, por exemplo, que definira a religião católica como o culto oficial do país (art. 5º), incidia no regalismo, quando determinava competir ao Imperador, como chefe do Poder Executivo,

Mas, do outro lado, a laicidade também protege o Estado de influências indevidas provenientes da seara religiosa, impedindo todo o tipo de confusão entre o poder secular e democrático, em que estão investidas as autoridades públicas, e qualquer confissão religiosa, inclusive a majoritária. No presente estudo, o foco maior de atenção será a segunda dimensão da laicidade do Estado acima apontada: aquela que protege o Estado da religião.

A laicidade não significa a adoção pelo Estado de uma perspectiva ateísta ou refratária à religiosidade. Na verdade, o ateísmo, na sua negativa da existência de Deus, é também uma crença religiosa, que não pode ser privilegiada pelo Estado em detrimento de qualquer outra cosmovisão. Pelo contrário, a laicidade impõe que o Estado se mantenha *neutro* em relação às diferentes concepções religiosas presentes na sociedade, sendo-lhe vedado tomar partido em questões de fé, bem como buscar o favorecimento ou o embaraço de qualquer crença.[5]

O princípio do Estado laico pode ser diretamente relacionado a dois direitos fundamentais que gozam de máxima importância na escala dos valores constitucionais: liberdade de religião e igualdade. Em relação ao primeiro, a laicidade caracteriza-se como uma verdadeira garantia institucional da liberdade religiosa individual. Isto porque, a promiscuidade entre os poderes públicos e qualquer credo religioso, por ela interditada, ao sinalizar o endosso estatal de doutrinas de fé, pode representar uma coerção, ainda que de caráter psicológico, sobre os que não professam aquela religião. Nas palavras do maior especialista na matéria no cenário lusófono,

> A concessão estadual de uma posição de vantagem a instituições, símbolos ou ritos de uma determinada confissão religiosa é suscetível de ser interpretada, pelos não aderentes, como uma forma de pressão no sentido da conformidade com a confissão religiosa favorecida e uma mensagem de desvalorização das restantes crenças. Por outras palavras, ela é inerentemente coerciva.[6]

Esta íntima conexão entre a laicidade estatal e a liberdade de religião é sempre recordada na riquíssima jurisprudência constitucional norte-americana sobre a matéria.[7] Por exemplo, no julgamento proferido no caso *Engel v. Vitale*,[8] ocorrido em 1962, a Corte ressaltou que "quando o poder, prestígio ou apoio financeiro do Estado é posto a serviço de uma particular crença religiosa, é clara a pressão

---

"nomear os Bispos, e prover os Benefícios Ecclesiasticos" (art. 102, inciso II) bem como *"conceder ou negar o beneplácito a actos da Santa Fé"* (art. 102, inciso XIV).

[5] J. J. Gomes Canotilho e Vital Moreira. *Constituição da República Portuguesa Anotada*. Vol. I. Coimbra: Coimbra Editora, 2007, p. 613.

[6] Jónatas Eduardo Mendes Machado. *Liberdade Religiosa numa Comunidade Constitucional Inclusiva*. Coimbra: Coimbra Editora, 1996, p. 348-349.

[7] A Constituição norte-americana não aludiu à laicidade estatal nestes termos, mas instituiu, na sua 1ª Emenda, a chamada *anti-establishment clause*, segundo a qual *"o Congresso não pode fazer nenhuma lei estabelecendo uma religião"*. Deste texto, a jurisprudência norte-americana tem extraído inúmeras conseqüências, que foram da proibição do ensino em escolas públicas do criacionismo, como doutrina científica rival ao evolucionismo de Darwin, até à vedação da exibição de um presépio natalino nas escadarias de um tribunal. Sobre a laicidade nos Estados Unidos, veja-se Laurence H. Tribe. *American Constitutional Law* 2nd. ed., New York: The Foundation Press, 1988, p. 1.188-1.242; e Daniel A. Farber. *The First Amendment*. 2nd. ed., New York: The Foundation Press, 2003, p. 275-296.

[8] 370 U.S., 421 (1962).

coercitiva indireta sobre as minorias religiosas para que se conformem a religião prevalecente oficialmente aprovada."

Por outro lado, a existência de uma relação direta entre o mandamento de laicidade do Estado e o princípio da igualdade é também inequívoca. Em uma sociedade pluralista como a brasileira, em que convivem pessoas das mais variadas crenças e afiliações religiosas, bem como indivíduos que não professam nenhum credo, a laicidade converte-se em instrumento indispensável para possibilitar o tratamento de todos com o mesmo respeito e consideração. Neste contexto de pluralismo religioso, o endosso pelo Estado de qualquer posicionamento religioso implica, necessariamente, em injustificado tratamento desfavorecido em relação àqueles que não abraçam o credo privilegiado, que são levados a considerar-se como "cidadãos de segunda classe". Tais pessoas, como membros da comunidade política, são forçadas a se submeterem ao poder heterônomo do Estado, e este, sempre que é exercido com base em valores e dogmas religiosos, representa uma inaceitável violência contra os que não os professam.

Ademais, os que não pertencem à confissão religiosa favorecida recebem do Poder Público a mensagem subreptícia, dotada de forte carga excludente, de que as suas crenças são menos dignas de reconhecimento.[9] Também neste ponto foram esclarecedoras as palavras da Suprema Corte dos Estados Unidos, quando afirmou, pela voz da Juíza Sandra Day O'Connor, que qualquer comportamento do Estado que favoreça alguma religião "envia uma mensagem aos não-aderentes de que eles são *outsiders*, e não plenos membros da comunidade política, acompanhada de outra mensagem aos aderentes, de que eles são insiders, membros favorecidos da comunidade política".[10]

Por estas razões, entende a doutrina que um dos múltiplos desdobramentos do princípio da laicidade é a exigência de diferenciação simbólica entre Estado e religião. Esta exigência se traduz na proibição do uso de símbolos religiosos, como os crucifixos, nos estabelecimentos públicos, dado que dito uso sinaliza a identificação do Estado com as idéias religiosas que os símbolos representam.[11] Na mesma linha apontam o magistério de Ronald Dworkin,[12] nos Estados Unidos, e de J. J. Gomes Canotilho e de Vital Moreira, em Portugal, tendo estes últimos salientado o fato de que a separação entre Estado e religião torna ilegítima "a utilização em actos, funções ou locais oficiais de ritos ou símbolos religiosos".[13]

---

[9] Cfr. Jónatas Eduardo Mendes Machado, *op. cit.*, p. 352.

[10] *Lynch v. Donnelly,* 465, U.S., 668 (1984).

[11] Cfr. Jonatas E. M. Machado, *op. cit.*, p. 359.

[12] Em seu último livro, Dworkin afirmou que numa sociedade secular tolerante – modelo que, na sua ótica, representa a leitura mais correta da *anti-establishment clause* da Constituição americana – o Estado "não toleraria qualquer referência ou inisnuação religiosa – ou anti-religiosa – nas suas cerimônias oficiais e declarações sobre políticas públicas. Pelo contrário, ele iria preocupar-se em isolar os seus juramentos patrióticos, alianças e celebrações de qualquer dimensão religiosa ou anti-religiosa. Ele não proibiria árvores de Natal ou menorahs, é claro, mas não os instalaria ou permitiria a sua instalação em propriedades públicas". (*Is Democracy Possible Here?*. Princeton: Princeton University Press, 2006, p. 58.

[13] *Op. cit.* p. 613

A questão da validade do uso de símbolos religiosos pelo Estado já foi objeto de decisões importantes na jurisdição constitucional de outros países. Provavelmente os casos mais conhecidos no Direito Comparado nesta matéria são os dois julgamentos proferidos pelo Tribunal Constitucional Alemão em que se apontou a inconstitucionalidade da presença de crucifixos em salas de aula do ensino público fundamental. No primeiro destes julgados, ao qual se fará referência outras vezes ao longo deste texto, a Corte alemã afirmou:

> O art. 4, I, da Lei Fundamental, deixa a critério do indivíduo decidir quais símbolos religiosos serão por ele reconhecidos e adorados e quais serão por ele rejeitados. Em verdade, não tem ele direito, em uma sociedade que dá espaço a diferentes convicções religiosas, a ser poupado de manifestações religiosas, atos litúrgicos e símbolos religiosos que lhe são estranhos. Deve-se diferenciar disso, porém, uma situação criada pelo Estado, na qual o indivíduo é submetido, sem liberdade de escolha, à influência de uma determinada crença, aos atos nos quais esta se manifesta, e aos símbolos por meio dos quais ela se apresenta... O Estado, no qual convivem seguidores de convicções religiosas e ideológicas diferentes ou mesmo opostas, apenas pode assegurar suas coexistências pacíficas quando ele se mantém neutro em matéria religiosa.[14]

Outro caso paradigmático foi *County of Allegheny v. A.C.L.U,*[15] decidido pela Suprema Corte norte-americana em 1989, no qual se considerou inconstitucional, por violação da *anti-establishment clause,* a colocação de um presépio natalino na escadaria de um tribunal. Neste julgamento, o Tribunal norte-americano salientou que o presépio continha uma mensagem religiosa, o que é incompatível com a 1ª Emenda, que "proíbe o Estado de transmitir ou tentar transmitir uma mensagem de que uma religião ou uma crença religiosa em particular seja favorecida ou preferida".

Já na jurisprudência brasileira, pode-se destacar, nesta mesma linha decisória, o acórdão proferido pelo Órgão Especial do Tribunal de Justiça do Estado de São Paulo, no julgamento da Ação Direta de Constitucionalidade nº 113.349-01, realizado em 11 de maio de 2005, no qual se discutiu a validade de lei do Município de Assis, que determinara a obrigatoriedade de inserção do versículo bíblico "Feliz a Nação cujo Deus é o Senhor" em todos os impressos oficiais da municipalidade. Além de apontar vício formal na lei, o Tribunal também entendeu que ela padecia de vício de inconstitucionalidade material, por afrontar ao princípio do Estado laico.[16] Nas palavras do Tribunal, "como deve o Estado manter-se absolutamente neutro em relação às diversas igrejas, não podendo beneficiá-las nem prejudicá-las, não tem cabimento admitir a inserção de versículo bíblico nos impressos e documentos oficiais do Município, pois isto evidencia

---

[14] BVerfGE 93, 1 (1991). Há tradução dos trechos principais do acórdão para o português em Jürgen Schwabe. *Cinqüenta Anos de Jurisprudência do Tribunal Constitucional Federal Alemão.* Trad. Leonardo Martins et all. Berlim: Konrad Adenauer Stifung E. V., 2005, p. 366-376.

[15] 492 U.S. 573 (1989). As partes mais importantes do julgamento foram reproduzidas em Norman Dorsen, Michel Rosenfeld, András Sajó & Susanne Baer. *Comparative Constitutionalism: Cases and Materials.* St. Paul: West Group, 2003, p. 987-992.

[16] Na verdade, afirmou-se no acórdão que a lei municipal violara dispositivo da Constituição do Estado de São Paulo que, ao tratar da autonomia municipal, estabelecera como limite incontornável o respeito aos princípios estabelecidos na Constituição Federal, dentre os quais figura o da laicidade.

simpatia em relação a determinadas orientações religiosas, o que é expressamente vedado pela Lei Maior".

Sem embargo, no contexto constitucional brasileiro, alguém poderia objetar contra a tese da impossibilidade do uso de símbolos religiosos pelo Estado invocando a menção a Deus, constante no preâmbulo da Constituição Federal. O argumento, contudo, não seria convincente. Isto porque, o preâmbulo constitucional, além de desprovido de força normativa,[17] não infirma o princípio da laicidade do Estado, explicitamente acolhido pelo texto constitucional. Neste sentido, manifestou-se o Supremo Tribunal Federal no julgamento da Ação Direta de Inconstitucionalidade nº 2.076-5/ Acre, no qual se discutiu a constitucionalidade da não reprodução, na Constituição Estadual do Acre, da referência a Deus constante no preâmbulo da Carta Federal:

> Preâmbulo da Constituição não constitui norma central. Invocação da proteção de Deus: não se trata de norma de reprodução obrigatória na Constituição estadual, *não tendo força normativa* (grifo meu)

Como registrou ironicamente o Ministro Sepúlveda Pertence no voto que proferiu naquela decisão, "esta locução 'sob a proteção de Deus' não é norma jurídica, até porque não se teria a pretensão de criar obrigações para a divindade invocada. Ela é uma afirmação de fato ... jactanciosa e pretensiosa, talvez – de que a divindade estivesse preocupada com a Constituição do país".

Não obstante, penso que dita locução, em que pese o seu caráter não-normativo, pode prestar-se, em conjugação com outros preceitos do texto constitucional, para que se rechace uma determinada interpretação, corrente em outros países, que confunde a laicidade do Estado com uma certa animosidade diante da expressão pública da religiosidade, e que é chamada por alguns de *laicismo*.

Com efeito, a correta leitura da laicidade deve compreendê-la como uma garantia da liberdade religiosa, e não como um princípio que a ela se oponha. Neste sentido, considero incompatível com o sistema constitucional brasileiro certa visão que se mostra refratária à manifestação pública da religiosidade pelos indivíduos e grupos que compõem a Nação, e que busca valer-se do Estado para diminuir a importância da religião na esfera social. Por isso, penso que seria constitucionalmente inadmissível a aplicação no Brasil de medidas adotadas em nome da laicidade por países como a França e a Turquia –[18] que, em nome deste

---

[17] Nesta linha, Alexandre de Moraes salientou que o preâmbulo, "por não ser norma constitucional, não poderá prevalecer contra texto expresso da Constituição Federal, nem tampouco poderá ser paradigma comparativo para declaração de inconstitucionalidade; porém, por traçar as diretrizes políticas, filosóficas e ideológicas da Constituição, será uma de suas linhas mestras interpretativas." (*Constituição do Brasil Interpretada*. São Paulo: Atlas, 2002, p. 119).

[18] Na França, uma Lei sobre a laicidade adotada em 2004 proibiu que os alunos de escolas públicas portassem símbolos religiosos ostensivos. O principal alvo da lei foi o véu islâmico trajado por muitas estudantes muçulmanas, que era visto por alguns como uma forma de opressão contra estas jovens, muitas vezes imposta por suas famílias ou por lideranças religiosas das suas comunidades. Houve, contudo, reações de muitas jovens, que protestaram contra a medida, afirmando que o véu seria uma forma de afirmação pública da sua identidade religiosa e étnica, que estaria sendo discriminada pelo Estado francês. Veja-se, sobre esta questão, bem como

princípio, restringiram certas manifestações religiosas dos seus cidadãos em espaços públicos, com destaque para a proibição do uso do véu islâmico por jovens muçulmanas em escolas públicas.

Note-se, porém, que não há qualquer paralelo entre vedar-se que um cidadão ou cidadã exprima a sua fé e identidade religiosa no espaço público – o que constitui uma violação à liberdade de religião – e interditar que o Estado endosse, através de símbolos, qualquer crença ou confissão religiosa. No primeiro caso, tem-se um atentado à liberdade e igualdade do indivíduo, e, no outro, uma medida que visa, pelo contrário, a proteger e promover a liberdade e a igualdade de todas as pessoas.

3. Analisando a Argumentação Favorável à Utilização de Símbolos Religiosos nos Tribunais

Pretendo agora refutar, um a um, os argumentos que têm sido invocados mais freqüentemente para legitimar o uso de símbolos religiosos em tribunais. Tomei por base, na seleção dos argumentos, as respostas negativas oferecidas por órgãos do Judiciário e do Ministério Público a requerimentos formulados pela ONG *Brasil para Todos,* e que estão acessíveis no seu sítio eletrônico.

a) O suposto caráter não-religioso do crucifixo

A alegação de que o crucifico não é um símbolo religioso não é séria. Qualquer terráqueo, ao ver um crucifixo, tenderá a associá-lo imediatamente ao cristianismo e à sua divindade encarnada. Trata-se, muito provavelmente, do símbolo religioso mais conhecido em todo o mundo.

Esta controvérsia foi objeto de extensa análise nos julgamentos proferido pela Corte Constitucional alemã sobre a presença de crucifixos nas escolas públicas elementares, já antes citados neste estudo. Vale à pena reproduzir alguns trechos esclarecedores da decisão proferida no 2º caso do Crucifixo:

> A cruz representa, como desde sempre, um símbolo religioso específico do Cristianismo. Ela é exatamente seu símbolo por excelência... Para os fiéis cristãos, a cruz é, por isso, de modos diversos, objeto de reverência e de devoção. A decoração de uma construção ou de uma sala com uma cruz é entendida até hoje como alta confissão do proprietário para com a fé cristã. Para os não cristãos ou ateus, a cruz se torna, justamente em razão do seu significado, que o Cristianismo lhe deu e que teve durante a História, a expressão simbólica de determinadas convicções religiosas e o símbolo de sua propagação missionária. Seria uma profanação da cruz, contrária ao auto-entendimento do Cristianismo e das igrejas cristãs, se se quisesse nela enxergar, como as decisões impugnadas,

---

sobre a laicidade na França em geral, Jean Birnbaum et Fréderic Viguier. *La Laicité, Une Question au Present.* Paris: Éditions Cécile Defaut, 2005; *La Laicité.* Archives de Philosophie du Droit, tome 48. Paris: Dalloz, 2005; e Jean Baubérot. *Histoire de la Laicité em France.* 4e. ed., Paris: PUF, 2007.

Veja-se, a propósito, Joseph S. Szyliowicz. "Religion, Politics and Democracy in Turkey". In: William Safran (Ed.). *The Secular and the Sacred: Nation, Religion and Politics.* London: Frank Cass Publishers, 2003, p. 188-216.

somente uma expressão da tradição ocidental ou como símbolo de culto sem específica referência religiosa.[19]

b) O crucifixo não é um simples enfeite

O crucifixo não é um mero adorno, utilizado apenas para embelezar o ambiente. Pelo contrário, ele é portador de um forte sentido religioso, associado ao cristianismo e à sua figura sagrada - Jesus Cristo. Por isso, é óbvio que quem luta pela manutenção dos crucifixos em espaços públicos, não o faz por razões estéticas, mas pela sua identificação com os valores religiosos que este símbolo encarna, e pela sua crença, refletida ou não, sobre a legitimidade de o Estado tornar-se um porta-voz destes mesmos valores. Da mesma maneira, quem se insurge contra a sua presença em tais locais não é movido preocupações estéticas ou artísticas, mas sim por acreditar que os poderes públicos, numa democracia, não devem se identificar com qualquer credo religioso.

Na verdade, a presença deste símbolo religioso em espaços como a sala de sessão de um tribunal ou sala de audiência de juízos monocráticos – via de regra em posição de absoluto destaque, atrás e acima da cadeira do presidente do órgão colegiado ou do juiz -, transmite uma mensagem que nada tem de neutra, associando a prestação jurisidicional à religião majoritária, o que é francamente incompatível com o princípio da laicidade do Estado, o qual demanda a neutralidade estatal em questões religiosas.

Portanto, a questão posta em debate não é fútil, já que não versa sobre a melhor forma de se decorar certos ambientes formais do Poder Judiciário, mas sim sobre o modelo de relação entre Estado e religião mais compatível com o ideário republicano, democrático e inclusivo, adotado pela Constituição de 88. Trata-se, em suma, de uma questão de princípios, e não de uma discussão sobre meras preferências estéticas.

c) Tolerância e respeito à liberdade religiosa dos cristãos

A alegação de que o protesto contra a presença de cruzes e crucifixos em tribunais representa intolerância religiosa repousa sobre um evidente equívoco, que é a confusão entre o público e o privado.

É evidente que os não-cristãos devem tolerar a expressão da religiosidade dos cristãos e vice-versa. Porém, não é a liberdade dos cristãos de culturarem a sua religião que se encontra em jogo no caso, pois não está em discussão a conduta de qualquer indivíduo, mas sim a postura que deve ser assumida pelo Estado em matéria religiosa – que só pode ser de neutralidade, tendo em vista o princípio constitucional da laicidade.

---

[19] BVerfGE 91, 1 (1995).

No que tange aos jurisdicionados cristãos, a sua liberdade de religião não abrange qualquer direito de verem a sua fé publicamente apoiada pelo Estado. Portanto, está fora do perímetro de proteção da liberdade religiosa qualquer expectativa concernente à exposição pelos poderes públicos de símbolos associados a qualquer confissão.[20]

Quanto aos magistrados e serventuários da Justiça, é certo que, como cidadãos, eles têm a mesma liberdade de crença que as demais pessoas. Contudo, os espaços acessíveis ao público dos tribunais não pertencem aos magistrados ou serventuários, mas ao Estado brasileiro, estando, portanto, plenamente submetidos ao irrestrito acatamento do princípio constitucional da laicidade. Afinal, numa República (*res publica*) o Estado não se confunde com as pessoas físicas que exercem o poder em seu nome.

Talvez o único compromisso tolerável nesta matéria seja relativo a espaços privativos dos juízes e tribunais, em regra não acessíveis ao público em geral, como os gabinetes dos magistrados. Embora estes locais também pertençam ao Estado, neles há uma identificação muito mais direta e pessoal entre o espaço físico e o a autoridade que o ocupa, de forma a diluir a associação simbólica entre os objetos que o guarnecem e o Estado. Daí porque, parece a princípio ser mais aceitável a presença de um símbolo religioso no gabinete de um juiz, ao lado de outros objetos de cunho pessoal, do que, por exemplo, numa sala de audiência.

d) *Democracia, constitucionalismo e laicidade*

A afirmação de que seria anti-democrática a retirada dos tribunais dos símbolos religiosos associados ao cristianismo padece de vários equívocos conceituais. Em primeiro lugar, ela parte da premissa não comprovada de que, sendo a população brasileira majoritariamente cristã, esta mesma maioria apoiaria necessariamente o endosso simbólico da sua fé pelo Estado. Ocorre que muitas pessoas religiosas – provavelmente a maior parte delas - têm plena consciência sobre a necessidade de separação entre a religião e poder público e não concordam com práticas que sinalizem o endosso estatal de qualquer fé, ainda que seja a da sua própria confissão.

Mas, ainda que a maioria da população apoiasse manifestações simbólicas de preferência estatal por uma determinada religião, tal fato não bastaria para tornar esta medida democrática. Isto porque, a democracia não se confunde com o simples governo das maiorias, pressupondo antes o respeito a uma série de direitos, procedimentos e instituições, que atuam para proteger as minorias e as-

---

[20] Nesta linha, a Corte Constitucional alemã, no já citado Caso do Crucifixo II (93 BVerfGE 1), ressaltou que a liberdade de religião "não assegura nem ao indivíduo, nem às comunidades religiosas, o direito de os seus compromissos de fé apoiados pelo Estado. Pelo contrário, a liberdade de crença, como garantida no Art. 4 (1) da Lei Fundamental requer que o Estado se mantenha neutro em matérias de fé e religião".

segurar a possibilidade de continuidade da empreitada democrática ao longo do tempo.[21]

Na verdade, o ideário do constitucionalismo, e a sua concretização, através da adoção de uma Constituição rígida munida de mecanismos de jurisdição constitucional, já indicam a rejeição de qualquer concepção que identifique a democracia com o predomínio irrestrito da vontade das maiorias.[22] A idéia do entrincheiramento constitucional de direitos fundamentais, por exemplo, baseia-se na concepção de que há direitos tão importantes que não podem ser deixados ao sabor da vontade das maiorias nem na dependência de meros cálculos de utilidade social. A proteção constitucional destes direitos, ao impor limites para as maiorias, não é incompatível com a democracia, mas antes garante os pressupostos necessários para o seu bom funcionamento.[23] Não é por acaso que as democracias mais estáveis são também aquelas em que os direitos fundamentais de todos, inclusive das minorias, são mais respeitados.

Ora, a laicidade do Estado é, no Direito brasileiro, um princípio constitucional, que, nesta qualidade, foi posto ao abrigo da vontade das maiorias. Trata-se de um princípio diretamente correlacionado aos direitos fundamentais à liberdade religiosa e à igualdade, como já assinalado neste estudo, cujo respeito, portanto, deve ser visto não como um entrave à democracia, mas como um mecanismo essencial ao seu funcionamento, numa sociedade marcada pelo pluralismo religioso e mundividencial.

e) Símbolos religiosos e tradição

Não é incorreta a afirmação de que a presença de crucifixos em tribunais é tradicional no Brasil. O que é equivocada é a crença de que o papel do Direito seja o de avalizar e legitimar acriticamente as tradições existentes numa sociedade, por mais excludentes que elas sejam.

Não há dúvida de que o Direito, como fenômeno social, tem conexões com as tradições e valores dominantes em uma dada sociedade. Contudo, não é certo

---

[21] Há literatura infindável sobre a relação entre direitos fundamentais e democracia. Veja-se, e. g. Jürgen Habermas. "O Estado Democrático de Direito: Uma amarração paradoxal de princípios contraditórios?". In: *A Era das Transições*. Trad. Flávio Siebeneichler. Rio de Janeiro: Tempo Brasileiro, 2003, p. 153-173; John Rawls. *Liberalismo Político*. Trad. Sergio Rena Madero Baéz. México: Fondo de Cultura Económica, 1995, p. 204-242; Ronald Dworkin. "The Moral Reading of the Majoritarian Premise". In: *Freedom's Law*. Harvard University Press, 1996, p. 02-38; e Cláudio Pereira de Souza Neto. *Teoria Constitucional da Democracia Deliberativa*. Rio de Janeiro: Renovar, 2006.

[22] Cf. Luigi Ferrajoli. *Derechos y Garantias: La ley del más débil*. Trad. Perfecto Andrés Ibáñes y Andrea Greppi. Madrid: Editorial Trotta, 2004, p. 23-25.

[23] Não nego, com esta afirmação, a possibilidade de que uma panconstitucionalização do Direito, que retire temas em demasia da esfera de deliberação do povo, possa revelar-se antidemocrática. Tratei detidamente do tema em "Ubiqüidade Constitucional: Os dois lados da moeda". In: *Livres e Iguais: Estudos de Direito Constitucional*. Rio de Janeiro: Lumen Juris, 2006, p. 167-206. Parece-me, contudo, que não é isso que ocorre com a proteção reforçada dos direitos materialmente fundamentais, como é o caso da liberdade de religião e da igualdade – e também da sua garantia institucional, que é a laicidade do Estado. Este, numa democracia, podem e devem operar como verdadeiros "trunfos" (Dworkin) diante do arbítrio ou do descaso das maiorias.

conceber prescritivamente a ordem jurídica como uma mera instância de afirmação das práticas sociais hegemônicas, já que muitas vezes o papel do Direito é exatamente o de combater e transformar hábitos e tradições enraizados, desempenhando um papel emancipador.

É neste sentido que se afirma que a moralidade que o Direito visa a garantir e a promover no Estado Democrático de Direito não é a moralidade positiva – que toma os valores majoritariamente vigentes como um dado inalterável, por mais opressivos que sejam - mas a moralidade crítica.[24] É a moral que não se contenta em chancelar e perpetuar todas as concepções e tradições prevalecentes, endossando invariavelmente o *status quo* cultural, mas propõe-se antes à tarefa de refletir criticamente sobre elas, a partir de uma perspectiva que se baseia no reconhecimento da igual dignidade de todas as pessoas.

Tome-se o exemplo do patrimonialismo e da confusão entre público e privado – infelizmente tão tradicionais e enraizados no Brasil.[25] Diante destas patologias crônicas da sociedade brasileira, não cabe à ordem jurídica o aplauso nem o silêncio, mas o combate. O Conselho Nacional da Magistratura já forneceu um belo exemplo desta atitude: apesar do caráter "tradicional" do nepotismo do Brasil, não hesitou em proibi-lo firmemente no âmbito do Poder Judiciário.[26]

O mesmo raciocínio vale para a manutenção de cruzes e crucifixos em tribunais. O caráter tradicional da prática não infirma a sua contrariedade à Constituição Federal, ou aos valores emancipatórios e democráticos que a fundamentam.

f) O argumento "ad terrorem" e a laicidade estatal como princípio

Será que recusar a possibilidade da presença de cruzes e outros símbolos congêneres nos tribunais significa, necessariamente, rechaçar a constitucionalidade da existência de feriados religiosos como o Natal ou a Páscoa, ou ainda negar a legitimidade da ação do Estado quando, por exemplo, gasta recursos públicos na conservação do Cristo Redentor, no Rio de Janeiro, ou de igrejas barrocas, em Ouro Preto? A resposta é evidentemente negativa.

A laicidade do Estado não é um comando definitivo, mas um mandamento constitucional *prima facie*. Trata-se de um típico princípio constitucional, de

---

[24] Cf. Ronald Dworkin. "Liberty and Moralism". In: *Taking Rights Serioulsy*. Cambridge: Harvard University Press, p. 240-258

[25] Cf. Sérgio Buarque de Holanda. *Raízes do Brasil*. 26ª ed. São Paulo: Companhia das Letras, 2004.

[26] A proibição foi veiculada através da Resolução nº 07 do CNJ, de 18 de outubro de 2005, cuja constitucionalidade foi reconhecida pelo STF no julgamento da Ação Declaratória de Constitucionalidade nº12-DF, ajuizada pela Associação dos Magistrados Brasileiros.

acordo com a famosa definição de Robert Alexy:[27] um mandado de otimização, que deve ser cumprido na medida das possibilidades fáticas e jurídicas do caso concreto, e que pode eventualmente ceder em hipóteses específicas, diante de uma ponderação com algum outro princípio constitucional contraposto, realizada de forma cuidadosa, de acordo com as máximas do princípio da proporcionalidade.

Portanto, a laicidade não incide em termos absolutos, como as regras, que tendem a operar de acordo com a lógica do "tudo ou nada".[28] Neste quadro, certas medidas que impliquem em algum tipo de suporte estatal à religião podem ser consideradas constitucionalmente legítimas, se forem justificáveis a partir de razões não-religiosas, relacionadas à proteção de outros bens jurídicos também acolhidos pela Constituição, cujo peso, no caso concreto, sobrepuje a tutela constitucional da laicidade.

É o caso da conservação de igrejas barrocas ou de monumentos turísticos com conotação religiosa, em que a ação do Estado decorre da sua missão de proteção do patrimônico histórico, artístico, cultural e paisagístico. É também, creio eu, a hipótese de pelo menos alguns feriados religiosos, como o Natal e a Páscoa, em que a proteção da liberdade de religião da maioria pode justificar que se lhe conceda a possibilidade de celebração da data, que poderia ficar comprometida caso houvesse a obrigação de trabalhar naquele dia.[29]

Não é essa, contudo, a situação dos crucifixos nos tribunais. Aqui, não há ponderação de interesses possível, uma vez que não se vislumbra qualquer bem jurídico de estatura constitucional ou mesmo legal que seja promovido com a manutenção destes símbolos religiosos nas cortes de justiça do país.

4. Conclusão

No passado, o Direito buscou fundamentar a sua legitimidade e autoridade na vontade divina revelada. Era esta, em termos toscos e simplificados, a compreensão pré-moderna do Direito natural cristão,[30] que hoje conta com pouquíssimos seguidores fora das igrejas, e tornou-se inviável na prática, tendo em vista o pluralismo religioso e moral existente nas sociedades contemporâneas. A presença ostensiva de crucifixos em tribunais não é nada mais do que um resquício simbólico daquela forma anacrônica de compreender o Direito e a Justiça.

A importância do Poder Judiciário brasileiro cresceu exponencialmente nos últimos anos e hoje se assiste no Brasil a uma verdadeira judicialização da políti-

---

[27] Robert Alexy. *Teoria de los Derechos Fundamentales*. Trad. Ernesto Garzón Valdés. Madrid: Centro de Estúdios Constitucionales, 1993, p. 81-114.

[28] Cf. Jónatas E. M. Machado, *op. cit.*, p. 360-361.

[29] A questão dos feriados religiosos é extremamente complexa, e não tenho como explorá-la neste estudo. Veja-se, a propósito, Kent Greenwalt. *Religion and the Constitution,*, v. 1. Princeton: Princeton University Press, 2006, p. 184-191.

[30] Cf. Helmut Coing. *Elementos Fundamentais da Filosofia do Direito*. Trad. Eliste Antoniuk. Porto Alegre: Sergio Antonio Fabris, 2002, p. 45-50

ca e das relações sociais.[31] Por um lado, a Justiça passou a ocupar-se dos grandes conflitos políticos e morais que dividem a Nação, atuando muitas vezes como árbitra final, e decidindo questões tormentosas e delicadas, que vão dos direitos das minorias no processo legislativo até aos debates sobre aborto e pesquisa em células-tronco. Por outro, ela foi descoberta pelo cidadão brasileiro mais humilde, que, apesar dos problemas ainda persistentes do acesso à prestação jurisdicional, tem passado a procurá-la com uma freqüência cada vez maior para resolver aos seus problemas cotidianos. Assim, de instituição quase desimportante em regimes constitucionais pretéritos, o Poder Judiciário converteu-se numa espécie de "guardião das promessas" de direitos humanos e justiça material, proclamadas na Constituição e em outros textos legais.

Esta ampliação do papel do Poder Judiciário provoca a necessidade de reflexão sobre a legitimidade da sua atuação. E a conclusão central deste estudo é exatamente a de que tal legitimidade é negativamente afetada, quando os tribunais se associam a símbolos religiosos, identificando-se a um credo que não é de todos, mas apenas de alguns.

Para os jurisdicionados e para a sociedade em geral, esta associação pode comprometer a percepção sobre a imparcialidade do Judiciário, sobretudo quando estiverem em jogo questões em que a religião favorecida tenha posição firme, como tem ocorrido invariavelmente no Brasil nos casos envolvendo os direitos sexuais e reprodutivos.

Por outro lado, em relação aos magistrados, a presença da simbologia religiosa contribuiu para a manutenção de um *ethos* em que a religião e o Direito não são devidamente diferenciados. Este ambiente pode prejudicar o exercício do dever que pesa sobre todo juiz, de tentar filtrar racionalmente as suas pré-compreensões[32] religiosas, no afã de evitar que estas tenham influência no resultado de julgamentos.

Enfim, se a Justiça quer ser a casa de todas e de todos, o que é fundamental para que ela possa cumprir o seu elevado papel no Estado Democrático de Direito, então ela tem de evitar ao máximo as confusões simbólicas com confissões religiosas, ainda que majoritárias. É o que impõe a Constituição da República.

---

[31] Veja-se, a propósito, Luiz Werneck Viana, Maria Alice Rezende Carvalho, Manuel Palácios Cunha Melo e Marcelo Baumann Burgos. *A Judicialização da Política e das relações Sociais no Brasil*. Rio de Janeiro: Ed. Revan, 1999.

[32] Não se afirma aqui que seja possível ao juiz ou a qualquer intérprete liberar-se completamente das suas pré-compreensões religiosas no momento de decidir. O que se diz é que a ordem jurídica, ao prescrever a laicidade do Estado como princípio constitucional, impõe-lhe que persiga este objetivo ao julgar, e que a presença do crucifixo tende a arrefecer dita imposição, atuando contra a Constituição.
Sobre a influência da pré-compreensão na hermenêutica jurídica, veja-se Hans Georg Gadamer. *Verdade e Método*. 2ª ed., Petrópolis: Ed. Vozes, 1998, p. 482-505.

Impressão:
Evangraf
Rua Waldomiro Schapke, 77 - P. Alegre, RS
Fone: (51) 3336.2466 - Fax: (51) 3336.0422
E-mail: evangraf.adm@terra.com.br